우리집 인문학

일러두기

1. 단행본은 《 》, 신문·잡지·시·영화·그림·노래·글 등은 〈 〉로 표기했습니다.

2. 소개된 도서들은 해당 출판사에 허락을 구했습니다.

3. 작품의 서술 방식을 살리고자 구어체 표현, 비속어, 방언 등을 사용했습니다.

4. 해당 도서에 수록된 이미지들은 수록 가능 여부를 확인했습니다. 다만 그런 과정을 거쳤는데도 미처
   확인하지 못한 부분이 있다면, 원작자와 원만한 협의를 거쳐 절차에 맞게 진행하겠습니다.

5. 출처가 표기되지 않은 이미지는 저자가 직접 촬영한 사진입니다.

우리 집 인문학: 명화

초판 1쇄 인쇄 2026년 1월 28일
초판 1쇄 발행 2026년 2월 11일

지은이 배진희
감　수 임기환
펴낸이 고영성

책임편집 고나희 ｜ **디자인** studio forb
본문 일러스트 불곰

펴낸곳　　주식회사 상상스퀘어
출판등록　2021년 4월 29일 제2021-000079호
주소　　　경기도 성남시 분당구 성남대로 52, 그랜드프라자 604호
팩스　　　02-6499-3031
이메일　　publication@sangsangsquare.com
홈페이지　www.sangsangsquare-books.com

ISBN 979-11-24248-01-0 (세트)
ISBN 979-11-24248-05-8 44300

우리집 인문학

명화

명화가 묻고
역사가 답하다

배진희 지음
임기환 감수

상상스퀘어

'생각하는 습관'과 '작품을 다시 보는 눈'을 기르는 시간

이 책은 답을 정리하는 책이라기보다, 질문을 남기는 책입니다. 박물관이나 미술관에서 아이의 질문은 대개 단순해 보이지만, 그 끝은 뜻밖에 깊습니다. "왜 이렇게 만들었어?" "왜 무덤에 그림을 넣었어?" "왜 하필 이런 장면을 남겼지?" 부모는 종종 설명을 먼저 꺼내지만, 저는 그 질문을 되도록 오래 붙들고 싶었습니다. 작품을 이해한다는 건 정답을 외우는 일이 아니라 '왜'라는 물음으로 그 시대의 사람에게 가까이 가는 일이기 때문입니다.

이 책은 작품마다 중심 질문을 하나씩 세우고, 그 질문을 따라 '보는 눈'을 만들어 가는 방식으로 구성했습니다. 먼저 눈에 들어오는 형태와 색, 배치와 표정, 재료와 흔적을 차근히 관찰합니다. 그다음 "그래서 왜 이렇게 했을까?"라는 질문을 놓지 않은 채로, 작품이 만들어진 시대와 삶의 조건을 살펴봅니다. 마지막에는 배경지식을 덧붙이되, 결론을 단정하기보다는 다시 생각할 자리를 남기려 했습니다.

시대도 지역도 다르지만, 그 바탕에는 늘 같은 마음이 있었습니다. 사라지는 것을 붙잡고 싶다는 마음, 두려움을 달래고 싶다는 마음, 권력과 신앙을 눈에 보이게 만들고 싶다는 마음, 그리고 '나'의 시간을 남기고 싶다는 마음 말입니다.

이 책은 많은 정보를 전달하고자 하지 않습니다. 작품 앞에서 잠시 멈추는 습관, 쉽게 지나치지 않고 한 번 더 묻는 태도, 그리고 서로 다른 해석을 나눌 수 있는 언어를 얻는 것을 목표로 합니다. 아이와 함께 읽어도 좋고, 어른이 혼자 읽어도 좋습니다. 다만 책을 덮을 때, 작품 하나가 지식으로만 남지 않고 "나는 무엇을 남기며 살고 있는가?"라는 질문으로 이어진다면, 그걸로 충분하다고 생각합니다.

이 책은 어떻게 구성되어 있나요?

1) 한 작품, 하나의 중심 질문

각 장은 작품 하나와 질문 하나로 시작합니다. 질문은 '정답이 있는 퀴즈'가 아니라 작품을 끝까지 끌고 가는 중심축이에요. 그래서 한 장을 다 읽고 나면 "아, 그래서 답이 이거였구나"로 닫히기보다 "나는 이렇게 보였는데, 너는?"처럼 생각이 남도록 구성했습니다.

2) 명화가 묻는다 – 관찰의 출발점

장 첫머리의 질문은 작품을 '해석'하기 전에 '보게' 만드는 장치입니다. 무엇이 보이는지, 어디가 낯선지, 왜 이상하게 느껴지는지 같은 관찰의 실마리를 던지고, 독자가 스스로 시선을 움직이도록 유도합니다.

3) 명화를 탐구하다 – 디테일에서 의미의 실마리로

본문의 중심 파트에서는 작품을 찬찬히 따라가며 디테일을 읽습니다. 인물의 자세와 시선, 배치와 비례, 색과 재료, 제작 방식 같은 구체적인 단서들을 통해 "이 작품이 무엇을 말하려 하는가"를 조심스럽게 좁혀 갑니다. 하나의 해석을 정답처럼 제시하는 것이 아니라, 독자가 스스로 '생각의 근거'를 만들 수 있도록 돕는 것이 중요합니다.

4) 역사가 답하다 – 작품을 시대 속에 다시 놓기

그다음에는 작품을 만든 사람들의 시간으로 한 걸음 들어갑니다. 같은 그림이라도 누가, 어떤 시대에, 무엇을 위해 만들었는지를 알면 전혀 다른 의미로 다가오거든요. 여기서는 작품을 둘러싼 역사적 배경(정치·종교·기술·생활)과 함께, 왜 이런 형식과 상징이 선택되었는지, 무엇이 기록되고 무엇이 지워졌는지를 살펴봅니다. 작품을 '정보'로만 설명하기보다, 작품이 놓였던 시대의 질문과 연결해 다시 읽어 보는 코너입니다.

이 책의 매력은 무엇인가요?

'아는 만큼 보인다'라는 말이 있지만, 이 책이 바라는 독서는 거기서 한 걸음 더 나아갑니다. 보는 만큼 생각이 자라는 경험, 그것이 이 책의 매력입니다. 이 책은 작품을 '정답을 맞히는 문제'로 다루지 않고, 질문을 더 정교하게 만드는 출발점으로 삼아요. 그림과 유물을 한 번 보고 지나치지 않고, 무엇이 보이는지에서 시작해 왜 그렇게 만들었는지, 그 시대 사람들은 무엇을 믿고 두려워했는지까지 자연스럽게 따라가도록 구성했습니다. 그래서 작품은 결과물이 아니라, 생각을 확장하는 단서가 됩니다.

또 시대가 달라도 사람의 고민은 낯설지 않습니다. 사랑과 상실, 권력과 질서, 정의와 복수, 이상과 현실 같은 문제는 오래된 작품 속에도 그대로 남아 있어요. 작품을 '이야기'로 읽고, 그 시대를 '사람'으로 이해하는 방식으로 접근하면, 유물과 명화가 더 가깝게 느껴질 것입니다. 결국 이 책이 전하고 싶은 것은 지식의 양보다 함께 보고, 함께 묻고, 함께 이야기하는 읽기의 힘입니다. 아이는 장면과 이야기로 들어가고, 어른은 맥락과 의미로 깊어지면서, 한 권이 '대화의 시간'이 되도록 만들고자 했어요.

함께 읽으면 더 재미있어요

이 책은 혼자 읽어도 좋지만, 부모와 아이가 함께 읽을 때 더 살아납니다. 작품을 다 보고 나서 "너라면 어땠을까?" 한마디를 건네는 것만으로도 대화는 시작됩니다. 아이에게는 스스로 질문하고 판단하는 힘이, 부모에게는 작품과 역사를 새롭게 다시 만나는 시간이 남을 거예요. 하루 10분, 한 장면씩. 우리 집에서 시작되는 인문학이, 아이에게는 '생각하는 습관'으로, 어른에게는 '다시 보는 눈'으로 이어지길 바랍니다.

차례

한국화

서양화

한국화

01

반구대 암각화

돌 위에 펼쳐진 그림의 비밀

명화가 묻다

울주 반구대 사람들은 왜 바위 위에
이렇게 많은 동물과 사냥 이야기를 새겨 두었을까?

반구대 암각화, 너비 10m, 높이 3m

명화를 탐구하다

반구대(盤龜臺) 암각화가 있는 이곳은 산자락이 내려오면서 기암괴석으로 절경을 이루고 있어요. 바위 모양이 거북이가 납작 엎드린 모습과 비슷하다고 해서 반구대라고 하죠. 반구대의 '구(龜)'는 '거북이'를 뜻해요.

이 반구대 강가의 넓은 바위벽에 그림을 새긴 암각화가 있어요. 그래서 '반구대 암각화'라고 한답니다. 반구대 암각화를 자세히 살펴보면 여러 동물이 보여요. 어떤 동물들이 보이나요? 동물들의 모양과 크기가 모두 다르네요. 암각화를 새기려면 많은 시간과 노력이 필요했을텐데, 왜 이런 일을 했을까요? 어떤 도구를 이용했을까요? 신석기 시대 말과 청동기 시대 조상의 모습과 함께, 반구대 암각화에 대해 알아보아요.

언제 만들었을까?

반구대 암각화가 언제 만들어진 시기에 대해서는 학자들의 의견이 분분해요.

신석기 시대로 보는 견해, 청동기 시대로 보는 견해, 신석기 시대 말에서 청동기 시대에 걸쳐 만들어진 것으로 보는 견해 이렇게 세 가지가 있어요. 여러 견해가 존재한다는 것은, 아직 이 암각화의 비밀을 완전히 밝혀내기가 그만큼 쉽지 않다는 뜻이기도 하죠.

다만 신석기 시대이든, 청동기 시대이든 반구대 암각화는 그 규모와 내용 면에서 당대에 가장 가치 높은 역사적 유산임은 분명해요.

어떻게 만들었을까?

암각화는 바위 표면을 쪼거나 갈거나 새겨서 만든 그림이에요. 매끄러운 바위를 골라 하나하나씩 표면을 쪼아서 그림을 완성했어요. 도구가 발달하지 못했던 이 시기에는 이런 작업이 더욱 어려웠을 거예요.

암각화가 새겨진 바위는 이암과 셰일로 이루어져 있어요. 이 바위들은 다른 암석보다 무른 성질이 있어서, 더 단단한 암석을 이용해 원하는 그림을 새길 수 있었어요. 우리나라에 많은 단단한 화강암으로 반구대의 바윗면을 조각했을 가능성이 크고, 석영을 갈아서 사용했을 수도 있어요.

반구대 암각화는 대체로 두 가지 방식으로 새겨졌어요. 하나는 도상의 윤곽선이나 도상 내부를 여러 개의 선으로 나누어 새기는 선각, 또 다른 방식은 그림 윤곽선 내부를 촘촘히 쪼아 내거나 갈아 내어 새기는 면각이에요.

선각은 주로 육지 동물을, 면각은 주로 고래와 같은 바다 동물을 묘사하는 데 사용되었어요. 중국이나 몽골, 시베리아 지역에서는 선각과

울주 대곡리 반구대 암각화 탁본복제품, 경주국립박물관
(오른쪽 끝, 오른쪽 중앙, 왼쪽 중앙, 왼쪽 끝)

면각이 시대적으로 뚜렷이 구분되지 않는데, 우리나라에서는 대체로 면각이 선각보다 빠른 시기에 새겨졌다고 이해되고 있어요.

이런 점에 따라, 반구대 암각화에서는 고래를 그린 그림이 먼저 생기고, 뒤에 육지 동물 그림이 추가되었을 것으로 추정하고 있어요.

탁본은 종이나 화선지를 이용해 대상물의 정확한 문양을 떠내어 기록하는 작업이에요. 반구대 암각화의 탁본을 통해 암각화에 그려진 그림을 더 정확하게 볼 수 있어요. 당시 사람들이 어떤 도구를 사용했는지, 어떤 방법으로 그림을 완성했는지 더욱 자세히 알 수 있죠.

어떤 동물이 그려져 있을까?

반구대 암각화는 높이 약 30미터의 수직 절벽 아래, 너비 약 8미터, 높이 약 4.5미터의 'ㄱ'자 모양으로 꺾인 바위 면에 새겨져 있어요. 여기에는 사람, 동물, 배, 도구 등의 그림이 있어요. 육지 동물과 해양 동물 모두 찾아볼 수 있죠.

육지 동물에는 호랑이, 멧돼지, 사슴 등이 묘사되어 있는데, 함정에 빠진 호랑이도, 새끼를 밴 호랑이도 보이네요.

해양 동물에는 작살에 맞은 고래, 새끼를 배거나 데리고 다니는 고래의 모습이 확인돼요. 특이하게도 해양 동물의 약 75퍼센트가 고래예요. 다양한 종류의 고래가 그려져 있으며, 각각 특징이 잘 표현되어 있어요. 예를 들어, 수염고래는 새끼를 등 쪽 숨구멍에 얹어 물 밖으로 밀어 올려 숨을 쉬게 하는 습성을 가졌는데, 그런 특징이 암각화에 잘 나타나 있어요. 바위에 새겨진 고래 그림 중 가장 큰 것은 길이 약 80센티미터나 되는 혹등고래예요. 혹등고래는 배의 주름을 자세히 표현했고, 배가 보이도록 뒤집혀 있는 모습으로 그려 놓았어요.

이처럼 반구대 암각화는 고래 하나하나의 특징까지 세심하게 관찰하고 새긴, 매우 정교한 그림이에요.

왜 그렸을까?

반구대 암각화에는 짐승뿐만 아니라 짐승을 잡는 무기와 도구도 함께 그려져 있어요. 어떻게 잡는지 그 방법까지 새겨져 있죠. 사냥하는 장면, 탈을 쓴 제사장·무당, 짐승을 사냥하는 사냥꾼, 배를 타고 고래를 잡는 어부도 보이고, 그물이나 배의 모습도 함께 나타나요.

이러한 그림들을 통해, 당시 사람들이 주요한 식량이 되는 동물을 사냥하고 물고기를 잡는 방법을 후손들에게 전하려 했거나, 사냥감이 더 많아지기를 기원하기 위해 벌이는 제사 의식에 관련되었을 것으로 추측돼요.

암각화는 아마도 신석기에서 청동기 시대에 이 지역에 살던 사람들이 사냥법을 설명하고, 함께 기도하며, 자신이 잡은 동물에 관한 이야기를 나누던 공동체의 커다란 칠판과 같은 역할을 하지 않았을까요?

바다로 고기잡이를 떠나면 남은 사람들이 모여, 고기잡이를 떠난 이들의 무사 귀환을 기원하는 제사를 지내는 장소로도 사용되었을 것으로 보아요. 이곳은 모두 함께 모이는, 지금의 광장과 비슷한 공간이었을지도 몰라요.

태화강 하구의 고래잡이 설화

반구대 주변의 대곡천은 태화강을 따라 동해로 흘러가요. 태화강이 바다와 만나는 일대에는 고래와 관련된 설화가 곳곳에 남아 있어요.

울산광역시 동구 주전동에는 어부가 큰 고래를 팔아서 논을 샀는데, 그 논을 '고래논'이라고 불렀다는 설화가 전해져요. 울산광역시 북구 어물동에도 '고래논', '고래실'이라는 지명이 남아 있어요. 오래전부터 이 일대에 고래잡이가 많았다는 증거죠.

그리고 이 근처인 울산 장생포는 한때 근대 고래잡이(포경)의 중심지였어요. 1970년대는 고래잡이가 가장 활발하게 이루어졌던 시기였어요. 하지만 무분별한 고래 사냥으로 일부 고래 종이 멸종 위기에 처하면서, 전 세계적으로 고래잡이가 금지되었어요. 우리나라도 그때 고래잡이를 멈추게 되었죠.

장생포 근처에 있는 반구대 암각화는, 신석기 시대나 청동기 시대부터 사람들이 이곳에서 고래를 사냥했다는 사실을 알려 주고 있어요. 당시에도 이 지역 바다에는 고래가 많이 출몰했던 모양이에요. 특히 반구대 암각화에는 고래를 작살로 잡는 모습이 자세히 새겨져 있어요. 반구대 암각화는 지금은 금지된 고래잡이의 역사를 보여 주는 중요한 유산이에요. 같은 장소에서 선사 시대의 고래잡이와 근대의 포경 역사가 한꺼번에 떠오르는 곳이기도 합니다.

암각화의 보존

반구대 바위는 위치상 석양이 드리우긴 하지만, 11월 말에서 3월 초까지는 응달에 가려져 있어요. 수직 절벽의 윗부분이 처마처럼 앞으로 돌출되어 있는 점도, 아래쪽 암각화가 비바람에 조금이나마 덜 노출되도록 도와주었죠.

하지만 문제는 1968년에 댐이 만들어지면서 시작되었어요. 반구대 암각화는 댐이 만들어진 후에야 발견된 문화유산이에요. 문화유산으로 지정된 뒤 보호하려는 노력이 이어졌지만, 이 댐은 울산 시민의 식수원으로 사용되고 있어서 문제를 해결하기가 쉽지 않아요. 그동안 댐의 수위를 낮추는 노력이 계속되어 어느 정도 수위가 내려가긴 했지만, 암각화는 여전히 물에 잠겼다 나오기를 반복하면서 빠르게 손상되고 있어요. 여러 대안이 제시되었지만, 울산 시민의 식수를 책임지는 댐이기에 해결 방안을 찾기가 쉽지 않은 상황이에요. 신석기 말·청동기 시대의 유물을 온전히 보존하면서도, 울산 시민의 식수를 지킬 수 있는 좋은 방법을 찾는 것이 남은 과제겠죠.

17번째 세계유산의 탄생

반구대 암각화는 2025년 7월 12일에 '울주 천전리 명문과 암각화'와 함께 '반구천의 암각화'라는 이름으로 유네스코 세계문화유산에 등재되었어요.

울산암각화박물관
홈페이지

우리나라의 17번째 세계유산으로, 선사 시대 사람들이 자연과 더불어 살아가며 남긴 소중한 기록이라는 점에서 그 가치를 인정받았죠. 반구대 암각화는 이제 한 지역의 유산을 넘어, 인류 전체가 함께 지켜야 할 소중한 문화유산이 되었답니다. 선사 시대 사람들에게 사냥은 곧 삶이자 생존이었습니다. 바다로 나간 이들의 무사 귀환을 빌고, 사냥감이 풍성해지기를 바라는 간절한 마음을 담아 단단한 바위에 기록을 남긴 거죠. 어쩌면 이 암각화는 온 마을 사람이 꿈과 희망을 나누던 커다란 광장이라고 할 수 있을 겁니다.

수천 년 전 사람들이 바위 위에 간절히 새겨 넣었던 마음을 헤아려 보며, 오늘날 여러분의 삶에서 소중한 장면으로 어떤 것을 남기고 싶은지 마음속에 그려 보아요.

안악 3호분 동수의 저택

죽어서 다시 태어나다

삶의 이야기를 무덤 속 벽에 남긴 이유가 무엇일까?

묘주의 초상화, 크기 미상(81㎡ 널방·58㎡ 천장 벽화의 일부)

명화를 탐구하다

저 그림 속 인물이 무덤의 주인일까요? 영정사진처럼 보이기도 해요. 인물은 정면을 바라보고 있고, 둥글고 풍만한 얼굴에 짙고 가지런한 눈썹이 특징이에요. 턱과 코 밑에는 짧은 수염이 있어 남성으로 보이네요. 머리에는 모자 같은 것을 쓰고 있어요.

인물은 두 손을 앞으로 단정히 모으고 꼿꼿하게 앉아 있는 자세를 취하고 있어요. 그가 입은 옷에는 붉은색이 많이 보이고, 검은색, 흰색, 황색도 사용되었어요. 옷자락과 장식이 화려해서, 높은 지위의 사람임을 짐작할 수 있어요. 고구려 시대에도 붉은색은 힘과 권위를 드러내는 데 자주 쓰였다고 생각해 볼 수 있죠. 오늘날 우리도 가장 특별한 날에는 화려한 옷을 골라 입곤 해요.

그림 왼쪽에는 조금 작게 그려진 또 다른 인물이 보여요. 누구일까요? 무덤의 주인은 어떤 사람이었기에 이렇게 정성스럽고 화려한 벽화를 남겼을까요? 무덤을 이렇게 꾸민 이유는 무엇일까요? 인물과 무덤에 대해 하나씩 살펴보며, 그림 속에 담긴 삶의 이야기를 따라가 봅시다.

고분 벽화에 그려진 것

이 그림이 그려져 있는 무덤은 안악 3호분이라는 고구려 시대 무덤이에요. 현재 황해남도 안악군 오국리에 있는데, 주변에 안악 1호분, 2호분과 함께 있어요. 이 무덤은 서기 357년, 고국원왕 때 만들어졌어요. 무덤의 크기는 길이 33미터, 너비 30미터로, 일반적인 초등학교 교실을 세 칸쯤 나란히 붙여 놓은 것보다도 넓은 규모예요.

무덤 내부는 여러 개의 방으로 이루어져 있어요. 중앙에는 널길과 앞방이 있고, 좌우에는 곁방이 있어요. 모든 방의 벽과 천장에는 멋진 그림이 그려져 있어요. 이런 그림을 '고분벽화'라고 불러요. 무덤 곳곳에 그려진 그림은 고구려 사람들의 일상생활을 생생하게 보여 주고 있어요. 안악 3호분 전체적인 무덤 공간과 벽화가 담긴 그림을 한번 떠올려 보세요.

무덤 주인공 그림 옆 벽면에는 부인이 앉아 있어요. 마치 사진을 보는 것처럼 생생하죠? 주인공은 멋진 옷을 입고 편안하게 앉아 있고, 부인은 아름다운 미소를 지으며 시녀들에게 둘러싸여 있어요.

다른 방의 벽화에는 고구려 귀족의 다양한 생활 모습이 담겨 있어요. 부엌에서는 맛있는 음식을 만들고 있고, 방앗간에서는 곡식을 찧고 있어요. 지레의 원리를 이용한 용두레 우물, 짐승들을 고리에 매단 고깃간도 보이네요. 차고에는 소가 끄는 수레 두 대가, 외양간에는 검정소, 누렁소, 얼룩소 등 뿔이 빨간 세 마리 소가 있어요. 마구간에서는 털빛이 다른 말들도 확인할 수 있어요.

사냥을 떠나는 모습도 그려져 있어요. 말을 타고 달리는 주인공 모습과 함께, 뿔피리와 북을 연주하며 흥을 돋우는 사람들, 의장대의 모습도 보여요. 의장대는 중요한 사람이 지나갈 때 앞에서 길을 열어 주고 경례하는 역할을 했어요.

이뿐만이 아니에요. 두 사람이 일정한 거리를 두고 마주 서서 힘과 기술을 겨루는 '수박희(手搏戱)' 장면도 있어요. 도끼를 든 '부월수(斧鉞手)'의 그림도 볼 수 있어요. 벽화의 내용을 통해 볼 때, 부월수는 주인을 지키는 호위 무사였을 것으로 추측돼요.

회랑을 따라 있는 널방에는 250명이나 되는 사람이 그려진 〈행렬도〉가 있어요. 길이가 무려 10미터나 됩니다. 〈행렬도〉에는 주인공이 소가 끄는 수레에 타고, 악대가 뒤따르는 모습이 담겨 있어요. 이렇게 안악 3호분 안에는 무덤 주인공이 살아 있을 때의 집과 마을, 일과 놀이, 사람들과의 관계가 한자리에서 펼쳐지듯 정교하게 그려져 있어요. 하나의 무덤 안에서 한 사람의 인생 이야기를 따라가 보는 셈이죠.

고분 벽화를 그린 방식

고구려 무덤 벽에 벽화를 그리는 방법은 크게 두 가지로 나뉘어요.

첫째, 벽면이나 천장 면에 직접 그리는 방법이 있는데, 이를 조벽지법이라고 해요. 돌이나 벽돌로 된 면에 바로 그림을 그리는 방식이라, 처음에는 선명도가 매우 높아요. 그러나 외부 공기에 노출되거나 습기가 스며들면 안료가 탈색되는 등 보존에 어려움이 많아요. 대표적인 조벽지법 벽화고분으로는 사신도로 유명한 강서대묘, 강서중묘가 있어요.

둘째, 벽에 회를 칠해 표면을 고르게 만든 뒤 그 위에 그림을 그리는 방법을 화장지법이라고 해요. 화장지법은 다시, 회가 마르기 전에 그 위에 그림을 그리는 습지벽화법(프레스코법)과 회가 마른 후 그 위에 그림을 그리는 건지벽화법(세코법)으로 나뉘어요.

화장지법으로 그린 벽화는 조벽지법에 비해 처음에는 그림의 선명도가 조금 떨어져 보일 수 있지만, 시간이 많이 흘러도 본래의 색을 비교적 잘 유지하는 편이에요. 유명한 무용총, 각저총 등이 대표적인 화장지법 벽화고분이에요.

고구려의 화장지법 벽화는 대부분 습지벽화법, 즉 프레스코 기법으로 그려졌어요. 프레스코 기법은 세계적으로도 잘 알려진 벽화 기법으로 르네상스 시대 대표적인 작품인 레오나르도 다빈치의 〈최후의 만찬〉과 미켈란젤로의 〈천지창조〉도 이와 비슷한 방식으로 그려졌죠.

'프레스코'는 이탈리아어로 '막 칠한 회벽 위에'라는 뜻이에요. 젖어 있는 석회벽 위에 물감으로 그림을 그리면, 안료가 젖은 석회에 스며들어 벽이 마르면서 표면에 단단히 붙게 됩니다. 그래서 시간이 흘러도 쉽게 떨어지지 않고, 오랫동안 남을 수 있는 거예요.

고구려 사람들은 이렇게 공들여 무덤 벽을 준비하고, 오래 남는 방법을 선택해 그림을 그렸어요. 눈앞의 화려함뿐 아니라, 먼 훗날까지 이어질 기억까지 함께 생각한 선택이었겠죠.

고분벽화를 그린 이유

고구려 고분벽화의 그림 주제는 시대에 따라 변화했어요. 대략 3시기로 나누어 볼 수 있는데, 초기는 4~5세기, 중기는 5~6세기, 후기는 6~7세기로 구분해요. 시기마다 벽화의 주요 내용이 조금씩 달라졌어요.

초기에는 고구려 사람들의 생활 모습을 담은 인물풍속화가 주를 이루었어요. 생활 풍속을 주제로 한 고분벽화에는 주로 무덤 주인공이 살아 있을 때 생활 중 기념할 만한 장면, 풍요로운 생활 모습을 선택해 그렸어요. 안악 3호분이 대표적인 벽화고분이고, 이외에 사냥 그림과 무용 그림으로 유명한 무용총(舞踊塚), 씨름 그림으로 유명한 각저총(角抵塚)도 초기 벽화고분의 대표적인 사례예요.

중기로 접어들면서는 다양한 장식무늬가 나타났어요. 장식무늬만 그리기도 하고, 여기에 풍속화나 사신도도 함께 그렸죠. 장식무늬로는 불교의 정토를 상징하는 연꽃무늬를 즐겨 선택했어요. 이외 동심원무늬, 구름무늬, 얽힌 용무늬, 인동초무늬 등을 함께 그렸다는 걸 볼 수 있어요.

후기로 가면서 무덤 널방의 네 벽을 가득 채운 〈사신도〉가 등장했고, 천장에는 신선의 모습을 그리기도 했어요. 가장 대표적인 〈사신도〉 벽화고분이 북한 강서 지역에 있는 강서삼묘(江西三墓) 중 강서대묘(江西大墓)와 강서중묘(江西中墓)죠. 〈사신도〉는 사방의 별자리를 상징하는 신들을 묘사한 그림이에요. 북쪽의 수호신인 현무는 거북이와 뱀이 합쳐진 형상으로 표현되었고, 남쪽에는 불사조를 뜻하는 주작, 동쪽에는 용을 상징하는 청룡, 서쪽에는 호랑이의 모습을 한 백호가 그려져 있어요.

그렇다면 왜 고구려 사람은 무덤에 이렇게 다양한 벽화를 남겼을까요? 당시 사람들은 살아서 누린 부귀와 영화를 무덤까지 가져가길 바랐던 것 같아요. 현세와 비슷한 편안한 삶을 이어가길 바라며, 살아생전의 모습이나 꿈꾸었던 이상 세계를 무덤 벽에 그림으로 남긴 것으로 추측돼요. 이처럼 고분벽화를 통해 시기에 따라 바뀌는 모습을 통해, 고구려 사람들이 죽은 뒤의 사후 세계를 어떻게 상상했는지, 또 그 생각이 어떻게 변해 갔는지 엿볼 수 있어요. 이렇게 안악 3호분을 포함한 고구려 고분벽화들을 살펴보면, 무덤은 단순히 시신을 모시는 곳이 아니라, 한 사람의 삶과 바람을 담아 두는 또 하나의 공간이었다는 걸 느낄 수 있어요. 부엌과 사냥터, 놀이와 행렬, 가족과 신하들이 함께 있는 장면까지 모두 들어 있죠.

모줄임 천장. 무덤의 천장은 네모난 모양을 하고 있으며, 네 귀퉁이에 삼각형 돌을 쌓아 점차 모를 줄이며 천장을 완성하는 독특한 양식이에요. 이런 구조를 '모줄임 천장(抹角藻井)'이라고 해요. 천장에는 연꽃무늬가 정교하게 새겨져 있어 더욱 아름다운 모습을 하고 있어요.

무덤의 주인공

안악 3호분 무덤의 주인공이 누구냐를 둘러싸고 역사학계에서는 지금도 논쟁이 있어요. 무덤 주인공을 밝히는 데 중요한 단서가 되는 것이 묘지명이에요.

서쪽 곁방 입구 양쪽 벽에는 장하독(帳下督, 왕의 호위무관)들이 마주 보고 서 있는 모습이 그려져 있는데, 그 위에는 묵서, 즉 먹물로 쓴 글씨가 남아 있어요. 왼쪽 벽의 묵서는 비교적 선명하게 남아 있지만, 오른쪽 묵서는 흐릿해서 자세한 내용을 확인할 수 없어요. 왼쪽의 묵서가 바로 '동수'라는 인물의 묘지명이에요.

동수라는 인물은 중국의 역사책에도 기록이 있어요. 고분 묘지명과 역사 기록을 함께 살펴보면, 동수는 본래 중국 사람인데 336년에 전연이라는 나라에서 고구려로 망명한 무장이며, 357년(고국원왕 27년)에 69세의 나이로 사망한 인물이에요. 무덤 안에 동수의 묘지명이 유일하게 남아 있기에, 무덤 주인공을 동수로 보는 견해가 있어요.

하지만 이 무덤을 고구려 왕릉, 즉 미천왕이나 고국원왕의 무덤으로 보는 학자도 있어요. 이들은 묘지명이 쓰여 있는 아래에 있는 장하독이 동수라고 보기도 해요. 즉, 동수가 고구려 왕의 호위 무장이었기에 무덤 벽에 그의 묘지명이 함께 남았다는 주장이죠.

여러 가지 자료를 종합해 보면, 동수의 무덤으로 보는 견해가 가장 널리 인정되고 있어요. 다만 남아 있는 글씨와 기록이 완전하지 않기 때문에, 학자들은 지금도 새로운 자료를 비교하며 조심스럽게 답을 다듬어 가고 있습니다. 안악 3호분은 그래서, 완성된 결론이 아니라 여전히 연구가 이어지고 있는 하나의 역사 문제로 남아 있어요.

국내 고분벽화 현황

국내에 남아 있는 고분벽화 중에는 고구려의 것이 가장 많지만, 신라와 백제, 고려의 고분벽화도 일부 찾아볼 수 있어요.

백제의 벽화고분은 2기만 발견되었어요. 송산리 6호분에서는 사신도 벽화의 흔적을 찾아볼 수 있고, 능산리 고분군 동하총에서는 사신도와 연꽃, 구름무늬 등 벽화를 확인할 수 있어요.

신라 고분벽화로는 고구려의 영향을 받은 영주 순흥 읍내리 벽화고분이 있어요. 여기에서는 산과 연꽃, 구름무늬, 나무와 집, 역사(力士, 불교 사찰의 문이나 불상을 지키는 수호신 금강역사) 그림 등이 남아 있어요. 신라 고분인 천마총에서는 벽화는 아니지만, 말다래에 그려진 천마도 그림이 전해지고 있죠.

고려 시대에 만들어진 벽화고분은 주로 개성과 경기 지역에 분포하고 있어요. 개성 현릉(玄陵), 파주 서곡리 고려벽화묘, 거창 둔마리 벽화고분 등에서는 12지신상이나 선녀상 등이 주로 그려졌고, 밀양 박익 벽화묘에는 일상생활을 묘사한 그림도 보여요.

우리 역사에서 대표적인 벽화고분의 나라는 단연 고구려예요. 지금까지 발견된 고구려 벽화고분은 120기가 넘어요. 오랫동안 고구려의 두 번째 수도가 있었던 국내성(현재 중국 길림성 집안시) 지역에는 38기 벽화고분이 있고, 고구려의 후기 수도가 있었던 북한의 평양과 그 주변, 안악 일대에서도 안악 3호분을 비롯해 80여 기의 벽화고분이 발견되었어요.

2000년 이후 조사에서만도 서태성리 3호무덤, 송죽리 벽화무덤, 옥도리 벽화무덤 등 10여 기의 고구려 벽화고분이 새롭게 발견되었어요. 앞으로도 더 많은 벽화고분이 발견될 가능성이 높죠. 이런 많은 고구려 벽화고분은 가장 오래된 고분인 안악 3호분(357년)을 기준으로, 4세기 중엽 무렵부터 고구려의 멸망 전인 7세기까지 300여 년 동안 집중적으로 만들어졌어요.

이러한 분포 상황을 통해, 우리 고대 국가 가운데서도 특히 고구려에서 고분벽화가 활발하게 제작되었음을 알 수 있어요.

고구려 고분벽화의 역사적 의미

고구려에 대한 기록은 일부 역사책에 남아 있지만, 고분벽화를 통해 당시 시대상을 훨씬 더 생생하게 확인할 수 있어요. 벽화에는 사람들의 모습, 의복, 생활 환경, 춤추고 노래하는 장면, 사냥하는 모습 등이 담겨 있어요. 이를 통해 고구려 사람의 여가 생활과 놀이, 복식, 복장에 담긴 무늬까지 한눈에 살펴볼 수 있어요.

특히 고분벽화에 자주 등장하는 연꽃 문양은 불교와의 관계 속에서, 다시 태어나기를 바라는 불교의 윤회사상을 표현한 것으로 추측돼요. 저승세계로 가는 길을 지켜 주는 〈사신도〉를 통해 고구려 사람들의 사후 세계에 대한 믿음도 엿볼 수 있어요.

이처럼 고분벽화는 단순한 그림을 넘어, 고구려 시대의 생활과 신앙을 알 수 있는 소중한 문화유산이에요. 당시 사람의 삶과 생각을 오늘날까지 전해 주는 생생한 역사 자료이자, 그 시대의 생활상을 더욱 깊이 이해하고 느낄 수 있게 해 주는 창문과도 같아요.

세계문화유산이 된 북한의 고구려 벽화고분

북한에 있는 고구려 벽화고분 등은 2004년 7월 1일 '고구려 고분군(Complex of Koguryo Tombs)'으로 유네스코 세계문화유산으로 등재되었어요. 등재된 문화유산은 북한의 평양시, 남포시, 대동군, 안악군 일대에 위치한 63기의 고분군을 포함하고 있어요. 평양 동명왕릉 등 진파리 고분 15기, 평양 호남리 사신총과 호남리 1~16호분 등 주변의 고분 34기, 평안남도 대동군 덕화리 고분 3기, 평안남도 강서군 강서삼묘, 덕흥리·약수리·수산리 고분과 용강군 용강대총·쌍영총 등 8기, 황해남도 안악군 안악 1~3호분 3기 등 63기 고분입니다.

같은 해인 2004년에는 중국의 집안과 환인 일대에 분포하고 있는 고구려의 성곽과 고분군이 '고구려 수도, 귀족과 왕족의 무덤(Capital Cities and Tombs of the Ancient Koguryo Kingdom)'이라는 이름으로 유네스코 세계문화유산으로 등재되었어요.

　두 나라에 걸쳐 동시에 등재된 고구려 문화유산을 함께 보면, 중국 쪽 유산은 고구려 초기와 중기, 졸본과 국내성 시대를 대표하는 문화유산이며, 북한 쪽 문화유산은 중기와 후기 평양 시대의 대표적인 고분 문화유산이에요. 이렇게 2004년은 북한과 중국의 고구려 문화유산이 세계문화유산으로 등재됨으로써, 고구려 문화의 역사적·문화적 위상이 세계적으로 높이 평가된 해였어요.

　처음에 던졌던 질문, '삶의 이야기를 무덤 속 벽에 남긴 이유가 무엇일까요?'를 다시 떠올려 보며, 여러분이라면 무덤 벽에 어떤 장면을 남기고 싶은지 한번 생각해 보면 어떨까요?

03

백제 금동대향로

백제의 미의식

금동대향로에 담긴 백제인의 아름다움은 어떤 모습일까?

금동대향로, 높이 61.8cm, 국립부여박물관

명화를 탐구하다

백제 시대에 만들어진 것으로 추정되는 금동대향로(金銅大香爐)예요. 무엇이 가장 먼저 눈에 들어오나요? 윗부분의 새 모양이 눈에 띌 수도 있고, 아랫부분의 용이 마음에 들 수도 있겠죠. 아니면 가운데 뾰족뾰족한 산의 모습이 눈길을 끌 수도 있어요. 산에 많은 동물과 사람도 보이네요.

향로라면 향을 피우는 물건인데, 이 향로에서도 정말 향을 피울 수 있을까요? 향을 피우면 어떤 모습이 될까요? 백제 시대에 만들어진 이 향로를 찬찬히 살펴보며, 그 안에 숨은 비밀을 하나씩 파헤쳐 봅시다.

백제 금동대향로는 크게 네 부분(뚜껑 위의 봉황 장식, 산처럼 솟은 향로 뚜껑, 연꽃이 새겨진 향로 몸체, 용 모양의 받침)으로 구성되어 있어요. 향로의 전체 높이는 61.8센티미터예요. A4용지를 길게 두 장 연결한 것보다 약 2센티미터 정도 더 큰 크기예요. 무게는 11.85킬로그램 정도인데, 우유 200밀리리터를 200그램으로 보면 우유곽 약 60개를 들었을 때와 비슷한 무게예요. 재료는 구리와 주석의 합금인 청동이고, 표면에는 아말감 기법으로 금을 입혔어요.

아래에서부터 위로 살펴보기

맨 아래 받침 부분은 용 모양이에요. 용이 연꽃 줄기를 입에 물고 몸체를 받치고 있는데, 하늘로 솟구치려는 듯 다리를 치켜들고 있어요. 용의 뿔과 이빨, 발톱도 섬세하게 표현되어 있죠.

향로의 몸체는 활짝 핀 연꽃잎으로 둘러싸여 있어요. 몇 단으로 되어 있는지 보이나요? 3단의 연꽃잎이 겹겹이 둘러싸고 있죠. 연꽃잎 위에는 물고기, 사슴, 학 등이 새겨져 있어, 향로 전체가 하나의 작은 연못이나 정원처럼 보이기도 해요.

뚜껑에는 여러 겹의 산이 표현되어 있어요. 그 속에는 상상의 동물들과 각종 동식물, 악사, 신선이 가득 새겨져 있어요. 코끼리, 원숭이도 보여요. 코끼리와 원숭이는 실제 백제 땅에 살지 않았어요. 그런데 이런 동물들이 어떻게 향로에 새겨졌을까요? 이는 백제가 다른 나라와 활발히 교류했음을 알려 주는 단서예요.

그 외에도 이름 모를 신비한 동물들이 등장해요. 사람 얼굴을 한 새, 피리를 부는 선인, 현악기를 연주하는 선인, 두 발로 뛰면서 팔에는 깃털이 달린 동물도 보여요. 구불구불한 산처럼 표현된 뚜껑에는 신선이 17명, 동물이 42마리나 등장해요. 이런 모습을 하나씩 찾아보는 재미도 쏠쏠하답니다.

향로 꼭대기 근처에는 다섯 악사의 모습이 있어요. 이들은 와함, 북, 거문고, 배소, 종적 같은 악기를 연주하고 있어요. 악사들은 음악에 심

취한 듯 지그시 눈을 감고 있는 모습이에요.

맨 위에는 봉황 장식이 있어요. 봉황의 가슴에는 작은 구멍이 뚫려 있어서, 향을 피우면 연기가 그 구멍으로 나오도록 만들어졌어요. 봉황은 세상이 평화로울 때 나타난다는 전설 속의 새로, 오늘날에는 우리나라 대통령을 상징하기도 해요. 봉황의 입 주변을 자세히 살펴보면, 여의주를 턱에 끼고, 하늘로 날아오르기 위해 날개를 활짝 편 채 구슬 장식 위에 서 있는 모습을 볼 수 있어요.

전체적으로 어느 한 곳 빠지지 않고 정말 정교하게 표현되어 있어요. 이 작품은 아름다움과 함께 중요한 용도가 있는 공예품이에요. 용도가 향로니까, 향을 피우면 연기가 나겠죠. 봉황 가슴에 뚫린 구멍을 봤나요? 향로 곳곳에 연기가 나오는 구멍이 숨어 있어요. 총 12개의 구멍이 있는데, 이 중 7개는 연기가 나오는 구멍, 나머지 5개는 향이 잘 타도록 공기가 들어가는 구멍이에요. 우리가 숨을 들이마시고 내쉬는 것처럼, 향로도 공기를 들이고 내쉬며 향을 피울 수 있도록 설계된 셈이에요.

옛날에 향로는 의식이나 제사 때 사용되었어요. 나쁜 기운을 막고, 하늘과 소통하기 위한 수단으로 쓰였죠.

박산향로와 백제 금동대향로

백제 금동대향로의 형태는 매우 독창적이에요. 당시 동아시아에서 유행했던 향로는 박산향로였어요. '박산'은 신선이 사는 세계를 뜻해요. 신선이 사는 세상을 떠올리며 만든 향로여서 '박산향로'라고 부른 거예요.

향로는 향을 피우는 도구고, 향은 벌레와 해충을 없애고 나쁜 기운을 몰아내는 역할을 했기에 제사나 의식 때 자주 사용됐어요.

당시의 일반적인 박산향로와 비교해 보면, 백제 금동대향로는 전체적인 모양부터 조각의 디테일, 디자인까지 전혀 다른 차원의 아름다움을 드러내고 있어요. 이렇게 하나밖에 없는 유일한 형태라서, 그 가치가 더욱 크게 평가되고 있죠.

금동대향로는 향로의 전체적인 형태와 정교한 장식, 아름다운 비례에 검이불루(儉而不陋)와 화이불치(華而不侈), 즉 '검소하지만 누추하지 않고, 화려하지만 사치스럽지 않은' 백제의 미(美)의식이 고스란히 담겨 있어요.

향로를 만든 방법

구리와 주석을 섞어 만든 금속을 청동이라고 하고, 그 청동에 금을 입힌 것을 금동이라고 하죠. 금동으로 만든 커다란 향로이기 때문에 '금동대향로'라고 하는 거예요.

금동대향로를 만들기 위해서는 먼저 밑그림을 그리고, 그에 따라 밀랍으로 원본을 만들었어요. 밀랍은 꿀벌이 벌집을 만들 때 사용하는 물질이에요. 온도에 따라 굳기가 달라지는데, 적당한 온도에서는 말랑말랑해져서 원하는 모양을 만들기 쉬웠어요.

밀랍으로 향로의 원본을 만든 다음, 그 위에 진흙을 발라 거푸집을 만들었어요. 거푸집은 금속을 부어서 물건을 만들기 위한 틀이에요.

밀랍 원본에 거푸집을 씌우고 뜨겁게 가열해서 안쪽의 밀랍을 녹여 내면 거푸집 안에는 향로 모양의 빈 공간이 남죠. 그 공간에 녹인 청동 쇳물을 부어 식히면 향로가 완성돼요.

완성된 청동 향로에는 마지막으로 금을 입혀 도금했어요. 이런 과정을 거쳐 금동대향로가 만들어졌어요. 이 방법을 밀랍주조법이라고 해요. 밀랍주조법은 향로뿐만 아니라 불상과 같은 청동 제품 제작에도 널리 사용되었고, 훗날 고려의 금속활자를 만드는 데도 같은 방식이 활용되었어요.

백제 금동대향로를 발굴하기까지

부여 능산리 고분군에는 사비 시대 백제 왕릉으로 추정되는 총 7기의 무덤이 있어요. 이 고분군은 잘 정비되어 있어 많은 관광객이 찾았지만, 고분을 찾은 사람들이 주차할 공간이 마땅치 않았어요. 그래서 사찰 터와 고분군에서 멀리 떨어진, 유물이 나올 가능성이 적은 곳에 주차장을 만들기로 했어요.

유적지를 공사하기 전에 반드시 발굴 조사를 먼저 진행해야 해요. 그런데 초반 조사에서는 별다른 성과가 없었어요. 발굴조사단의 요청으로 조사 기간을 연장해 계속 조사하던 중, 진흙에 물이 가득 찬 곳에서 작은 기와 조각들과 함께 금속 조각이 보였어요. 그 과정에서 발견된 작품이 바로 백제 금동대향로예요. 이렇게 크고 화려한 향로가 발굴된 것은 처음이라, 발굴단도 유물의 온전한 모습을 확인하고 나서야 비로소 그 정체를 알아차릴 수 있었다고 해요. 향로는 본체와 뚜껑이 따로 분리된 채 진흙 속에 묻혀 있었어요.

1993년 발굴 당시, 금동대향로는 1400여 년간 땅속에 묻혀 있었는데도 세월이 무색할 정도로 온전한 상태였어요. 어떻게 이렇게 완벽한 형태를 유지할 수 있었을까요? 첫째 비결은 진흙이에요. 진흙이 공기를 차단해 부식을 막을 수 있었다고 해요. 또 다른 이유는 당시 사용된 수은 아말감 도금법이라는 기술 덕분이에요. 이 도금법은 금속 표면에 금을 두껍고 균일하게 입힐 수 있는 방법으로, 유물을 지금까지 온전한 모습으로 보존하는 데 큰 역할을 했어요.

금동대향로와 백제 성왕

금동대향로는 부여 능산리 절터 인근에서 발견되었어요. 이 절터에서는 성왕의 딸이자 위덕왕의 누나가 사리를 공양했다는 내용이 담긴 석조사리감도 함께 나왔어요. 이 유물은 능산리 절터가 백제 왕실과 밀접한 관계가 있음을 보여 줘요.

같은 절터에서 금동대향로가 발견된 걸 보면, 이 향로가 억울하게 죽은 성왕을 추모하기 위해 만들어졌을 가능성도 있어요. 금동대향로의 크기와 화려함을 보면, 백제 왕실과 깊이 관련 있다는 점을 충분히 짐작할 수 있죠.

성왕이 누구인지 잠깐 살펴볼게요.

백제는 고구려 장수왕에게 한성(위례성)을 빼앗기고 도읍을 웅진(공주)으로 옮겼어요. 그 뒤에 무령왕은 강한 백제

부여 능산리사지 석조사리감,
높이 74cm, 50cm×50cm,
국립중앙박물관

무령왕(501~523년)

↓

성왕(523~554년)

↓

위덕왕(554~598년)

를 만들고 고구려에 복수하고자 했어요. 무령왕은 백성이 안정된 생활을 할 수 있도록 힘쓰며 국가의 경제력을 회복시켰어요. 중국과 일본과도 교류하면서, 예전처럼 강했던 백제를 되찾기 위한 토대를 닦았어요. 우리가 잘 알고 있는 무령왕릉이 바로 이 왕의 무덤이에요.

무령왕의 아들 성왕은 아버지의 뜻을 이어받아 신라와 동맹을 맺고 고구려에 맞섰어요. 백성의 생활이 안정되자, 도읍을 웅진에서 사비(부여)로 옮겼어요. 웅진은 산으로 둘러싸여 방어에는 유리했지만, 교통이 불편해 주변 나라와의 교류가 어려웠기 때문이에요. 이때 나라 이름도 '남부여'로 바꾸어, 백제가 부여를 계승한 나라임을 강조하며 고구려와의 전쟁에서 자신감을 드러냈어요.

백제는 신라와 함께 고구려를 공격해 한강 유역을 되찾았어요. 백제는 한성(위례성)을 포함한 한강 하류를, 신라는 한강 상류를 차지했죠. 그러나 신라 진흥왕이 동맹을 깨고 백제가 차지한 한강 하류를 빼앗았고, 백제에서는 신라의 배신에 크게 충격을 받았어요. 이에 백제는 대규모 보복전을 준비했어요.

성왕의 아들 창이 지위해 관산성을 공격했어요. 가야와 왜의 지원을 받았고, 병력이 3만 명 이상이었어요. 신라에 대한 백제의 분노와 결의를 느낄 수 있죠. 하지만 전쟁이 길어지자, 성왕은 아들 창을 위로하기 위해 소수 병력을 이끌고 관산성으로 향했어요. 이 정보를 알게 된 신라군이 도중에 매복해 있다가 성왕을 포로로 잡았어요. 성왕은 왕답게 죽게 해 달라고 요청했지만, 신라 지방군 출신 도도에게 참수당했고, 시신도 굴욕적으로 처리되었어요.

성왕이 죽자, 백제군의 사기는 크게 떨어졌고, 결국 신라군에게 큰 패배를 당했어요. 성왕의 죽음은 백제에 커다란 충격을 안겼어요. 관산성 전투(554년)는 사비 천도와 한강 유역 공략 성공 이후 다시 자신감을 찾던 백제에 큰 좌절을 남긴 전투였죠. 이 전투 이후 백제와 신라는 동맹에서 적대 관계로 바뀌었고, 백제가 멸망할 때까지 갈등이 계속되었어요.

아버지 성왕이 죽자, 아들 창은 큰 충격을 받았지만, 위덕왕으로 즉위해 백제 부흥을 위해 노력했어요. 위덕왕은 전쟁 중 허무하게 죽은 아버지 성왕의 명복을 빌기 위해 여러 추모 사업을 추진했어요. 금동대향로를 누가, 언제, 무엇을 위해 만들었는지에 대한 정확한 기록이 남아 있지는 않아요. 그러나 발견된 위치와 당시 상황을 미루어 보았을 때, 성왕을 위한 추모의 의미를 담은 향로일 가능성이 높아요. 향로에 담긴 백제의 예술성과 정신은 글보다 더 많은 이야기를 우리에게 전해 주고 있어요.

백제의 사상과 신앙

금동대향로에는 크고 작은 봉우리에 상서로운 동물과 신선 들이 새겨져 있어요. 여러 산봉우리는 신선들이 산다고 여겼던 곳으로, 백제인이 꿈꾸는 이상향이었을 거예요. 이 향로가 처음 발굴되었을 때 박산향로의 한 종류로 분류된 것도 같은 맥락이에요. 도교에서는 신선들이 사는 곳을 박산이라 불렀고, 박산은 신선과 상서로운 동물들이 사는 이상적인 세계로 여겨졌어요.

도교는 중국에서 전해져 삼국시대에 우리나라에 들어왔고, 불교처럼 국가적인 종교로 확고히 자리 잡지는 못했지만, 고려 시대에 이르기까지 꾸준히 이어졌어요.

금동대향로의 몸체에 표현된 연꽃잎은 불교적 색채가 짙은 부분이에요. 불교에서는 우주 만물이 연꽃에서 태어난다고 믿었어요.

아직 모든 부분이 다 밝혀지지는 않았지만, 백제인이 금동대향로에 담긴 문양을 통해 도교와 불교가 융합된 사상, 세계관, 자연관을 보여 주고 있다는 데 많은 학자가 동의하고 있어요. 무령왕릉에서도 도교와 불교가 융합된 사상을 보여 주는 유물들이 출토되었어요. 이런 점을 바탕으로, 백제에는 도교와 불교가 조화를 이루는 정신문화가 널리 퍼져 있었음을 추측할 수 있어요.

백제의 문화 예술과 미(美)의식

백제는 700여 년의 역사를 이어 갔고 그중 500년 동안은 지금의 서울인 한강을 중심으로 발전했어요. 이후 웅진으로 천도한 뒤 나라를 재건했고, 다시 사비로 도읍을 옮겨 국력을 회복하며 신라와 당당하게 겨루었어요. 웅진·사비 시대의 백제는 특히 문화면에서 독보적인 아름다움을 간직한 나라였어요. 백제의 유물은 화려하면서도 절제된 미를 통해 품격 있는 아름다움을 보여 줍니다.《삼국사기(三國史記)》백제 본기에 등장하는 고사성어 "검이불루 화이불치"는 백제 문화를 잘 설명해 주는 표현이에요. 이 말은 "검소하되 누추하지 않고, 화려하되 사치하지 않는다"라는 의미로, 백제가 추구했던 미의식이 고스란히 담겨 있어요. "금동대향로에 담긴 백제인의 아름다움은 어떤 모습일까요?"를 다시 떠올려 보면, 그 답 가운데 하나가 바로 이 말 속에 숨어 있는 셈이죠. 복잡하고 섬세한 조각을 구사하면서도 과시하지 않고, 절제된 균형을 지키려 했던 태도가 백제인이 생각한 아름다움의 기준이었겠죠.

백제 시대 유물들은 이 기준을 충실히 따르고 있어요. 검소함과 누추함은 사실 한 끗 차이예요. 백제는 이 미묘한 균형을 지켜 내며, 세련되고 품격 있는 문화를 만들어 냈던 나라였어요. 백제의 유물 곳곳에는 '검이불루 화이불치'라는 백제 특유의 미의식이 조용하지만 분명하게 스며들어 있어요. 금동대향로는 그 미의식이 가장 응축된 채 남아 있는 대표 작품이라고 할 수 있어요. 지금을 살아가는 우리는 물건을 만들고 고를 때 어떤 기준을 가지고 있을까요? 백제인의 기준과 닮은 점 또는 다른 점은 무엇인지 한번 생각해 봅시다.

〈천마도〉

천마총에서 발견된 하늘을 나는 말

명화가 묻다

신라 사람들은 왜 무덤 깊은 곳에
하늘을 나는 말을 남겨 두었을까?

〈천마도〉, 75cm×53cm, 두께 약 6mm, 국립경주박물관

명화를 탐구하다

이 그림은 경주 천마총에서 발견된 〈천마도(天馬圖, '경주 천마총 장니 천마도'가 공식 명칭)〉예요. 흰색 말 한 마리가 꼬리를 곧게 세우고 힘차게 달리고 있어요. 몸을 길게 뻗은 모습을 보면, 땅이 아니라 하늘을 향해 날아오르는 것 같죠. 찬찬히 살펴볼까요? 말의 표정은 어떤가요? 다리와 꼬리는 어느 방향으로 뻗어 있나요? 말의 주변에는 어떤 무늬가 보이나요? 얼굴 쪽을 보면 혀를 내민 것 같기도 하고, 입에서 무언가가 길게 나오는 것처럼 보이는 부분도 있어요.

그림이 매우 오래되어 여기저기 금이 가고 갈라졌지만, 그 사이로 흰색 말과 주변 장식무늬가 또렷하게 보이기도 해요. 말의 주변에 덩굴이 뻗어 나가는 듯한 무늬가 둘러 있는데, 흰색, 붉은색, 갈색, 검은색 등 여러 색을 섞어 그렸네요. 이 그림은 왜 무덤 속 깊은 곳에 함께 넣었을까요? 신라 사람들은 이 하늘 나는 말에 어떤 뜻을 담았을까요? 이제 〈천마도〉를 통해 신라 시대의 비밀을 차근차근 알아보려고 해요.

5~6세기 신라의 회화 가운데, 오늘날까지 실물로 남아 있는 것은 〈천마도〉 한 점뿐이라고 알려져 있어요. 이 그림은 무덤 안에서 발굴

되었고, 바로 이 그림이 나온 무덤이라서 그 무덤이 천마총(天馬塚)이 되었어요.

<천마도> X선 촬영, 국립경주박물관, 문화재청

<천마도>가 그려진 판은 장니(障泥)라고 부르는 말다래예요. 말을 타고 달릴 때, 말발굽에서 튀는 흙과 물이 사람의 옷에 튀지 않도록 막아 주는 네모난 판이에요. 안장 양쪽에 하나씩, 보통 두 쌍을 말 옆에 길게 늘어뜨려 사용했어요. 우리말로는 주로 말다래라고 해요. <천마도>는 바로 이 말다래를 꾸미기 위해 그려 넣은 그림이에요.

여러분이 말을 탄다고 상상해 보세요. 말 옆에 달린 말다래 위에 어떤 그림을 그리고 싶나요? 용, 새, 별, 구름, 자신이 좋아하는 상상 속 동물도 떠오르죠? 천마총에서 나온 말다래 가운데, <천마도>가 그려진 말다래는 자작나무 껍질(백화수피)을 여러 겹 겹쳐 만든 것이에요. 속에는 두껍고 질긴 껍질을 겹쳐서 단단한 판을 만들고, 겉에는 표면이 고운 껍질을 붙여 매끈하게 만든 뒤, 그 위에 그림을 그렸어요. 가장자리는 가죽으로 감싸서 쉽게 닳지 않게 했지요. 자작나무 껍질은 물에 강하고 잘 썩지 않아, 종이가 귀하던 시기에 글씨를 쓰거나 그림을 그리는 재료로도 썼어요. 지금 경주 천마총 전시관에 가면, 발굴 자료를 바탕으로 복원한 말다래와 <천마도>의 모습을 직접 볼 수 있어요.

말다래는 말의 왼쪽과 오른쪽에 하나씩 매달기 때문에 두 쌍이 한 세트예요. 〈천마도〉도 처음 발굴될 때 두 점이 겹친 상태로 발견되었어요. 위쪽에 있던 말다래는 많이 썩고 부서져 그림을 알아보기에 어려웠고, 아래쪽에 있던 말다래는 비교적 상태가 좋아 그림이 잘 남아 있었어요. 지금 국보로 지정된 〈천마도〉는 바로 이 아래쪽 말다래에 그려진 그림이에요.

여러 재료로 만든 말다래

1973년 천마총 발굴 당시 작성된 보고서를 보면, 말다래의 재료는 크게 세 종류였다고 기록되어 있어요. 자작나무 껍질로 만든 백화수피제 말다래, 대나무를 엮어 만든 죽제 말다래, 나무에 옻칠을 해서 만든 칠기제 말다래가 각각 한 쌍씩 있었어요.

하지만 발굴 당시 대나무와 칠기로 만든 말다래는 보존 상태가 매우 나빴어요. 특히 칠기제 말다래는 거의 남아 있지 않아, 원래 모양을 알아보기가 어려웠다고 해요. 그래서 지금은 자작나무 껍질 말다래 두 점과, 대나무 말다래 두 점만 실물로 확인할 수 있어요.

대나무로 만든 천마문 금동장식 말다래는, 얇은 대나무 살을 촘촘하게 엮어 말다래의 바탕 판을 만들고, 그 앞면에 질긴 삼베 같은 천을 덧댄 뒤, 그 위에 천마 문양과 다른 무늬를 구멍 내어 새긴 금동 판 여러 장을 금못으로 박아 장식했어요. 이런 제작 기법은 발굴 후 경주박물관에서 말다래를 한 겹 한 겹 분리하고 보존 처리하는 과정에서 밝혀졌어요. 신라인은 자작나무, 대나무, 나무, 금속, 가죽을 함께 사용해 정교한 말을 꾸미고, 그 위에 상징적인 그림까지 더했어요.

말일까, 상상 속의 동물일까?

이제 그림 속 동물을 다시 떠올려 볼까요? 〈천마도〉에 그려진 동물은 전체적으로 흰말처럼 보이지만, 자세히 보면 머리 부분에 뿔처럼 보이는 요소가 있어요. 이 때문에 학자들 사이에서는 여러 해석이 나왔어요.

- 흰 말처럼 보이니 하늘을 나는 말(천마)이다.
- 머리에 뿔이 있으니 상상의 동물인 기린일 수 있다.
- 주변 무늬와 몸의 표현을 보면 용을 나타낸 것일 수도 있다.

지금까지는 〈천마도〉가 말을 표현한 그림이라는 쪽이 더 힘을 얻고 있어요. 〈천마도〉가 말다래 위에 그려져 있고, 그 주변에서 말안장, 재갈, 고삐 장식 같은 말 관련 유물들이 함께 출토되었기 때문이에요. 말 장식판 위, 말 관련 유물들 사이에서 나온 그림이니 기본적으로 말을 바탕으로 한 존재라고 보는 것이 자연스럽죠. 다만 머리의 뿔과 날아오르는 자세 같은 요소는, 이 말이 단순한 말이 아니라 하늘과 왕을 잇는 신성한 존재라는 점을 보여 줍니다. 이렇게 보면, 천마도의 흰말은 단순히 빠르게 달리는 동물이 아니라, 왕과 하늘을 이어 주는 존재로 그려진 셈이죠.

신라 건국 신화 속의 천마

〈천마도〉는 말과 관련해 신라인이 어떤 생각을 했는지, 그들의 사고

방식을 알려 주는 귀중한 유물이에요. 천마와 관련된 이야기는 신라의 건국 신화에서도 찾아볼 수 있어요. 《삼국유사(三國遺事)》에는 이런 이야기가 전해져요.

"신묘한 빛이 하늘에서 땅으로 내려오고, 그 옆에 흰 말이 꿇어앉아 절을 하고 있었다. 거기에는 자줏빛 알 한 개가 있었고, 사람들이 다가가니 말은 길게 울고 하늘로 올라갔다."

사람들은 그 알을 가져다 모셨고, 그 알에서 훗날 왕이 태어났다고 해요. 이 이야기 속에서 하늘에서 내려와 알을 남기고 올라간 흰 말은 바로 천마를 상징해요. 신라에서는 흰 말을 하늘이 보낸 영험한 동물로 여겼고 왕을 태우고 온 신성한 존재로 표현되었어요.

여러분이 신라인이라고 생각해 본다면 어떨까요? 하늘에서 내려온 흰 말이 왕을 데려왔다고 믿었다면, 그 말은 단순한 탈것이었을까요, 아니면 나라를 지켜 주는 특별한 존재였을까요? 〈천마도〉의 말을 흰색으로 그린 것도 이런 신화를 바탕으로 한 상징이라고 볼 수 있어요. 왕의 무덤 속, 말다래 위에 하늘을 나는 흰 말을 그린 것은, 죽은 왕이 저승에서도 하늘의 보호를 받기를 바라는 마음이 담겨 있었을지도 몰라요. 무덤 깊은 곳에 남겨진 이 하늘을 나는 말 한 마리는, 신라인들이 믿었던 보이지 않는 세계와 왕의 운명을 함께 보여 주는 상징이었을 거예요.

역사가 답하다

다른 고분 발굴을 위한 연습 발굴

경주 중심부에 있는 커다란 봉분들이 신라 시대의 무덤이라고 알려지기 시작한 때는 일제강점기 무렵인 1900년대 초였어요. 이 시기에 일본인들과 도굴꾼들은 전국 곳곳의 고분을 파헤쳐 고려청자 같은 유물을 가져갔고, 경주, 부여, 공주, 평양 등 여러 지역에서 불법 도굴을 일삼았죠.

그런데 경주 대릉원을 비롯한 신라 시대의 큰 고분들은 구조상 도굴이 거의 불가능했어요. 안쪽에 나무와 돌을 겹겹이 쌓아 올린 돌무지덧널무덤 구조였기 때문에, 무덤 도둑이 안으로 파고들기가 매우 어려웠어요. 그래서 몇몇 공식 발굴 조사 외에는 지금까지 비교적 온전한 상태로 남아 있을 수 있었던 거예요.

1921년 금관총(金冠塚)이 처음 발굴되었고, 이어서 금령총(金鈴塚), 서봉총(瑞鳳塚), 식리총(飾履塚) 등이 조사되면서 금관을 비롯한 화려한 유물들이 세상에 알려졌어요. 광복 이후 우리 손으로 발굴한 대표적인 고분으로는 호우총이 있어요.

1970년, 경부고속도로 개통과 함께 관광자원을 확보하기 위해 '경주 관광종합개발계획'이 세워졌어요. 이 계획의 하나로 미추왕릉지구 정화사업이 진행되었고, 대릉원에 있는 황남대총(皇南大塚, 황남동 98호 고분)과 천마총(황남동 155호 고분) 발굴이 기획되었어요.

원래는 길이 약 120m에 달하는 거대한 고분인 황남대총을 발굴해 내부를 복원하고 공개할 계획이었어요. 하지만 당시에는 대형 고분을 안전하게 발굴하고 다시 복원한 경험이 부족했기 때문에, 황남대총보다 규모가 작은 천마총을 먼저 시험 발굴, 즉 연습 발굴 대상으로 삼게 되었어요. 그런데 막상 발굴을 시작하자, 예상하지 못한 엄청난 유물들이 쏟아져 나왔어요.

천마총 발굴은 경주 고분 발굴 역사의 새로운 출발점이 되었어요. 이후 다른 고분을 발굴할 때도 천마총의 발굴 경험이 큰 기준이 되었고, 우리나라 고고학이 과학적으로 발굴하고 보존하는 방향으로 나아가는 데 중요한 계기가 되었어요.

천마총의 고분 구조

천마총을 비롯해 많은 대형 신라 고분은 돌무지덧널무덤으로 축조되었어요. 돌무지덧널무덤은 신라 시대 전기에 지배층이 사용한 대표적인 무덤 양식이에요. 먼저 지하나 지상에 바닥을 평평하게 다지고, 그 위에 나무로 상자 모양의 큰 방, 즉 덧널을 짜 올려요. 그 안에 시신을 넣는 나무관을 놓고, 관의 발 쪽에서 조금 떨어진 곳에는 부장품(무덤 안에 시체와 함께 묻는 물건)을 넣기 위해 딸린 널을 따로 만들어요. 덧널 위를 냇돌로 일정한 높이까지 둥글게 쌓아 돌무지를 만들고, 마지막으로 그 위에 흙을 덮어 봉분을 만드는 방식이에요.

이 돌무지 구조 때문에 무덤 내부로 파고들어 도굴하는 것이 거의 불가능했어요. 돌무지덧널무덤은 대략 4세기 전반에 나타나 6세기 전반까지 사용되었고, 주로 경주 분지를 중심으로 분포해 있어요. 신라의 국력이 크게 성장하던 시기에 유행한 무덤 양식이기 때문에, 무덤의 규모가 크고 껴묻거리가 풍부하다는 특징이 있어요. 이 구조를 알고 천마총 복원 그림을 다시 보면, 돌과 흙 아래에 숨겨져 있던 나무방과 관, 그리고 그 곁을 지키는 천마도의 모습을 더 잘 떠올릴 수 있을 거예요.

천마총에서 나온 다른 유물

천마총은 1973년 4월부터 12월까지 발굴되었어요. 이 발굴에서 금관을 비롯해 1만 1526점에 이르는 많은 유물이 출토되었어요. 무덤 안에는 나무곽(목곽)과 나무관(목관)이 놓여 있었고, 관 주위에 돌을 쌓아 석단을 만들었으며, 부장품을 넣은 궤짝도 함께 두었어요.

목관 안에서는 말안장과 재갈, 고삐 장식 같은 마구류, 금·은·금동·청동으로 만든 각종 그릇, 유리그릇, 쇠솥, 토기 등이 발견되었어요. 석단 위에서는 금모, 은제 허리띠와 각종 장신구가 출토되었죠. 이렇게 많은 유물이 한 무덤에서 쏟아져 나왔다는 사실은, 천마총이 단순한 귀족의 무덤이 아니라 왕릉급 무덤이라는 사실을 보여 줍니다.

누구의 왕릉인가?

천마총에서 출토된 금관과 수많은 부장품을 보면, 이 무덤이 왕릉급 무덤이라는 점은 분명해요. 그렇다면 누구의 무덤일까요? 천마총 발굴 보고서에서는 소지마립간과 지증왕을 무덤 주인으로 추정하고 있어요.

경주 지역의 왕릉 분포를 보면, 법흥왕 이후의 왕릉은 대체로 서악동에 있는 무열왕릉과 그 뒤의 왕릉들로 옮겨 갑니다. 반면 황남동 일대에 있는 돌무지덧널무덤 형식의 왕릉급 무덤은 지증왕대까지 만들어졌다고 보는 견해가 많아요. 천마총의 세부 무덤 양식과 출토 유물을 비교해 보면 황남동 지역 돌무지덧널무덤 가운데 가장 늦은 시기에 조성된 무덤으로 생각돼요. 이런 점들을 바탕으로 천마총의 주인공을 지증왕으로 추정하는 의견이 있어요. 하지만 아직 무덤 주인의 이름이 적힌 돌이나 글이 발견된 것은 아니라서 지금까지도 역사적 수수께끼로 남아 있어요.

고분의 이름 차이

옛 무덤을 통틀어 '고분'이라고 부르지만, 그 가운데 무덤의 주인을 분명히 알 수 있을 때에는 이름 뒤에 '릉'을 붙여요. 예를 들어, 공주 무령왕릉은 무덤 안에서 "영동대장군 백제 사마왕"이라고 적힌 지석(誌石, 죽은 사람의 인적 사항이나 무덤의 소재를 기록하여 묻은 판석)이 발견되어, 이 무덤의 주인이 무령왕이라는 사실이 확실하기에 '무령왕릉'이라고 해요.

반대로, 왕의 무덤으로 보이지만 무덤의 주인이 정확하게 밝혀지지 않을 때에는 '총'을 붙여요. 예를 들어 천마총은 왕릉급 무덤으로 추정되지만, 아직 주인이 누구인지 확실하지 않기 때문에 '천마총'이라고 불러요. 신라의 고분 가운데 함께 발굴된 유물을 보아 왕의 무덤임은 분명하지만, 주인을 알 수 없을 때는 서봉총, 금관총처럼 대표 유물의 이름을 따서 이름을 붙이기도 해요.

지금까지 삼국시대 무덤 가운데 무덤의 주인을 정확히 확인할 수 있었던 사례는 공주 무령왕릉이 거의 유일해요. 그래서 무덤 이름도 '무령왕릉'이라고 부를 수 있었던 거예요.

역사 속의 자작나무

자작나무의 가장 큰 특징은 하얀 껍질이에요. 이 껍질에는 베툴린이라는 성분이 들어 있어 햇빛을 반사하고, 물이 나무 안으로 쉽게 스며들지 못하게 막아 주며, 추운 환경에서도 나무를 보호해 줘요. 이런 특징 덕분에 자작나무는 추운 지방에서 잘 자라고, 백색의 껍질을 가진 나무라서 백화수(白樺樹)라고도 해요.

역사 속에서 자작나무 껍질은 여러 가지로 사용되었어요. 약 5천 년 전 신석기 시대에는 자작나무 껍질이 잘 마르고 잘 타는 성질을 이용해 불쏘시개로 사용했죠. 이탈리아 등지에서 발견된 유물 가운데에도 자작나무 껍질로 만든 불쏘시개가 남아 있다고 해요.

약 2천 년 전 인도에서는 종이가 없던 시절, 자작나무 껍질을 종이 대신 사용해 불교 경전을 적었어요. 껍질을 얇게 펴서 글씨를 쓰고 그림을 그려 기록을 남긴 거예요. 몽골 사람들은 자작나무를 신성한 나무로 여겨, 껍질 위에 기도문이나 축복의 글을 적었어요. 마치 우리가 종이에 편지를 쓰듯이 사용한 거죠.

자작나무에서 나오는 수액은 사탕이나 음료를 만드는 재료로도 써요. 자일리톨 껌도 원래는 자작나무 수액에서 얻은 성분으로 만들었어요. 이처럼 자작나무 껍질과 수액은 오래전부터 사람들의 생활과 가까운 곳에서 다양하게 활용되었죠.

이런 자작나무 껍질이 바로 〈천마도〉가 그려진 말다래의 재료였어요. 신라인은 물과 습기에 강하고 오래 견디는 자작나무 껍질을 이용해 말다래를 만들고, 그 위에 하늘을 나는 흰말의 모습을 그렸어요.

오늘을 사는 우리에게는 조금 낯선 상상이지만, 여러분이라면 사랑하는 사람이 떠난 뒤, 그 사람의 무덤이나 물건에 어떤 그림과 이야기를 남기고 싶을지 마음속으로 떠올려 보면 어떨까요.

05

불국사와 석굴암

통일신라 불교미술의 정점

명화가 묻다

통일신라 사람들은 어떤 나라를 꿈꾸었을까?

불국사, 경주, 면적 409315㎡

신라의 천년 도읍지던 경주에는 문화 유산이 많아요. 불국사(佛國寺)와 석굴암(石窟庵)이 그중에서도 신라 문화를 대표하는 장소예요. 통일신라 전성기에 신라인은 나라의 안녕과 평화를 기원하며 불국사와 석굴암을 짓기 시작했어요.

불국사

불국사는 통일신라 경덕왕 때인 751년에 창건을 시작해 774년에 완공되었어요. 통일신라 불교문화의 정점을 보여 주는 사찰이에요. '불국'은 말 그대로 '부처님의 나라'라는 뜻이에요. 부처님의 가르침대로 살아가는 이상적인 세상을, 바로 이곳 현실 세계에 구현하고자 한 장소가 불국사인 거예요.

불국사의 건물과 석축(돌로 쌓아 만든 시설물)을 자세히 보면, 마치 레고 블록처럼 돌을 하나하나 깎아 쌓아 올린 구조예요. 특히 기단(건축물이나 비석의 기초가 되는 단)과 계단, 석축을 보면 네모난 돌들을 차곡차곡 쌓아 올린 모습이 인상적이에요. 이 돌들은 어디에서 가져왔을까요? 또 어떻게 이렇게 정확한 모양으로 깎아 정교하게 쌓을 수 있었을까요?

불국사로 올라가는 계단인 청운교와 백운교도 눈길을 끌어요. 지금은 문화재 보호를 위해 직접 올라가 볼 수는 없지만, 사진으로 보면 계단 표면이 반질반질하고 미끄러워 보여요. 미끄럼틀처럼 매끈한 이 돌계단에는 어떤 이야기가 담겨 있을까요? 각 건물은 어떤 뜻을 담아 배치했을까요? 불국사가 어떻게 설계되고, 어떤 과정으로 지어졌는지 차근차근 살펴보아요.

불국사에 들어가는 길

불국사 앞쪽에는 청운교와 백운교라는 돌계단이 있어요. 백운교의 15계단을 지나, 청운교의 16계단을 올라가면 자하문에 이르게 됩니다. 지금 우리가 보기에는 그냥 계단처럼 보이지만, 원래 이 앞에는 커다란 연못이 있었던 것으로 추측해요. 그래서 '물 위에 놓인 다리'라는 뜻인 '교(橋)' 자를 붙여 청운교·백운교라고 부르는 거예요.

다리에 이르기 전의 공간은 일반 사람들의 세계, 다리를 건너 자하문(보랏빛 안개가 가득한 문)을 지나면 부처님의 세계에 들어가는 것을 의미해요. 청운교와 백운교는 현실 세계를 지나 불국(부처님의 나라)로 들어가는 다리를 상징하고 있는 셈이죠. 계단을 올라 자하문을 통과하면, 불국사의 중심 법당인 대웅전으로 향하게 됩니다.

대웅전 앞의 쌍탑

불국사 대웅전 앞마당에는 석가탑과 다보탑이 나란히 서 있어요. 석가탑과 다보탑은 서로 마주 보고 있는데, 모양은 아주 다르죠. 통일신라 시대에는 한 사찰 앞에 두 개의 비슷한 석탑이 한 쌍을 이루는 쌍탑 형식이 유행했어요. 그런데 불국사에서는 서로 너무나 다른 모습의 두 탑이 한 쌍을 이루고 있습니다. 왜 이렇게 만들었을까요? 불교는 석가모니의 가르침을 따르는 종교라고 했죠. 불교의 가르침을 적은 많은 경전 가운데 《법화경(法華經)》이라는 경전이 있어요. 《법화경》에는 지금 이 세상의 부처를 '석가여래', 과거의 부처를 '다보여래'라고 합니다. 이름을 잘 보면,

석가여래 → 석가탑

다보여래 → 다보탑

서로 이름이 닮아 있죠? 석가탑은 현세의 부처(석가여래)를, 다보탑은 과거의 부처(다보여래)를 상징해요. 《법화경》에 따르면, 현재의 부처인 석가여래가 설법할 때, 과거의 부처인 다보불이 나타나 그 말이 옳다고 증명해 준다고 해요. 그래서 불국사에서는 현재의 부처를 상징하는 석가탑과 과거의 부처를 상징하는 다보탑을 나란히 세워, 그 가르침을 눈으로 볼 수 있게 표현한 거예요.

'탑'이라는 말은 인도어 '스투파'에서 유래했어요. 원래는 부처의 유골을 모시는 무덤을 뜻했는데, 이것이 중국을 거치면서 '탑파(塔婆)',

다시 줄여서 '탑'이 되었어요. 탑은 부처의 사리나 불교와 관련된 중요한 물건을 모시고 예배하는 대상이에요. 대웅전 앞에 현세와 과거의 부처를 상징하는 탑을 세워, 이곳이 부처님의 가르침이 살아 있는 곳임을 드러낸 거예요.

석가탑과 다보탑의 모습

10원짜리 동전 뒷면에 그려진 탑을 본 적이 있나요? 바로 다보탑이에요. 통일신라 시대에는 한 절 앞에 보통은 모양이 비슷한 두 탑을 세웠는데 불국사에서는 서로 너무 다르게 생긴 두 탑이 한 쌍을 이루고 있어요. 그래서 더 눈에 잘 띄고, 사람들의 관심을 끌죠.

석가탑의 생김새는 2단의 기단 위에 3층의 탑신을 세운 모습이에요. 경주 감은사지 동·서 삼층석탑과 경주 고선사지 삼층석탑의 양식을 이어받은, 신라 석탑의 가장 전형적인 양식이에요. 탑신은 기와집을 본떠 만들었고, 몸돌의 모서리마다 돌을 깎아 기둥 모양을 만들어 두었어요. 지붕돌의 모서리는 위로 살짝 치켜 올라가 있어서, 탑 전체가 경쾌하게 날아오르는 듯한 느낌을 줘요. 전체적인 균형과 비례가 매우 아름다워, 신라 석탑 가운데 가장 훌륭한 작품으로 꼽혀요.

반대로 다보탑의 생김새는 아주 특별해서, 이런 형태의 탑은 이 한 기뿐이라고 할 정도예요. 아래에는 단단한 기단이 있고, 돌계단을 올라가면 네 마리 돌사자가 지키고 있어요. 그 위에는 기와집처럼 생긴 지붕이 있고, 사각형 난간 안쪽에 팔각 모양의 탑이 서 있는 독특한 구조예요. 대나무처럼 보이는 기둥 위에 연꽃 모양의 받침을 놓고, 그 위에 여덟 모서리를 가진 판을 얹어 꼭대기를 장식했어요. 전체적으로 섬세하고 복잡한 구조라서, 가까이에서 보면 조각 하나하나까지 정교하게 다듬어져 있어요. 다보탑은 불교 경전인《법화경》에 나오는 탑의 모습을 바탕으로, 통일신라 최고의 기술로 아름답고 정교하게 만든 작품이에요.

돌로 쌓아 올린 석굴 사원

이제 불국사와 함께 세계문화유산으로 지정된 석굴암을 살펴볼까요? 석굴암은 인도와 중국의 석굴 사원처럼 바위를 파서 만든 것이 아니라, 돌을 하나하나 쌓아 올려 만든 독특한 형태의 석굴 사원이에요. 인도 승려들은 더위를 피하고 일정한 온도가 유지되는 석굴에서 수행했어요. 이런 석굴 사원의 전통이 우리나라에 전해졌지만, 우리나라에 많은 화강암은 너무 단단해서 바위를 깊게 파기가 어렵다는 문제가 있었어요. 그래서 신라인은 바위를 깎는 대신 돌을 정교하게 쌓아 석굴을 만드는 방법을 선택했어요.

처음에 석굴암은 석불사라고 불렸다고 해요. 나중에 불국사에 속한 암자가 되면서, 지금처럼 석굴암이라 부르게 되었어요. 석굴암은 토함산에서 일출이 가장 잘 보이는 위치에 지어졌어요. 이는 석굴암이 자연환경과의 조화를 고려해 설계되었다는 것을 보여 줘요.

석굴암은 돌을 쌓아 둥근 돔 형태를 만드는 어려운 건축 기술이 필요했어요. 무너지지 않게 하려면, 과학적인 계산과 정교한 설계가 필수였죠. 특히 석굴 안쪽에 습기가 차지 않도록 공기의 흐름도 잘 생각해야 했어요. 신라인은 어떻게 이런 문제를 해결했을까요?

석굴암 내부

석굴암 안쪽을 살펴보면, 먼저 직사각형 모양의 전실(앞방)을 지나 좁은 통로를 지나면 원형의 주실(안방)이 나와요. 전실에는 불교의 여덟 수호신인 팔부신중, 통로에는 동·서·남·북을 지키는 사천왕이 조각되어 있어요. 그리고 마지막에 들어서는 원형의 주실 중앙에는 본존불상이 자리하고 있어요.

본존불상은 깨달음을 얻은 석가모니의 모습을 조각한 것이에요. 그 주변으로 여러 보살과 10대 제자들이 둥글게 둘러서 있어요. 본존불은 동남쪽 30도 방향을 바라보고 있는데, 이 각도는 동짓날 해가 떠오르는 방향과 거의 일치한다고 해요.

주실 천장은 360여 개의 네모난 돌을 둥글게 아치형으로 쌓아, 위에서 눌러 오는 힘을 사방으로 골고루 나누도록 설계했어요. 천장 중앙에는 연꽃무늬가 새겨진 덮개돌을 얹어 마무리했어요.

본존불상의 비례도 매우 뛰어나요. 얼굴-가슴-어깨-무릎의 비율이 1 : 2 : 3 : 4 정도가 되는데, 사람의 몸이 가장 안정되고 아름답게 느껴지는 비례와 비슷하다고 해요. 키가 160센티미터 정도인 사람이 전실에서 주실을 바라보면, 본존불의 광배(光背, 부처 뒤의 빛무리)가 딱 가운데에 보이도록 계산해 두었다고도 해요.

석굴암은 안에 습기가 차지 않도록 특별한 장치도 했어요. 석굴 아래에는 지하수를 흐르게 해서 주변 온도를 일정하게 유지했어요. 또

돌과 돌 사이의 틈과 지붕 외벽의 자갈층이 습기를 밖으로 내보내는 역할을 하도록 만들었어요. 일종의 자연 에어컨과 제습기 같은 장치였던 셈이에요.

하지만 일제강점기 때, 석굴암을 보존한다는 명목으로 전체에 시멘트를 바르고, 아래쪽 지하수 흐름을 막는 공사를 하면서 오히려 안쪽에 습기가 차기 시작했어요. 그 습기가 곰팡이의 원인이 되어 서서히 부식이 진행되었죠. 지금은 이런 문제를 줄이고자 본실 앞에 유리막을 설치하고, 온도와 습도를 조절하는 에어컨을 두어 석굴암을 보호하고 있어요.

10원 앞면

불국사, 경주

경주 불국사 석가탑, 높이 10.75m
경주 불국사 다보탑, 높이 10.29m

역사가 답하다

불국사와 석굴암의 창건 설화

《삼국유사》는 김대성이 전생의 부모를 위해서 석굴암을, 현생의 부모를 위해서 불국사를 지었다고 전하고 있어요. 그러나 혜공왕 10년(774) 12월 그가 목숨을 다할 때까지 짓지 못해 그 후 나라에서 완성한 후 나라의 복을 비는 절로 삼게 되었다고 해요. 그러면 불국사와 석굴암의 창건 설화를 살펴볼까요?

신라의 재상 김문량은 하늘로부터 신비한 소리를 듣습니다. "모량리의 대성이라는 아이가 너의 집에 환생할 것이다!" 얼마 지나지 않아 김문량의 부인은 아이를 갖게 되었고, 태어난 아이는 손에 '대성'이라고 적인 패를 쥐고 있었어요. 김문량은 수소문 끝에 모량리에서 가난하게 사는 여인을 찾았고 그의 아들이 얼마 전에 죽은 사실을 확인합니다. 이렇게 모량은 대성에게 전생의 부모를 찾아 주고 함께 살았어요. 대성은 전생과 현생의 부모를 모두 모시고 자랐어요.

어느 날 곰사냥을 떠난 대성이 사냥에 성공하고 돌아왔는데, 그 후 매일 밤 죽은 곰이 꿈에 나타나 자신을 죽인 것을 원망하고 환생해 대성을 잡아먹겠다고 위협했어요. 대성이 곰에게 용서를 구하자 곰은 자기를 위해 절을 지어 달라고 했어요. 그래서 곰을 위한 작은 절을 짓고 난 대성은 깨달음을 얻어 사냥을 중단하고 불교의 가르침을 따르며 살았다고 해요.

대성은 더욱 불교에 대한 마음이 지극해져 부처님에게 보답하는 길이 부모님 은혜를 갚는 길이라고 생각해서 현세 부모를 위해 불국사를 전생의 부모를 위해서 석굴암을 지었다고 해요.

전생과 현생의 부모를 모두 공경하며 효를 실천한 대성의 이야기는, 불국사와 석굴암의 아름다움만큼이나 깊은 의미를 담고 있어요. 불국사와 석굴암을 만든 신라인은 부처님의 나라가 저 먼 하늘나라나 머나먼 타국에 있는 것이 아니라, 우리가 사는 이 땅이 곧 부처님의 나라가 되기를 간절히 바랐던 거예요.

신라인에게 불교의 의미

불교는 인도 한 부족의 왕자였던 석가모니로부터 시작되었어요. 석가모니는 인간의 고통이 욕심에서 비롯된다고 보고 이를 없애기 위한 수행법을 찾았어요. 그리고 그 깨달음을 사람들에게 전했어요. 그렇게 시작된 불교는 중국을 거쳐 우리나라에 전해졌어요.

고구려와 백제의 왕실에서도 모두 불교를 받아들였죠. 불교를 받아들인 가장 큰 이유는 왕권을 강화하기 위해서였어요. 신라보다 먼저 불교를 받아들인 고구려의 승려들이 신라에도 불교를 전파하려고 했으나 토착 신앙을 믿고 있는 신라에 전파하기는 쉽지 않았어요.

그러나 이차돈이 불교를 전파하며, 자신이 죽으면 흰 피가 솟구치고 하늘에서 꽃비가 내릴 것이라고 예언했는데 진짜 그런 일이 생기자, 불교를 신라의 종교로 받아들이게 되었어요. 이후 불교는 신라의 정치 문화를 발전시키는 토대가 되었고, 주변 나라와의 여러 전쟁을 신앙으로 보호하기 위해 수많은 사찰을 세우기도 했어요. 이런 사찰을 호국 사찰이라고 해요. 지금은 터만 남아 있지만, 특히 황룡사는 진흥왕이 궁궐 대신 지은 절로, 선덕여왕은 이곳에 9층 목탑을 세웠다고 해요. 9층은 신라를 괴롭히던 9개의 나라를 부처의 힘으로 막겠다는 뜻을 담고 있어요. 이렇게 신라에서는 불교가 나라를 지키고, 정치를 하는 기본 사상으로 자리를 잡게 되었어요.

또한 불교에는 윤회설이 있어요. 사람은 죽어도 다시 태어나며, 이번 생의 행동에 따라 다음 생의 모습이 달라진다는 생각이에요. 좋은 일을 많이 하면 왕이나 귀한 사람으로 태어날 수도 있다고 보았어요. 이런 생각은 왕과 귀족의 권위를 높이는 데도 도움이 되었어요. 이렇게 불교는 나라를 지키고 정치를 뒷받침하고, 사람들의 삶을 이끄는 중요한 사상이 되었어요. 통일신라 시대에 특히 불교 문화재가 많이 남아 있어요.

처음에는 왕실과 귀족을 중심으로 발전하던 불교는 점차 일반 백성에게도 퍼져 나갔어요. 이 과정에서 큰 역할을 한 사람이 바로 원효와 의상이에요. 원효와 의상은 함께 당나라로 유학을 떠나던 길에, 어느 날 무너진 무덤에서 하룻밤을 지냅니다. 밤중에 갈증이 나서 어둠 속에서 어떤 물을 떠 마셨는데, 아침에 보니 그릇이 아니라 해골이었다는 이야기가 전해져요. 원효는 이 일을 통해 "모든 건 마음 먹기에 따라 다르게 보인다"라는 사실을 깨닫고, 당나라 유학을 포기하고 다시 신라로 돌아왔어요. 그리고 어려운 경전을 풀어 설명하고, "나무아미타불"만 열심히 외워도 극락에 갈 수 있다고 가르치며, 불교의 대중화에 크게 이바지했어요. 반면, 의상은 당나라까지 가서 불교를 깊이 공부한 뒤 돌아와 화엄사상을 널리 전파했어요. 화엄사상은 "하나가 곧 전체이고, 전체가 곧 하나"라는, 모든 존재가 서로 연결되어 있다는 생각이에요. 이 사상은 신라 사회를 통합하는 데 큰 힘이 되었어요.

석가탑에서 나온 《무구정광대다라니경》

일반적으로 탑 안에 부처님의 사리나 불경, 그리고 여러 가지 불교 유물을 모셔 두는 경우가 많아요. 그래서 옛날부터 탑 안의 보물을 꺼내 가려는 도굴도 자주 일어났어요. 석가탑도 1966년에 두 차례 도굴을 당했어요. 도굴은 실패했지만, 그 과정에서 탑이 기울어지는 손상을 입었죠. 이 손상을 고치기 위해 석가탑을 하나하나 해체해 수리하는 작업이 필요했어요. 그런데 이 과정에서 아주 놀라운 유물이 발견됩니다. 2층 탑신 안에서, 부처님의 사리를 모셔 둔 사리장엄구와 함께, 비단에 곱게 싸여 있던 《무구정광대다라니경(無垢淨光大陀羅尼經)》을 비롯한 28점의 귀중한 유물이 나온 거예요.

그중에서도 《무구정광대다라니경》에는 특별한 의미가 있어요. '다라니(석가모니 부처의 가르침을 담은 주문)'를 담은 경전으로 '무구정광(때묻지 않은 맑은 빛)'이라는 이름처럼 재난을 막고 공덕을 쌓는 의미와 연결뒵니다. 이 다라니경은 751년(신라 경덕왕 10년) 무렵에 간행된 것으로 추정되는데, 현재 전해지는 것 가운데 세계에서 가장 오래된 목판 인쇄본으로 알려져 있어요. 이 인쇄본은 너비가 약 8센티미터, 전체 길이가 약 620센티미터인 긴 두루마리 모양이에요. 한 줄에 8~9자씩 다라니(짧은 주문 같은 경문)를 빽빽하게 인쇄해 놓았어요. 특히 본문 가운데에는 중국 당나라 측천무후가 집권하던 때에만 사용하던 글자들이 들어 있어서, 학자들은 이 글자를 단서로 이 인쇄물이 만들어진 시기를 대략 짐작할 수 있었어요.

인쇄술이 발달하기 전에는 불경을 모두 손으로 한 자 한 자 베껴 쓰는 방법(필사)으로만 널리 퍼뜨릴 수 있었어요. 그런데 목판 인쇄술이 발전하면서, 나무판에 글자를 새겨 찍어 내는 방식으로 불경을 훨씬 빠르게 더 많이 인쇄할 수 있게 되었어요. 이런 점에서 보면,《무구정광대다라니경》목판 인쇄본은 우리나라 불교 역사뿐 아니라 세계 인쇄 역사에서도 매우 중요한 위치를 차지하는 귀중한 유산이죠.

석가탑과 무영탑 설화는 언제 만들어졌을까?

석가탑에는 그 아름다운 모습 못지않게 슬프고 아름다운 설화가 전해져요. 가장 잘 알려진 이야기는 아사달과 아사녀 설화예요.

백제의 유명한 석공 아사달이 석가탑을 짓기 위해 서라벌로 와서 공사에 몰두하고 있었어요. 남편을 그리워하던 아사달의 아내 아사녀는 남편을 찾아 먼 길을 떠나 마침내 불국사까지 오지만, 공사가 한창이라 남편을 만날 수 없었어요. 스님은 아사녀에게 이렇게 말했어요.

"가까운 곳에 연못이 있으니, 석탑이 완성되면 그 연못에 탑 그림자가 비칠 것입니다. 그때 남편을 만날 수 있을 거예요."

아사녀는 연못가에서 탑의 그림자가 비치기를 기다리며 정성껏 기도했지만, 아무리 기다려도 그림자는 비치지 않았어요. 결국 실망과 슬픔에 잠긴 아사녀는 연못에 몸을 던지고 말았어요. 그래서 석가탑을 "그림자가 없는 탑", 연못을 "영지(影池)", 탑을 "무영탑(無影塔)"이라고 부른다는 이야기예요.

이 이야기를 들으면, 마치 신라 시대부터 이어 온 매우 오래된 설화 같죠? 하지만 실제로 지금 널리 알려진 형태의 무영탑 설화는 현대에 가까운 시기까지 조금씩 만들어지고 바뀌어 온 이야기예요.

조선 영조 16년(1740)에 동은 화상이 지은 《불국사고금창기(佛國寺古今創記)》에는, 석가탑을 무영탑이라 부른다는 기록이 나와요. 여기에는 당나라에서 온 석공과 누이 아사녀, 연못에 비친 탑 그림자를 기다리던 이야기가 비교적 간단하게 실려 있어요.

그 뒤 1917년, 이광수가 한반도 중남부를 답사하고 〈매일신보〉에 쓴 기행문, 1927년에 나온 오사카 긴타로의 《경주의 전설》, 그리고 1938년에 현진건이 발표한 장편소설 《무영탑》 등을 거치면서, 이야기는 점점 더 극적이고 슬픈 사랑 이야기로 바뀌었어요. 이 과정을 통해, 설화가 아주 먼 옛날 단 한 번 만들어진 뒤 그대로 전해지는 것이 아님을 알 수 있죠. 시대마다 사람들의 생각과 감정에 따라, 옛이야기들도 조금씩 새롭게 만들어지고 다시 쓰일 수 있다는 사실을 무영탑 설화가 잘 보여 줍니다.

06

청동 은입사 포류수금문 정병

선으로 새긴 고려의 정교한 손길

명화가 묻다

고려 사람은 왜 물병에 이렇게까지
정교한 물가 풍경을 선으로 새겨 넣었을까?

청동 은입사 포류수금문 정병, 높이 37.5cm, 입지름 1.1cm,
몸통지름 12.9cm, 바닥지름 8.6cm, 국립중앙박물관

명화를 탐구하다

　이 작품을 감상하기 전에 다음 설명을 들으며 머릿속으로 떠올린 장면을 그림으로 그려 보세요. 종이와 펜을 준비해 주세요. 준비되었나요? 우거진 갈대와 수양버들이 늘어진 언덕이 있어요. 그 주위에는 오리를 비롯한 물새들이 헤엄치거나 날아오르고 있어요. 먼 산에는 줄지어 철새가 날고 있고, 물 위에는 사공이 조각배를 젓고 있어요. 작은 배(片舟, 편주) 세 척이 보이네요. 낚시하는 사람도 있어요. 다 그렸나요? 이제 정병의 무늬를 살펴보아요. 이런 형태의 도자기를 정병이라고 불러요. 그런데 정병의 색이 초록색이네요? 마치 애니메이션 영화 〈슈렉〉 전용 도자기처럼 보이는 고려 시대 정병에 대해 알아보아요.

무엇을 그렸나요?

　여러분이 그린 그림은 바로 정병에 새겨진 무늬예요. 먼저 청동으로 정병의 기본 형태를 만들고, 그림을 넣을 부분의 청동을 가늘게 파낸 다음, 그 자리에 은실을 박아 넣어 장식했어요. 이렇게 청동 바탕에 은실을 박아 넣어 무늬를 만드는 방법을 은입사 기법이라고 하죠(어떻게 만드는지는 뒤에서 더 자세히 살펴볼게요).

이 정병에 새겨진 무늬를 포류수금문(浦柳水禽文)이라고 해요. 한 글자씩 살펴보면, 물가나 강가 포(浦), 버드나무 류(柳), 물 수(水), 날짐승 금(禽), 무늬 문(文). 그래서 '포류수금문'은 물가의 버드나무와 물새들이 어우러진 풍경을 표현한 무늬라는 뜻이에요. 이름을 알고 나면, 무늬가 무엇을 나타내는지 더 쉽게 이해할 수 있겠죠? 국립중앙박물관에서는 이처럼 한자로 된 이름을 관람객이 더 쉽게 이해할 수 있도록, '청동 은입사 물가 풍경 무늬 정병'으로 바꿔 부르는 작업을 하고 있어요.

버드나무가 있는 물가에서 오리가 노니는 장면을 문양화한 포류수금문은 고려 시대에 유행한 문양이에요. 이 문양은 불교적 의미도 담고 있고, 봄을 상징하는 문양으로 쓰기도 했어요. 금속으로 만든 정병과 향완, 그리고 청자로 만든 정병과 대접에서도 이런 무늬를 찾아볼 수 있어요. 맑은 물, 버드나무, 물새, 작은 배가 어우러진 이 물가 풍경은 보고 있으면 마음이 한결 고요해집니다.

어떻게 만들었을까?

많은 새와 나무, 작은 배까지 노니는 모습은 모두 입사 기법으로 새겨졌어요. 입사 기법은 바탕이 되는 청동 기물에 문양을 그리고, 금속 표면에 문양을 따라 홈을 만드는 과정으로 시작돼요. 홈을 만들고 그 자리에 가는 은실을 끼워 넣어요. 이때 홈의 크기에 맞는 은실을 따로 제작해야 해요. 은실을 끼워 넣은 후에는 표면을 매끄럽게 다듬고 광을 내어 장식을 완성해요. 홈을 팔 때 한 획이라도 어긋나면 처음부터 다시 작업해야 해서, 아주 높은 집중력과 뛰어난 기술력이 필요한 작업이에요. 정병의 물가 풍경 문양도 이러한 방법으로 새겨 넣어 완성되었어요. 홈 사이에 끼운 실이 은으로 만들어졌기 때문에 '은입사 기법'이라고 해요. 이처럼 가느다란 선으로 무늬를 만드는 예술이라서 '선 상감'이라고도 해요. 물가 풍경 외에도 둥근 몸체의 어깨 부분과 굽 아래쪽에는 꽃무늬가 둘러 있어요. 이 문양들도 같은 방식으로 새겨진 거예요. 이러한 기법을 금속 상감이라고도 하는데, 청동이라는 금속에 또 다른 금속인 은을 넣어 무늬를 만들었기 때문이에요.

정병은 어디에 쓰는 것일까?

정병(淨瓶)은 불교 공예품으로, 아주 깨끗한 물을 담는 병이에요. 몸체 위로 가늘고 긴 목이 솟아 있는 형태의 물병이에요. 오늘날 들고 다니는 생수병과 비슷한 역할을 했죠.

원래 정병은 승려들이 갖고 다니는 필수품 중 하나였어요. 그러다차츰 부처님 앞에 깨끗한 물을 바치는 공양구로 사용되었어요. 이는수행자가 가르침을 받고 감사와 존경의 뜻으로 음식이나 옷을 올리는의식에서 유래했죠. 정병은 승려들이 사용하는 정수(淨水, 깨끗한 물)를담는 수병이며, 불전(佛殿)이나 보살 전에 정수를 올리는 공양구이기도해요. 이렇게 깨끗한 물을 담는 그릇에 잔잔한 물가 풍경을 함께 새겨두었다는 점에서, 고려인에게는 맑은 물과 고요한 자연 풍경이 서로잘 어울리는 하나의 세계처럼 느껴졌을지도 몰라요.

북송(北宋)의 서긍(徐兢)이 쓴 《고려도경(高麗圖經)》에도 정병의 형상이 묘사되어 있어요. 그는 정병을 이렇게 설명했어요. "정병의 형상은긴 목과 넓은 배의 곁에 부리가 하나 있고, 중간은 두 마디로 되어 있으며 테가 있다. 뚜껑 목 중간에 턱이 있고, 턱 위에 다시 작은 목이 있는데, 이는 잠필(붓을 지닌 모양) 형태를 본떴다."

정병은 옆으로 돌출된 마개 달린 입을 통해 물을 넣은 뒤, 대롱처럼 솟아 있는 좁은 첨대를 통해 따라 쓰는 구조로 되어 있어요.

정병은 청동으로 만들어진 공예품이에요. 원래 청동은 구릿빛을 띠고, 짙은 갈색과 비슷한 색이에요. 그런데 왜 이 정병은 녹색일까요? 청동이라는 금속은 시간이 지나면서 변색되어 이런 녹색을 띠어요. 구리가 공기와 만나 산화되면 녹색으로 변하죠. 이 변색은 이 정병이 오래된 물건임을 보여 주는 특징이기도 해요.

금속기 기술의 발전

금속을 본격적으로 사용하기 시작한 때는 고대 청동기 시대부터예요. 금속은 누구나 사용할 수 있는 재료가 아니었고, 당대 최고 통치자들의 상징이자 의식 도구로 사용되었어요. 그래서 청동의기(청동으로 만든 의식용 기물)에는 자연숭배사상이나 통치자의 권위 등 그 시대 사람들이 고귀하고 영험하게 생각했던 것들이 담겨 있었어요. 통치자의 권위를 드러내는 데 금속은 가장 적합한 재료였어요.

그 뒤 국가가 세워지고, 철기라는 새로운 금속 기술이 발전하면서 금속기 사용이 확산되었어요. 이에 따라 금속기가 단순히 상징적 의미에서 벗어나 실제 도구의 기능도 주목받기 시작했어요. 이 과정에서 장식성과 실용성이 동시에 발전했고, 금속 제품을 가진 사람도 많아졌어요. 이렇게 해서 금속 미술 자체가 큰 변화를 맞이했어요. 청동기 시대 이후 우리나라에서는 이런 변화를 바탕으로 다양한 금속 공예품이 제작되었어요. 금과 은은 그 희귀성 때문에 정치적 권위를 상징하는 귀금속으로 지배층이 즐겨 사용했어요. 삼국시대 고분에서 출토된 금관이나 은그릇 등 금은제 부장품이 좋은 예죠. 그리고 청동은 무기, 제기, 일상용품 등 생활과 밀접한 다양한 도구 제작에 사용되었어요. 청동기는 그 색깔과 광택 덕분에 여전히 종교의식에 쓰는 그릇과 도구(의기)로 많이 사용되었어요.

청동기에 금을 입히는 기술이 발달하면서 금동 제품이 크게 유행했어요. 앞에서 살펴본, 금동대향로도 금동 제품 가운데 하나예요. 여기에 다른 금속을 박아 넣어 무늬를 만드는 '입사 기법'이 더해지기도 했어요. 입사는 금속 위에 다른 금속을 파서 박아 넣는 방법이라서 '금속 상감 기법'이라고도 불려요. 백제가 일본에 전했다고 알려진 철제 칠지도에도 글자가 금 입사로 새겨져 있어요. 이 사실을 통해 삼국시대부터 이미 입사 기법이 쓰였다는 것을 알 수 있어요. 입사 기법이 특히 화려하게 사용된 시기는 통일신라 시대예요. 이 시기에는 금속 공예품에 용, 당초문(덩쿨 무늬), 물고기 같은 문양이 정교하게 장식되었어요. 정병도 이런 금속기 발전의 한가운데에서 만들어진 작품이에요.

불교 미술과 금속기

정병은 불교 공예품이기도 해서, 불교 미술과 함께 살펴볼 필요가 있어요. 불교의 전래와 함께 금속 미술은 더욱 발전했어요. 불교를 만나면서 금속 미술은 새로운 전성기를 맞이한 거예요. 금속 제작 기술과 재료 활용 방법을 터득한 장인들은 불교 신앙을 위한 도구들을 금속으로 만들기 시작했어요. 불교는 깨달음을 얻고 마음의 평안을 추구하는 종교예요. 금속으로 만들어진 불교 공예품은 사람들에게 깊은 신앙심과 평온함을 주었어요. 금속 미술은 시대의 흐름에 따라 발전하며, 중요한 예술 형태로 자리 잡게 되었어요.

삼국시대에는 금동으로 만든 불상 등이 제작되었어요. 삼국시대 금동 불상으로는 국보 제78호 금동미륵보살반가사유상과 국보 제83호 금동미륵보살반가사유상이 대표적이에요.

통일신라 시대 금동 불상으로는 국보로 지정된 불국사 비로자나 불상과 아미타여래 불상을 꼽을 수 있어요. 통일신라 말기와 고려 초기에는 철제로 대형 불상이 만들어졌어요.

고려 시대에는 금속공예가 절정에 이르렀어요. 귀족문화가 번성하면서 금과 은을 이용한 세공품이 크게 유행했어요. 하지만 사치가 지나치게 심해지자 고려 명종은 금과 은을 이용한 장식을 금지했어요. 다만, 불상, 법보(불경), 부처가 깨달은 진리와 관련된 것에만 입사를 허용했어요. 고려 시대에는 불교의식구나 공양구 같은 불교 도구를 최고의 금속 기술로 제작했어요. 당시 가장 뛰어난 표면장식 기법이었던 입사 기법이 불교 공예품에 널리 사용되었어요.

조선시대에는 불교 억제 정책과 사치 금지로 인해 입사 기술이 쇠퇴했어요. 하지만 금속 공예품 자체는 더 다양해졌어요. 입사 기법은 주로 사치품을 만드는 데 사용되었지만, 화로, 촛대 같은 대중적인 생활용품에서도 금속 공예 기술을 볼 수 있었어요.

이렇게 삼국시대부터 조선시대까지, 불교와 함께 금속 공예가 발전해 왔고, 그 과정에서 포류수금문 정병 같은 멋진 작품들이 탄생했어요.

입사 기법이 상감청자의 기원?

고려의 상감청자는 우리만의 독특한 기법이에요. 중국 북방계 가마에서도 종종 보이기는 하지만, 흔한 기법은 아니었고, 고려의 상감 기법은 독보적인 특색을 보여요.

그런데 이 기법의 유래는 선 상감이나 금속 상감이라고 불리는 입사기법에서 비롯되었다고 보고 있어요. 이미 앞에서 살펴본 바와 같이 우리는 삼국시대부터 금속 표면을 파내고 다른 재료를 넣어 장식하는 기법(입사 기법)을 사용해 왔어요. 명칭은 다르지만, 기본적인 원리는 동일한 기법이죠.

고려청자에서 다시 다루겠지만, 고려청자도 여러 색을 내기 위해 흙을 파고, 새로운 흙을 채워 넣는 방식을 활용했어요. 이 기법이 바로 상감 기법이에요. 입사 기법에서 발전한 기술이 고려 상감청자의 원형이 되었죠.

버드나무 칫솔

정병과 버드나무는 함께 등장하는 경우가 많아요. 버드나무를 한자로 '楊枝(양지)'라고 해요. 우리나라에서 버드나무는 길조(좋은 징조)로 환영받던 나무였고, 세계 여러 나라에서도 다양한 용도로 사용했어요.

양지를 이용해 치아를 닦았다는 기록이 있어요. 버드나무 끝을 몇

번 씹어서 부드럽게 한 뒤 치아를 닦았다고 해요. 12세기 《계림유사(鷄林類事)》에는 "이를 닦는 것을 양지로 한다"라고 설명되어 있어요. 버드나무 가지가 치목(지금의 칫솔과 비슷한 역할)으로 쓰였고, "양지를 씹는다"라는 표현이 오늘날의 "양치질한다"라는 말로 이어진 거예요. 포류수금문에 그려진 버드나무는 단순한 장식이 아니라, 오랜 역사와 흥미로운 이야기를 담고 있는 문양이에요.

이처럼 정병에는 맑은 물, 버드나무와 물새, 조용한 물가 풍경, 그리고 정교한 은입사 기법까지 고려 사람의 여러 생각과 손길이 함께 담겨 있어요. 처음에 던졌던 질문, "고려 사람들은 왜 물병에 이렇게까지 정교한 물가 풍경을 선으로 새겨 넣었을까요?"를 떠올리며, 여러분이라면 어떤 풍경과 이야기를 작은 병 위에 담아 보고 싶은지도 마음속으로 한번 그려 봐도 좋겠죠.

청자상감운학문매병

상감 기법으로 만든 고려청자의 정수

명화가 묻다

천년을 지나온 푸른 매병은,
오늘날 우리에게 왜 '보물'처럼 느껴질까?

청자상감운학문매병, 높이 42.1cm, 입지름 6.2cm, 밑지름 17cm, 간송미술관

명화를 탐구하다

　매병(梅瓶)에 그려진 학과 구름무늬를 잘 살펴보세요. 학은 몇 마리나 있을까요? 학은 어떤 모습을 하고 있나요? 올라가는 학은 동그라미 안에, 내려가는 학은 동그라미 밖에 있어요. 학의 부리, 눈, 다리는 검은색으로, 몸체는 흰색으로 표현되었네요. 매병의 용도는 무엇이었을까요? 이 매병을 만져 보면 어떤 느낌이 들까요? 이 매병은 고려 시대 어떤 사람이 만들고 사용했을까요? 천년의 시간을 넘어 고려청자가 들려주는 이야기를 함께 살펴보면서, 이 매병이 왜 '보물'처럼 느껴지는지도 함께 생각해 봅시다.

　정확한 제작 시기를 알 수는 없지만, 고려 12세기 후반에 만들었다고 추정하는 청자 매병이에요. 높이 42.1센티미터고 윗부분을 사람처럼 입 이라고 부르는데, 입지름이 6.2센티미터, 맨 아랫부분인 밑지름이 17센티미터 크기인 병이에요. 앞에서 보았던 정병과 모양을 비교해 보세요. 이 도자기는 입이 작고 어깨가 볼록하며 동체가 길쭉하게 생겼어요. 이런 형태의 병을 매병이라고 불러요. 매병은 중국 송나라에서 유래했지만, 12세기경에는 고려만의 매병이 탄생했어요.

매병이란 이름은 매화꽃을 꽂는 화병에서 유래했지만, 실제로는 꽃병으로 사용되지 않았어요. 대신 술, 꿀 등의 액체를 담는 그릇으로 쓰였어요. 이 매병에는 뚜껑이 없지만, 일부 매병에 뚜껑이 남아 있는 것으로 보면, 원래는 이 매병에도 뚜껑이 있었으리라 추정돼요.

도자기는 이름을 통해 많은 부분을 알 수 있어요. 이 매병은 청자로 만들어졌고, 상감 기법으로 구름과 학 무늬를 장식한 매병이에요. 운학문(雲鶴紋), 즉 구름과 학 무늬가 가득 새겨져 있어요. 확대한 그림을 보면서 원 안의 학과 원 밖의 학을 비교해 보세요. 어때요? 동그라미 원 안의 학은 모두 하늘을 향해 날아가는 모습이고, 원 바깥의 학은 아래쪽을 향해 내려가고 있죠. 올라가고 내려가는 학과 그 주변에 구름 무늬가 장식되어, 학이 구름 사이를 날아다니는 것처럼 보여요. 이 매병에는 총 69마리의 학이 새겨져 있는데, 매병을 돌리면 마치 천 마리 학이 나는 것처럼 보인다고 해서 '천학 매병'이라고 불리기도 했대요. 우리가 직접 매병을 돌릴 수는 없지만, 돌리는 모습을 상상해 볼까요?

매병에는 흰색과 검은색의 상감 기법과 청자의 비색(翡色, 은은한 푸른빛)이 조화를 이루어 화려한 아름다움을 보여 주고 있어요. 그리고 맨 아랫부분에는 연꽃잎 모양을 도안한 연판문(蓮瓣紋)이 새겨져 있어요.

도자기의 역사

도자기는 도기와 자기를 합쳐 부르는 말이에요. 도기는 된장찌개를 끓이는 뚝배기, 자기는 커피잔을 떠올리면 돼요. 이 둘의 가장 큰 차이는 굽는 온도로, 자기(瓷器)는 1200℃ 이상의 고온에서 유약을 입혀 구운 것이고, 도기(陶器)는 1100℃ 이하에서 구운 것이에요. 예를 들어 항아리나 뚝배기 같은 저장 용기는 '도기', 커피잔이나 청자 같은 것은 '자기'예요.

우리나라에서는 신석기 시대부터 토기를 구워 사용했어요. 대표적인 예가 빗살무늬 토기예요. 이후 시대별 도자기의 발전을 보면, 고구려·신라·백제·가야에서는 도질토기(陶質土器, 밀폐된 가마에서 단단하게 구워진 질그릇)를 사용했고, 통일 신라 시대에는 유약을 입혀 저온에서 구운 도기가 등장했어요. 고려 시대인 10세기경에는 청자가 등장하며 도자기의 기술이 더욱 발전했어요.

도자기를 굽는 가마의 온도를 높이는 일은 매우 어려웠어요. 그러나 당시 모든 과학기술과 비법이 집약되면서 점차 가마의 온도를 높일 수 있었고, 고온에서 구운 자기는 매우 단단하며, 유약을 발라 수분 흡수율이 낮아 위생적인 그릇으로 발전했어요.

고려 시대 청자

고려청자는 고려 시대 대표적인 문화유산이에요. 이른바 비색 청자로 유명한 순청자, 그리고 상감 기법으로 만들어진 상감청자")는 그중 으뜸이죠. 청자는 중국에서 처음 만들어졌고, 고려에서는 이를 본떠 청자를 만들기 시작했지만, 시간이 지나면서 고려만의 독특한 청자가 등장했어요. 고려 귀족문화가 절정에 이른 12세기에는 고려만의 빛깔과 상감 기법을 더한 청자가 만들어졌어요. 고려에서 청자를 만들기 시작한 때는 10세기라고 알려져 있어요.

중국에서 자기를 제작하는 기술은 기원 1세기경부터 시작되었으며 10~12세기에는 이미 최고 수준에 도달했어요. 고려는 10세기에 자기를 처음 만들기 시작했지만, 불과 150여 년 만에 중국의 발전된 기술을 따라잡았어요. 고려 왕실과 귀족은 중국 청자를 선호해 수입해서 사용했지만, 수입에 한계가 있어 직접 청자를 만들기 시작했어요. 970년 광종 때 중국의 도자기 제작 기술을 배우다가 11세기부터는 고려만의 기술로 청자를 만들었어요. 초기에는 중국식 벽돌 가마를 사용하다가 점차 고려 지형에 맞는 진흙 가마로 바뀌었고 많은 가마가 전국 곳곳에 만들어졌어요.

처음 만들어진 청자는 순청자로, 전체적으로 비색을 띠었고, 참외 모양이나 대나무 등의 형태로도 제작되었어요. 고려청자의 제작은

12~13세기에 전성기를 맞이했고 이때 상감 기법도 절정에 이르렀어요.

고려청자의 우수성은 여러 기록에서 찾아볼 수 있어요. 12세기 중국 송나라의 사신 서긍이 고려에 다녀간 후에 남긴 《선화봉사고려도경(宣和奉使高麗圖經)》에는 "도자기로서 빛깔이 푸른 것을 고려 사람들은 비색이라 부른다. 근래 더욱 세련되고 색택(色澤, 빛나는 윤기)이 가히 일품이다"라고 극찬했어요. 남송(南宋)대 태평노인(太平老人)이 집필한 《수중금(袖中錦)》에는 "고려 비색이 천하제일"이라는 기록도 있어요. 이렇게 도자기를 가장 잘 만들던 중국에서도 고려청자를 극찬한 데서 지금까지도 고려청자의 푸른색을 비색이라고 부르는 것이 유래했어요.

이처럼 아름다운 색을 낸 고려 시대 청자는 왕실이나 귀족들이 주로 사용했어요. 지금 우리에게 전해지는 고려청자는 대부분 무덤에서 나온 부장품들이에요. 하지만 실제 고려 사회에서 왕실과 귀족들은 청자를 다양한 용도로 사용했어요. 그릇이나 항아리뿐만 아니라, 청자 의자, 기와, 장구, 베개, 세숫대야까지 여러 가지 물품이 만들어졌어요. 그러나 일반 서민이 청자를 사용하기는 어려웠어요.

순청자와 상감청자

청자에는 순청자와 상감청자[2]가 있어요.

순청자는 다른 물질에 의한 장식무늬가 없는 청자로, 은은한 비색과 문양, 형태 그대로의 아름다움을 느낄 수 있어요. 참외 모양의 병, 연꽃을 본뜬 향로, 대나무 모양의 병 등 다양한 형태로 제작되었어요.

반면에 상감청자는 상감 기법을 활용해 다양한 무늬를 자랑해요. 청자상감당초문완에서는 식물의 형태를 일정한 형태로 도안화한 장식무늬가 보이고, 주전자에는 화려하게 피어난 모란꽃, 손잡이 옆에는 학 무늬가 새겨져 있어요. 또한 항아리에는 모란무늬가 새겨져 있는데, 앞뒤가 비슷하면서도 다르게 상감되어 있는 특징이 있어요.

고려청자 색의 비밀

고려청자는 어떤 색일까요? 푸른색? 녹색? 에메랄드색? 한 단어로 설명하기 어렵죠. 약간 녹색이 도는 투명한 색이에요. 중국 청자는 바탕 흙색이 보이지 않고 좀 더 하늘색에 가까워요. 같은 청자인데 왜 색이 다를까요? 그 비밀은 유약 성분에 있어요.

고려청자의 유약에 중국보다 산화망가니즈가 더 많이 포함되어 있었다고 해요. 청자의 색은 유약이 고온에서 유리질로 변화하면서 반짝이고 푸른빛을 띠게 되는데, 이러한 차이는 고려와 중국에서 다른 가마를 사용했기 때문이라는 견해도 있어요. 중국은 벽돌을 쌓아 만든 대형 가마를 사용했어요. 고려도 초기에는 이러한 가마를 따라 만들었지만, 점차 고려의 환경에 맞는 진흙 가마를 사용하게 되었어요.

시간이 지나면서 고려는 우리나라 산 지형을 활용해 능선을 따라 조그마한 진흙 가마를 짓고 본격적으로 사용했어요. 같은 청자를 만들더라도 굽는 과정에서 산소의 양에 따라 유약 색이 달라졌어요. 가마 안에서 산소가 부족하면 청자의 유약 색이 붉은빛을 띠고, 산소가 차단되면 맑은 청자의 빛깔이 나타나요.

상감청자 만드는 과정

상감 기법은 앞에서 살펴본 청동 은입사 정병이 청동에 은실을 넣어 장식한 것처럼, 청자의 바탕에 문양을 새기고 그 부분에 다른 색의 흙을 메워 문양을 만드는 방법이에요. 그래서 은입사 기법을 상감 기법의 기원으로 보기도 해요. 두 기법 모두 원재료를 파내고, 그곳에 다른 재료를 채워 넣어 무늬를 만드는 방식이기 때문이에요. 예를 들어 청자상감운학문매병의 구름무늬를 만들려면, 구름 모양을 먼저 파낸 뒤 흰색 흙(白土)을 메우고, 표면을 다시 매끄럽게 긁어내요. 그러면 구름 부분만 흰색이 남아요. 학의 다리 부분은 검은색으로 표현하기 위해, 문양을 새긴 후 자토(紫土, 흰색 점토)를 채우고 다시 매끄럽게 다듬어요. 이렇게 구울 때 다른 색을 내는 흙을 활용해 무늬를 완성하는 것이 상감 기법이에요.

상감 기법을 사용하는 것은 다양한 색을 표현하기 위해서예요. 그러나 서로 다른 성질의 흙이 섞이다 보니, 높은 온도에서 도자기가 깨지거나 터질 위험이 컸어요. 온전히 완성된 도자기를 만드는 것이 매우 어려웠기에 완벽한 고려 상감청자는 더욱 가치가 높아요. 중국에서도 상감 기법이 사용되었지만, 우리나라처럼 주요 기법으로 널리 활용되지는 않았어요. 그래서 고려청자, 특히 상감청자가 고려 도자기의 대표적인 특징으로 알려지게 되었어요.

고종도 처음 본 고려청자

고종이 이토 히로부미와 함께 이왕가박물관을 처음 방문했을 때, 고려청자를 보고 매우 신기해하며 대체 저 자기는 어느 나라에서 만든 것인지 물었다고 해요. 이에 이토 히로부미가 "이것은 이 나라 고려 시대 것"이라고 대답했다고 해요.

조선의 왕이 고려청자를 몰랐다는 게 이상할 수도 있어요. 하지만 실제로 조선의 임금들은 고려자기를 거의 보지 못했어요. 일제강점기, 고려 왕족과 귀족의 무덤이 많았던 개성과 장단군에서 도굴이 성행했어요. 당시 도굴에 관한 신문 기사와 기록도 남아 있어요. 고려청자가 도굴되기 전까지는 우리도 고려자기를 쉽게 접할 수 없었고, 그래서 고종도 고려청자를 알아보지 못한 거예요.

광복 후 고려청자는 고려의 수도였던 개성의 박물관에 보관됐어요. 그때 개성은 38선 남쪽에 있어서 우리나라 땅이었고, 개성박물관도 우리가 관리했죠. 그러나 지금은 개성이 북한 땅이 되었어요. 훗날 국립중앙박물관 관장이 된 최순우가 1949년 개성박물관에 있던 고려청자를 서울 국립중앙박물관으로 옮겨 와 지금 우리가 볼 수 있는 거예요.

간송 전형필

일제강점기에 일본인 마에다는 도굴된 청자상감운학문매병을 6000원에 샀어요. 당시 경성(서울)의 기와집이 1000원이었으니, 청자상감운학문매병의 가격은 기와집 6채에 해당하는 거였어요. 청자상감운학문매병을 빙빙 돌리면 학 1000마리가 나는 것처럼 보인다고 해서 유명했어요. 그래서 많은 수집가가 눈독 들였고, 조선총독부에서도 만원에 사겠다고 했지만, 마에다가 거절했어요.

이 소식을 간송 전형필도 들었어요. 막대한 유산을 물려받은 전형필은 그 유산으로 우리나라의 가치 있는 물건들을 수집하고 있었어요. 전형필이 마에다에게 이 고가의 명품을 사겠다고 하니, 마에다는 속으로 가소롭게 생각하며 2만 원을 불렀다고 해요. 기와집 20채 가격을 제시한 거죠. 그런데 전형필은 한 푼도 깎지 않고 바로 샀다고 해요.

그 후에 오사카의 거상 무라카미가 이 매병에 관심을 보이며, 한 번만이라도 볼 수 있게 해 달라고 전형필의 집을 찾아왔어요. 매병을 본 무라카미는 욕심이 나서 4만 원에 사겠다고 제안했어요. 2만 원에 산 물건을 두 배 가격에 팔 기회였죠. 간송 전형필은 "내가 2만 원에 산 것을 어떻게 4만 원에 팔겠느냐"며, 그냥 2만 원에 다시 팔고, 이 매병보다 더 좋은 고려청자를 소개만 해 주면, 가격은 얼마든지 다 내겠다고 했대요. 그러나 이 매병보다 좋은 고려청자를 찾기는 매우 힘들었고, 무라카미는 이 제안을 받아들일 수가 없었어요.

이렇게 지켜 낸 문화유산이 일제강점기와 6·25 전쟁을 거쳐 지금 우리가 가까이에서 볼 수 있게 된 거예요. 간송 전형필은 이 매병 외에도 많은 우리 유산을 수집해 우리 문화재를 지켜 냈어요. 서울 성북구 성북동에 있는 간송미술관과 새로 생긴 대구 간송미술관에 가시면 진귀한 우리 문화재를 많이 만나 볼 수 있어요. 이 매병이 오늘 우리에게 '보물'처럼 느껴지는 데는, 푸른빛과 정교한 상감 문양의 아름다움뿐 아니라, 이렇게 오랜 세월 동안 많은 사람의 손과 마음을 거쳐 지켜져 왔다는 사연도 함께 담겨 있는 것 같아요. 처음에 던졌던 질문, "천년을 지나온 이 푸른 매병은, 어떤 이유로 오늘날 우리에게 왜 '보물'처럼 느껴질까요?"를 떠올리며, 여러분이라면 이 매병이 특별해 보이는 이유를 한두 가지쯤 마음속으로 정리해 보아도 좋겠죠.

TIP | 도자기의 부분 명칭 의미

<u>청자</u> <u>상감</u> <u>운학문</u> <u>매병</u>　<u>분청사기</u> <u>음각</u> <u>어문</u> <u>편병</u>
① ② ③ ④　① ② ③ ④

① 도자기의 종류: 청자, 분청사기, 백자
② 제작 기법이나 안료에 따른 분류: 상감, 음각, 철화, 동화, 퇴화 등
③ 무늬의 종류: 국화, 매화, 모란, 대나무, 용, 구름 등
④ 도자의 모양: 매병, 편병, 대접, 호(항아리), 주전자 등

TIP | 순청자와 상감청자 감상법

순청자는 모양과 색을 자세히 살펴봐요.
상감청자는 문양을 자세히 살펴봐요.

〈수월관음도〉

고려의 혼이 담긴 불화

고려 화가들은 왜 앞면뿐 아니라
뒷면까지 정성껏 채색해 가며 그렸을까?

〈수월관음도〉, 105.7cm×143.5cm, 호림미술관

명화를 탐구하다

〈수월관음도(水月觀音圖)〉에는 두 명의 인물이 등장해요. 함께 찾아볼까요. 오른쪽에 한 명이 있고, 왼쪽 발아래에 다른 한 명이 있어요. 오른쪽에 있는 큰 사람은 화려한 보석 장신구를 하고 아름다운 옷을 입고 있어요. 요즘 시스루처럼 속이 비치는 옷을 걸치고 있어요. 여자인가 보다 했는데, 수염이 있네요. 한쪽 다리만 올리고 앉아 있는 독특한 자세가 보이네요. 왜 이런 자세를 하고 있을까요? 이 그림이 우리에게 전하고 싶은 이야기는 무엇일까요?

〈수월관음도〉는 선재 동자가 관음보살이 머무는 보타락가산을 방문해 지혜를 구하는 장면을 담은 그림이에요. 〈수월관음도〉는 그림마다 조금씩 차이가 있지만, 공통으로 여러 선지식을 찾아 진리를 구하는 선재 동자가 관음보살을 방문해 두 손을 모으고, 관음보살에게 도리나 이치를 풀어서 이야기해 주기를 청하는 모습을 그렸어요.

첫 번째 등장인물은 관음보살이에요. 관음보살은 불교의 여러 보살 중에서도 가장 널리 알려진 보살로, 중생이 부르는 소리를 듣고 고통과 어려움에서 구제해 주는 자비로운 보살이에요. '나무아미타불 관세음보살'이라는 말을 들어본 적 있을 거예요. 이 말은 극락세계를 주관하는 아미타 부처님을 믿고 따르며, 괴로움을 없애고 행복하게 살기를 기원하는 뜻이에요. 관음보살은 살아 있는 동안에는 재난과 질병을 막아 주고, 죽은 후에는 극락정토(極樂淨土, 이상적인 세계)로 인도해 준다고 해요. 《화엄경(華嚴經)》 입법계품에 따르면, 관음보살은 남쪽 바닷가에 있는 보타락가산에 머물며 중생을 구제한다고 전해져요. '관세음보살'의 줄임말이기도 해요. 보타락가산은 온갖 보배로 꾸며진 산으로, 맑고 깨끗한 물이 솟아나는 연못이 있는 곳으로 묘사돼요. 〈수월관음도〉에서는 보타락가산을 배경으로 관음보살이 등장해요. 관음보살은 자비심으로 중생을 고통에서 구하는 존재로 다양한 모습으로 나타난다고 알려져 있어요. 33가지 분신이 있어 각각의 중생에게 알맞은 모습으로 변신한다고 해요.

두 번째 등장인물은 선재 동자예요. 선재 동자는 수행자로서 깨달음을 얻기 위해 53명의 스승을 찾아뵙고 진리를 터득한 인물이에요. 스승 중 28번째 스승인 관음보살을 만나 가르침을 구했다고 전해져요. 〈수월관음도〉에는 바로 그 장면이 담겨 있어요. 일반적으로 선재 동자는 관음보살보다 훨씬 작게 그려져 있으며, 오른쪽 아래나 왼쪽 아랫부분에 등장해요. 두 손을 모으고 공손한 자세로 앉아 깨달음을 얻기 위해 관음보살에게 이야기를 청하는 모습이네요.

관음보살의 의상
보살이 입는 옷을 천의(天衣)라고 해요. 그리고 사라(紗羅)는 베일처럼 안이 비치면서 은은하게 흘러내리는 천을 뜻해요. 관음보살은 몸 전체를 덮는 비단 숄, 사라를 두르고 있어요. 이 옷감은 투명하면서도 매우 화려한 특징을 가지고 있어요. 가슴 아래에는 붉은색 치마를 입고 있는데, 그 안에는 당초원문(덩굴 무늬)이 은은하면서도 화려한 색감과 어우러져 있어요. 특히 투명하게 비치는 옷이 눈에 띄는데, 어떻게 투명한 옷감을 표현했을까요? 요즘으로 치면 시스루패션 같은 느낌이에요. 망사 옷 안으로 비치는 비단을 짜듯이 정교하게 그려 냈어요.

이 투명한 효과는 단순한 채색이 아니라, 여러 겹을 덧칠하는 정교한 기법을 통해 여러 겹의 채색층으로 이루어졌어요. 하지만 이렇게 여러 번 덧칠했는데도, 탁하지 않고 투명한 느낌과 화려함이 살아 있어요. 이렇게 완성도 높은 그림을 그리기 위해 아주 얇은 선과 점을 수없이 반복하며 세밀하게 채색했어요. 당시 화공(그림을 그린 사람)은 엄청난 노력과 시간을 들여 작업했을 거예요. 자기 그림을 보며 자신을 위한 기원도 하고, 이 그림 앞에서 기도할 중생들을 떠올리며 앞·뒷면까지 정성껏 지극정성으로 그렸을 거예요.

고려 불화

고려 불화[3]는 고려 시대 그려진 불교회화를 줄여서 부르는 말로, 불교의 종교적인 이념을 표현한 그림이에요. 불화는 그려진 주제에 따라 여러 가지로 분류되는데, 〈수월관음도〉는 달이 비친 물가(水月)에 반가부좌(한쪽 다리는 접고, 다른 쪽 다리는 내린 관음보살)을 그린 그림이에요. 국내외에 160여 점이 남아 있는 전체 고려 불화 중 40여 점이 〈수월관음도〉일 정도로 큰 비중을 차지하고 있어요.

우학문화재단 소장의 〈수월관음도〉는 보수 작업 덕분에 상태가 양호한 편이에요. 화불(化佛, 부처 형상이 그려진 장식)이 있는 보관을 쓴 관음보살은 전신을 감싸는 베일을 걸치고, 오른발을 왼쪽 무릎 위에 올려놓은 채 앉아 왼쪽 아래를 바라보고 있어요.

관음보살 뒤에는 한 쌍의 대나무가 있고, 버드나무 가지를 꽂아 둔 병이 놓여 있어요. 관음보살의 몸 뒤로는 금가루로 그린 원형 광배가 보여요. 그림의 왼쪽 아래에는 아주 작은 아이가 자리하고 있어요.[4]

관음보살의 의상은 주로 붉은색으로 표현되었어요. 베일의 바탕과 주름선은 백색으로 그려졌으며, 금니(금가루를 사용한 채색)로 겹쳐 장식했어요. 연꽃 넝쿨무늬는 원형 안에 배치되었고, 치마는 붉은색을 칠한 뒤 백색으로 거북 등껍질 문양을 그려 넣은 부분도 있어요.

전 세계적으로 남아 있는 고려 불화는 160점 정도로 알려져 있어요. 이 중 우리나라에 10여 점이 있고, 일본에는 130여 점 소장된 것으로 전해져요. 특히, 고려 시대에 제작된 대부분의 〈수월관음도〉는 아쉽게도 일본에 많이 남아 있어요. 그 이유는 일본 사람들이 고려 불화를 많이 사 갔기 때문이에요. 고려 불화는 당시 뛰어난 예술성으로 높은 평가를 받았고, 일본의 승려나 귀족들이 고려 불화를 직접 구매하거나 요청해서 가져간 경우가 많아요. 왜구의 약탈도 큰 이유 중 하나예요. 고려와 조선을 괴롭혔던 왜구가 고려 불화를 비롯한 문화재를 약탈해 갔어요.

일본 화가들이 고려 〈수월관음도〉를 보고 따라 그리면서 고려 불화가 일본에서 더욱 인기가 많아졌어요. 임진왜란 때는 일본군이 많은 문화재를 약탈해서 갔고, 일제강점기에는 고려 불화뿐만 아니라 다수의 우리 문화재가 일본으로 반출되었어요. 최근에도 고려 불화가 도난되었다는 보고가 있어요. 현재 미국이나 유럽에 소장된 고려 불화도 대부분 일본을 통해 전해 졌죠. 이처럼 고려 불화는 전쟁, 문화교류, 약탈 등 여러 이유로 일본에 가장 많이 남아 있으며, 그 일부가 다시 서구로 퍼져 나간 상황이에요.

작품 뒷면 채색

고려 불화는 비단 앞쪽이 아니라 뒷면에서 색을 칠하는 독특한 기법인 '배채법(背彩法)'을 사용해요. 이 방법을 통해 안료가 비단 앞면으로 은은하게 배어나도록 표현했어요. 배채법은 신체나 복식 등에 주로 사용되며, 조선시대 초상화에서도 많이 보이는 기법이에요. 뒤에서 백색 물감을 칠한 후, 앞면에서는 붉은색을 엷게 칠해 부드러운 살색을 표현했어요. 부처의 옷도 뒤에서 붉은색을 칠해 은은한 파스텔 색조를 연출하는 방식이에요. 이렇게 하면 색이 너무 강하게 표현되지 않고, 부드럽고 신비로운 느낌이 강조돼요. 고려 불화가 화려하면서도 맑고 투명한 색감을 유지할 수 있는 비결이 바로 배채법이에요.

앞면에 보이는 색을 위해 굳이 뒷면까지 여러 겹으로 칠해 가며 그렸다는 점에서, 고려 화가들이 관음보살의 모습을 얼마나 섬세하고 조심스럽게 표현하려 했는지 짐작할 수 있어요. 왜 이렇게까지 정성을 들였을지에 대한 정확한 답은 남아 있지 않지만, 이 장면 앞에서 기도하던 사람들의 마음까지 함께 담아 내고 싶었기 때문일지도 모르죠.

지물

불교에서는 부처와 보살, 다양한 존재를 손의 자세(수인)나 들고 있는 물건(지물)으로 구분해요. 때로는 손에 들지 않더라도 주변에 놓여 있는 물건을 통해 구분하기도 해요 불화 속에 있는 이런 상징물을 통해 어떤 부처인지, 어떤 보살 인지를 확인할 수 있는 거예요. 불화를 자세히 살펴보면 이런 상징적인 요소들을 발견할 수 있어요. 예를 들어, 보관에 화불이 그려져 있거나, 버드나무와 정병이 있다면 관음보살을 나타내는 특징이에요.

보관은 보살이 쓰는 관이에요. 화불은 변화한 부처를 보살이 머리에 부처의 형상이 그려진 관을 쓰고 있으면 그것이 화불이에요. 화불 말고도 다른 상징들이 있어요. 버드나무나 정병 역시 관음보살을 상징하는 대표적인 지물이에요. 앞에서 이야기했던 청동은입사정병이 바로 이 정병과 관련 있어요. 정병은 관음보살이 손에 들거나 주변에 두어 신성한 존재임을 나타내는 물건이에요. 이처럼 불교회화나 조각에서는 특정한 상징적인 물건(지물)과 손의 자세(수인)를 통해 부처와 보살을 구분할 수 있어요. 이러한 요소를 이해하면 작품의 의미를 더욱 깊이 있게 감상할 수 있어요.

관음보살의 성별

둥근 얼굴 가느다란 아치형 눈썹, 동그란 콧방울, 작고 붉은 입술이 관음보살에게 여성적인 인상을 더해 줘요. 여기에 머리의 보관부터 발 끝까지 이어지는 투명한 비단 베일(사라) 역시 여성적인 분위기를 강조하는 요소예요. 이처럼 사라는 원래 여성들이 착용하는 복식이기 때문에, 고려 시대 수월관음도에서는 관음보살이 더욱 우아하고 부드러운 느낌으로 표현된 거죠.

고려 시대의 다른 수월관음도에서도 비슷한 인상의 관음보살을 찾아볼 수 있어요. 하지만 그림을 자세히 보면 콧수염이 보이기도 해요.

본래 부처와 보살의 성별에 대해 논하는 불교 경전은 없어요. 중생들에게 부처와 보살의 모습을 보이기 위해 사람의 모습을 갖추게 되고 그래서 남성이나 여성으로 묘사되는 겁니다. 관음보살은 중생을 구제하기 위해 여성이든 남성이든 다양한 모습으로 변화할 수 있는 존재예요. 여성 불교 신자가 자신을 동일시할 수 있도록 여성적인 모습으로 표현되기도 했어요. 이처럼 관음보살은 남성도, 여성도 아닌 존재이며, 중생이 필요로 하는 모습으로 변신하는 자비로운 보살이에요.

그래서 고려 화가들은 관음보살을 그릴 때, 한 번 붓질로 끝내지 않고 앞면과 뒷면에 여러 겹으로 색을 쌓아 올리며, 보는 이마다 필요한 모습으로 다가오는 부드럽고 신비로운 이미지를 만들고자 했는지도 몰라요. 여러분이 화가라면, 이런 그림을 그릴 때 어디까지 정성을 들이고 싶을지 마음속으로 한번 떠올려 보면 어떨까요?

> **TIP |** 국가유산청과 스미스소니언 미술관은 함께 고려 불화 웹 사이트를 운영하고 있어요. 참고하면 고려 불화를 자세히 볼 수 있어요. 법을 구하는 선재 동자가 되어 수월관음 앞에 서서 감상해 보아요.5)

09

분청사기

조선의 이름 없던 도자기

명화가 묻다

분청사기는 이름도 없이 사용되었다고?

분청사기 음각어문편병, 높이 22.6cm, 입지름 4.5cm, 밑지름 8.7cm, 국가유산청

　분청사기(粉靑沙器)는 고려 말에서 조선 초기까지 활발히 제작되던 도자기예요. 분청사기는 앞에서 살펴본 청자와 색이 달라요. 음각 기법으로 어문(물고기 무늬)이 새겨져 있어요. 그리고 양옆이 편평하게 눌린 편병(편편한 모양의 병)이네요. 고려청자나 조선백자에 대해서는 잘 알고 있지만, 분청사기에 대해서는 자세히 모르는 사람이 많아요. 왜 분청사기는 다른 도자기에 비해 덜 알려졌을까요? 이제부터 차근차근 알아 봅시다.

　분청사기는 고려 말에서 조선 초까지 활발히 만들어진 도자기예요. 도자기에서 양옆이 납작하게 눌려 있는 모습이 보이죠? 표면에 물고기 두 마리가 그려져 있어요. 이 도자기는 먼저 표면에 백토(白土: 흰 흙)를 두껍게 바르고, 그 위에 선으로 그림을 새겼어요. 선을 파서 무늬를 만든 다음 다시 흰 흙을 긁어내어 하얀 선이 나타나게 한 거예요. 이런 방법을 조화 기법이라고 해요.

　분청사기에는 그림을 꾸미는 방법이 여러 가지 있는데, 무려 일곱 가지나 된답니다! 왼쪽은 철 성분이 많이 든 안료로 그림을 그린 것이

분청사기 철화 물고기무늬 장군,
높이 17.2cm, 지름 27.6cm, 바닥지름 6.3cm,
국립중앙박물관

분청사기 상감 물고기 무늬 매병,
높이 29.7cm, 입지름 4.8cm,
몸통지름 17cm, 국립중앙박물관

고, 오른쪽 것은 인화, 상감, 철화의 기법을 사용해서 표현하고 있어요.
기법은 조금 있다가 다시 자세히 설명할게요.

　고려청자와 조선백자를 사용하는 용어는 옛 문헌에 남아 있어요. 그
래서 그 도자기 이름을 그대로 지금까지 사용하는 거예요. 그런데 분
청사기는 자기(磁器)라는 기록만 있고 이름이 없었어요. 20세기에 와
서 미술사학자 고유섭 선생이 분청회사기라고 이름을 붙였어요. 회색
또는 회흑색의 태도 위에 정선된 백토로 표면을 분장한 후 유약을 씌
워 산소가 충분하지 않은 불길에서 구운 조선 초기 도자기예요. 쉽게
풀어보면 회색 청자(灰靑)에 하얀 백토로 분장(粉粧)한 사기(자기)라는
뜻이에요. 줄여서 '분청사기'로 부르게 되었고, 이제는 이 용어가 고유
명사가 되어 전 세계에서 사용되고 있어요.

　분청사기는 청자의 상감 기법에서 부분적으로 사용되던 백토를 전
체에 바르고 장식하는 도자기였어요. 고려말에서 조선 초기부터 사용

되었지만, 1930년대에나 이름이 붙여졌어요. 약 500년 동안 이름도 없이 사용되던 우리 도자기예요. 이름 없이, 그저 '자기'나 '그릇'으로 불리며 사람들의 일상에서 쓰이다가, 뒤늦게야 '분청사기'라는 이름을 갖게 되었다는 점에서, 무엇이 기록되고 무엇이 기록되지 않았는지, 또 어떤 그릇이 귀하게 여겨졌는지에 대해 한 번쯤 생각해 보게 돼요.

분청사기의 일곱 가지 무늬 기법

인화법

고려 말, 고려청자의 상감 기법을 사용할 때 무늬를 파고 넣는 작업이 점점 거칠어졌어요. 상감할 부분의 밑그림이 예전처럼 정교하게 그려지지도 않고, 파내는 작업도 어려워졌어요. 이런 상황에서 도공들은 틀을 이용했어요. 무늬 도장을 만들어 그것으로 쿵쿵 찍었어요. 그러면 예전처럼 하나하나 학과 구름을 직접 그리고 파내기보다 훨씬 쉬웠겠죠. 옆의 태항아리를 확대해서 보면, 꽃무늬가 많이 찍혀 있는 게 보이죠. 이렇게 문양 도장을 사용해 무늬를 찍어 넣는 기법을 인화 기법이라고 해요. 도자기의 형태를 만들고, 모양 도장을 꾹 눌러 찍으면, 예전처럼 문양을 정밀하게 그려 파내는 것보다 쉽게 무늬를 만들 수 있었어요.

분청사기
인화국화문
태항아리,
높이 57.7cm,
국가유산청

조화 기법

분청사기 음각 어문 편병에서 볼 수 있듯이, 백토로 표면을 분장한 후, 그려 넣으려는 문양을 가늘게 선으로 파서 태토의 색이 드러나게 하는 기법을 조화 기법이라고 해요.

철화문

분청사기에 백토 분장을 한 후, 붓을 이용해 철분이 많은 안료로 그림을 그리는 방법을 철화 기법이라고 해요.

박지

표현하고 싶은 문양이 아니라 그 배경을 긁어내는 기법이에요. 백토를 긁어낸 뒤 투명한 회청색의 유약을 발라 문양과 배경의 대비를 이루게 하는 문양 기법이죠. 옆에 있는 자라병은 백토를 긁어내고 그 위에 검은색 안료를 칠해서 대비되는 효과를 느낄 수 있어요.

귀얄

돼지털이나 말총 등으로 만든 붓을 뜻해요. 귀얄 붓을 이용해 그릇 표면에 백토를 칠하는 기법을 귀얄 기법이라고 해요. 백토가 그릇 표면에 백토를 바를 때, 그릇을 세워 놓고 바르다 보니, 대접의 아랫부분까지는 칠하지 않았어요. 그래서 그릇의 안쪽과 아래쪽이 다르게 보이는 특징이 있어요.

덤벙

백톳물에 덤벙하고 빠뜨릴 때 나는 소리를 따서 이름이 붙었죠. 대접의 안쪽만 보면 꼭 백자처럼 보이지만, 아랫부분을 보면, 백토가 발라지지 않았어요. 백톳물에 살짝 담갔다가 빼면서, 백톳물이 흘러내린 흔적도 볼 수 있어요.

분청사기의 기법이 일곱 가지라고 했는데, 하나가 빠졌죠? 그건 바로 고려청자에서 많이 보았던 상감 기법이에요. 이렇게 모두 일곱 가지 기법으로 분청사기는 우리만의 자유로움이 담긴 도자기에요. 쓱쓱 붓질하기도 하고, 담갔다가 빼기도 하는 이런 기법들은 현대미술과도 많이 닮았어요. 도공 각자 개성을 담은 자주적인 도자를 만들던 당시 분위기도 엿볼 수 있어요.

분청사기의 등장과 소멸

고려 말은 대외적으로 중국도 원에서 명으로 교체되는 때였고, 고려 국내에서도 정치적 혼란이 거듭되고 백성의 삶은 점점 어려워졌어요. 이러한 상황에서 나라에서 운영하던 가마터와 도자기 기술자들이 뿔뿔이 흩어지면서 기술도 점차 쇠퇴했어요. 그로 인해 청자의 색이 변하고, 상감 무늬도 거칠어지기 시작했어요. 여기에 왜구의 약탈까지 더해지면서 고려의 생활은 더욱 힘들어졌어요. 이런 고려를 개혁하기 위해 무인과 유학자 세력이 등장해 유학을 나라의 중심 이념으로 삼고자 했죠. 화려함보다 검소하고 실용적인 그릇을 원하며 만들어진 것이 분청사기예요.

무인과 유학자 세력은 결국 고려를 대신해 조선을 건국했고, 고려에서 조선으로 넘어가는 시기에 분청사기가 대량으로 만들어졌어요. 고려청자의 기법을 바탕으로 새로운 문양과 기법이 적용된 분청사기가 탄생한 거예요. 분청사기를 만드는 과정에서 도자기 기술이 점점 발전했고, 이후 백자가 본격적으로 생산되었어요.

세종 때 신하들이 나라가 세워진 후 금속의 쓰임이 많아 그 양이 부족해 그릇 만드는 데 어려움이 있어 어찌할지를 몰라 묻자, 세종은 금속으로 만들던 그릇을 자기로 바꾸고 궁궐에서 쓰는 은그릇부터 백자기로 대신할 것을 명했다고 해요. 세종의 결정으로 백자가 조선을 대표하는 도자기가 되었어요.

이렇게 분청사기와 백자는 한동안 함께 사용되었어요. 백자는 왕실의 권위를 상징하며 궁에서 사용되었어요. 하지만 부유한 양반들도 궁에서 쓰던 백자를 원했고, 점차 일반 백성까지 백자에 관심을 가지게 되면서 분청사기의 인기는 점점 식었어요. 결국 분청사기는 백자에게 자리를 넘겨주고 점차 사라지게 되었어요.

도자기 생산자 실명제

조선의 3대 왕인 태종 재위 시절 역사를 기록한《태종실록(太宗實錄)》에는 다음과 같은 기록(1417년)이 있어요. "장흥고(長興庫)에서 다른 관청에 그릇을 빌려주었는데, 겨우 5분의 1만 돌아옵니다. 관청에 납부하는 그릇에 관청 이름을 새겨서 관청 이름이 있는 그릇을 사사로이 쓴 자를 벌하도록 해 주세요." 장흥고는 돗자리와 종이 등을 관리하고 궁궐 안의 관청에서 쓰는 물건을 공급하는 관청으로, 도자기도 공급하던 곳으로 추정돼요. 장흥고에서 A 관청에 그릇을 10개 빌려주었는데, 2개만 돌아오고 나머지는 사라지니, 도자기에 이름을 쓰면 누군가 보관하거나 빼돌리는 일이 없어질 것이라고 제안한 거죠.

당시 분청사기를 제작하는 제작소에서는 세금을 돈이 아닌 분청사기로 대신 납부했어요. 세금으로 납부하는 도자기는 나라에서 견본을 주고, 규칙적이고 통일되게 제작되었으며, 납품받은 관청의 이름을 새겨 '이것은 나라 소유'임을 나타냈어요. 태종의 조치에 이어 세종은 도자기를 만든 이의 이름까지 쓰도록 했어요. 이는 품질이 낮은 도자기가 납품되는 것을 방지하는 조치였고, 도자기의 전반적인 품질도 향상되었다고 해요. 이렇게 해서 도자기 실명제가 시행되었어요.

일본으로 끌려간 도공들

도공은 도자기와 같은 그릇을 만드는 장인이에요. 임진왜란 때 우리나라 도공들이 일본으로 끌려갔어요. 당시 일본은 도자기를 만들 기술이 부족해 중국이나 조선에서 질 좋은 도자기를 비싸게 수입하고 있었어요. 도자기는 당시 최고의 기술이 필요했던 산업이었어요.[6] 붙잡혀간 도공들의 기술을 이용해 일본은 자체적으로 도자기를 만들기 시작했어요. 선의 도공 이삼평도 가족과 함께 일본으로 끌려갔어요. 지금도 일본 시가현에 가면 이삼평의 비석이 세워져 있어요. 이삼평은 일본에서 백토를 이용해 도자기를 만들었고, 그의 도자기는 인기가 높았다고 해요. 그가 죽은 후에 일본에서는 그를 일본 도자기의 시조로 모셨고, 그의 후손들은 지금까지도 일본에서 도자기를 만들며 살아가고 있다고 해요. 이렇게 만들어진 일본 도자기는 유럽으로 수출되었고, 동남아시아, 인도, 아프리카까지 퍼져 인기를 누렸어요. 지금도 일본 도자기는 전 세계적으로 좋은 도자기로 인정받고 있어요.

10

윤두서 〈자화상〉

나를 담다

명화가 묻다

한 사람의 얼굴에 시대와 마음이 담길 수 있을까?

〈자화상〉, 20.5cm×38.5cm, 고산윤선도유물전시관

윤두서라는 사람이 자기 모습을 그림으로 남겼군요. 왜 자신을 그렸을까요? 얼굴만 그려져 있네요. 이런 그림을 그리기 위해 윤두서는 거울로 자신을 오래도록 바라봤을 것 같아요. 쌍꺼풀진 부리부리한 눈을 약간 치켜뜨고, 올라간 눈썹, 꽉 다문 입과 덥수룩한 수염이 인상적이에요. 구레나룻 수염 한 올 한 올이 세밀하게 그려져 있고, 얼굴을 덮고 있지만 단정하게 정리되어 있어요. 얼굴 묘사는 이렇게 자세한데, 몸통이 그려져 있지 않아, 마치 둥둥 떠다니는 머리 같네요.

그림 속 강한 눈빛

윤두서의 눈은 아주 날카롭고 힘 있어 보이며, 마치 우리를 꿰뚫어 보는 듯한 강렬한 눈빛에서 뛰어난 정신력이 느껴져요. 입을 굳게 다물고 있는 모습은 진지하고 엄격한 인상을 주며, 마치 깊은 생각에 잠긴 듯한 분위기를 풍겨요. 동시에 자신감도 엿보여요.

당시 조선에는 다른 사람이 나를 그려 주는 초상화(肖像畵)는 유행했지만, 스스로 자신을 그리는 자화상(自畵像)은 매우 드물었어요. 이렇게 얼굴 표정 하나에도 그의 성격과 기질, 살아온 시간이 함께 담겨 있는 것처럼 느껴져요. 한 사람의 얼굴에 그 사람이 겪은 시대와 마음까지 비칠 수 있는지, 이 〈자화상〉은 조용히 묻고 있는지도 모르겠어요. 자화상이나 초상화 모두 그 인물과 닮게 그리는 것도 중요했지만, 내면을 담는 것이 더 중요했어요. 이 그림을 보면 윤두서의 성품과 성격까지도 느껴지도록 세밀하게 표현되었음을 알 수 있어요.

친구 심득경의 초상화, 살아 돌아온 사람처럼

윤두서는 요절한 친구 심득경의 초상화를 그리기도 했어요. 심득경을 애도하며 그린 초상화를 그 집에 보내 벽에 걸었더니, 마치 죽은 이가 되살아 돌아온 것 같다고 하며 온 집안이 울었다고 해요. 윤두서에 대한 그림 속 묘사와 표현이 실물과 매우 닮았다는 것을 보여 줘요.

심득경의 친구였던 이하곤은 이 초상화를 보고 찬문(撰文)을 남겼어요. 찬문은 인물이나 서화를 칭송하는 글이에요. 다음은 그 내용이에요.

"6척도 되지 않은 몸으로 사해를 초월한 뜻이 있다. 긴 수염이 나부끼고, 얼굴은 윤택하고 붉다. 바라보는 사람은 그가 선인(仙人)이나 검사(劍士)로 의심하지만, 그 순순히 자신을 낮추고 겸양하는 풍모는 대개 행실이 신실한 군자와 비교해도 부끄럽지 않구나."

이 내용을 쉽게 풀어 보면 "심득경은 키가 180센티미터가 되지 않지만 국제 경쟁력을 가진 인물이다. 긴 수염이 있고, 얼굴에는 생기가 돈다. 신선 같기도 하고, 정의롭고 사리 분별이 명확한 사람이다. 공손하면서도 자신감 있고, 성실한 태도와 도덕적 가치관을 지닌 이상적인 유학자다"라는 의미예요.

윤두서 〈자화상〉은 미완성일까?

여러분, 거울 앞에 가서 정면에서 자기 얼굴을 한번 보세요. 얼굴의 어느 부분이 보이나요? 눈, 코, 입, 귀, 목… 맞아요. 그런데 이 그림에서는 귀와 목이 보이지 않아요. 일부러 그리지 않은 걸까요?

이 궁금증을 풀기 위해 적외선 촬영을 해 보았어요. 그 결과, 단정하게 여민 옷깃과 도포에 주름 잡힌 모습까지 보였어요. 즉, 몸체의 윤곽선이 원래 있었던 것을 확인할 수 있었어요. 그런데 왜 지금은 보이지 않을까요?

기억나나요? 불화에서 사용했던 배채법, 즉 비단의 뒷면에서 채색하는 기법이요. 바로 이 그림에서도 배채법이 사용된 것으로 추정돼요. 적외선 촬영을 통해 귀가 그려져 있었고, 수염 사이로 선명한 옷깃선도 확인할 수 있었어요.

쥐 수염 붓으로 그린 그림?

윤두서의 〈자화상〉에서 가장 눈에 띄는 부분은 바로 구레나룻 수염이에요. 수염 한 올 한 올이 섬세하게 표현되어 있는데, 마치 연필이나 오늘날의 볼펜으로 그린 것처럼 정교해 보여요. 하지만 조선시대에는 이런 도구가 없었어요.

당시에는 말의 털, 늑대 털, 꿩의 깃털, 사람의 머리카락 등이 붓 재료로 쓰였어요.

　그런데 이 〈자화상〉의 수염은 매우 가늘게 묘사되어 있어요. 연구에 따르면 이런 섬세한 필체를 살리기 위해 쥐 수염으로 만든 붓을 사용했을 가능성이 크다고 해요. 상상이 되나요? 아주 가늘고 날카로운 선을 표현하기 위한 극세필 붓이었어요. 윤두서의 집중력과 필력, 섬세함이 그대로 드러나는 부분이에요.

윤두서(1669~1715)

윤두서는 고산 윤선도의 증손자예요. 윤선도는 조선 중기와 후기의 시인이자 문신, 작가, 정치인이었어요. 윤두서는 증조할아버지 윤선도의 영향을 많이 받았고, 해남 윤씨 가문의 후예로 태어났어요.

26살 때 진사시에 합격했지만, 숙종 때 붕당정치의 갈등 속에서 남인이 실각하면서 관직에 나가지 않기로 결심했어요. 그의 셋째 형은 옥사로 죽음을 맞았고, 가문 사람들도 감옥살이에 연루되는 등 큰 피해를 입었어요. 그는 평생 정계에 진출하지 못했지만, 경제적으로 부유했어요. 한양에서 예술 활동을 하다가 46세에 해남으로 내려갔고, 2년 뒤에 세상을 떠났어요.

지금도 해남에는 윤두서의 가문의 가옥인 녹우당이 남아 있으며, 이곳에 고서, 문서, 회화 등이 소장되어 있어요. 윤두서는 관직에 나가지 않고 친인척, 친구들과 학문과 예술을 논하며 지냈고, 유람을 다니며 자연을 감상하고 시와 그림을 나누며 살았던 선비 화가였어요.

윤두서가 살았던 17~18세기 조선

윤두서가 살던 조선 중기는 정치적으로 붕당정치(朋黨政治, 학문적 유대를 바탕으로 형성된 각 붕당 사이의 공존을 특징으로 하는 조선 중기 정치 운영 형태)가 이루어졌던 시기였어요. 나라를 어떻게 다스려야 할지, 어떤 인물을 중심에 둘지에 대한 생각이 서로 달랐기 때문에, 비슷한 생각을 지닌 사람들이 모여 붕당이라는 정치 집단을 이루었어요. 초기에는 동인과 서인으로 나뉘었고, 이후 남인, 북인, 노론, 소론으로 갈라지며 매우 복잡한 정치 상황이 이어졌어요. 붕당 간의 갈등은 임금의 장례를 치르는 의례 문제로도 크게 번졌어요. 임금이 돌아가셨을 때 상복을 '1년만 입자'는 서인과 '3년을 입어야 한다'라는 남인의 주장이 부딪혔고, 결국 두 차례의 큰 논쟁인 기해예송(1659), 갑인예송(1674)으로 이어졌어요. 이는 단순한 의례 문제가 아니라 임금의 정통성과 관련된 민감한 문제였고, 정국에 큰 영향을 미쳤어요. 남인이던 윤두서의 가문은 이 정치적 대립 속에서 피해를 입었고, 그는 과거에 급제했음에도 관직에 나가지 않았어요.

조선시대 그림, 누가 그리고 무엇을 담았을까?

조선시대에는 그림을 그리는 사람을 크게 두 부류로 나눌 수 있어요. 선비 화가와 화원이에요. 선비 화가는 높은 신분의 지식인이었고, 그림에 철학과 감정을 담으려 했어요. 반면 화원은 궁중의 도화서에서 일하는 기술자였고, 의뢰에 따라 정확하고 세밀하게 그리는 데 집중했어요. 화원은 종6품 이하의 낮은 관직으로 분류되어 사회적으로는 인정받지 못했어요.

자화상은 자기 자신을 그린 그림이에요. 그런데 조선에서는 자화상이 거의 남아 있지 않아요. 왜일까요? 선비는 자신보다 세상을 보는 데 관심이 많았고, 화원은 자기 모습을 드러내기 어려운 위치에 있었기 때문이에요. 그래서 조선시대엔 다른 사람이 그려준 초상화는 많이 남아 있지만, 자화상은 매우 드물었던 거예요.

거울 속 자신을 응시하며 윤두서가 그토록 간절히 담아 내려 했던 것은 무엇이었을까요? 그의 얼굴에서 엿보이는 시대의 무게와 개인의 고뇌를 떠올려 보세요. 여러분이라면 얼굴에 어떤 마음의 풍경을 남기고 싶은지 돌아보는 시간을 가져도 좋겠죠.

11

정선 〈인왕제색도〉

자연을 생생하게 담아 낸 조선 후기 진경산수화

명화가 묻다

겸재 정선은 왜, 실제 우리 산과 강을
이렇게까지 새로운 눈으로 그리려 했을까?

〈인왕제색도〉, 138.2cm×79.2cm, 국립중앙박물관

인왕산은 서울 광화문 광장에서 경복궁을 바라볼 때 왼쪽에 보이는 산이에요. 즉 한양 도성의 서쪽 경계를 이루는 산이죠. 〈인왕제색도(仁王霽色圖)〉에는 산이 무척이나 진하게 표현되어 있네요. 왜 이렇게 진하게 표현했을까요? 그리고 진한 봉우리 바로 아래에는 안개나 구름으로 보이는 곳이 하얗게 표현되어 있네요. 짙은 봉우리 그리고 하얀 구름이 대비되어 더 윗부분이 더 짙게 보이는 것 같아요. 구름길 아래에는 숲이 있네요. 소나무가 빽빽하게 그려져 있어요. 그리곤 다시 구름이나 안개가 있고, 그림 맨 아래 오른쪽에는 집이 한 채 있어요. 오른쪽 위 끝 여백에는 한자가 쓰여 있어요. 무슨 내용일까요? 도장도 두 개가 찍혀 있네요. 누구의 도장일까요?

그런데 이상한 점이 있어요. 이 그림을 보면 제일 위쪽의 봉우리가 보이는 것으로 봐서, 아래에서 올려다본 그림인데, 산 중턱에 집은 지붕까지 다 보이네요. 저렇게 지붕까지 보이는 집을 그리려면, 더 높은 곳에서 내려봐야 하는데, 화가는 이 그림을 어떻게 그렸을까요? 아래에서 올려다보며 그렸을까요? 아니면 산 정상에서 내려다보며 그렸을까요? 직접 보고 그렸다면 어디서 보고 그렸을까요? 상상해서 그린 걸까요?

그림을 보며 떠오르는 질문을 이렇게 하나씩 생각해 보면, 그림을 잘 볼 수 있어요. 중요한 것은 그림을 오래도록 관찰하면서 스스로 질문을 만들고 그 질문을 해결해 가는 것이에요. 1751년에 그려진 〈인왕제색도〉의 숨은 이야기를 하나씩 풀어 가다 보면, 사람들은 왜 겸재 정선을 진경산수의 대가라고 부르게 되었는지도 자연스럽게 느낄 수 있을 거예요.

조선 후기 화가인 정선이 그린 〈인왕제색도〉에서 '제'는 '비 갤 제(霽)'로, 작품 제목을 풀이하면 '비가 그친 인왕산을 그린 그림'이란 뜻이에요. 겸재 정선은 조선 후기 진경산수화로 유명한 화가예요. 〈인왕제색도〉에서 제일 눈에 띄는 부분은 위쪽에 어둡고 검게 칠해진 산이에요. 그리고 그 아래 나무들, 다시 그 아래 나무 사이에 집이 있어요. 왜 저렇게까지 윗부분을 어둡고 검게 표현했을까요? 인왕산은 바위가 많은 산이에요. 비가 내린 뒤 바위는 어떻게 되죠? 물을 먹으면 그 색이 짙어지죠. 화가 정선은 비가 내리고 난 뒤의 모습을 보여 주기 위해 물에 젖은 바위를 더 검게 표현하고 있어요. 폭포처럼 물이 콸콸 떨어지는 장면도 보이나요?

짙은 봉오리 아래, 안개와 구름이 낀 모습이 여백으로 처리되어 있어 검은색과 흰색이 대비되어 물 묻은 바위가 더 검게 보여요. 소나무 숲이 우거진 아래쪽에 집이 한 채 있어요. 이 집은 집과 비슷한 높이에서 바라보면서 그렸어요. 그런데 위쪽의 바위는 아래서 올려다보며 그렸어요. 각각 다른 위치에서 바라본 그림들이 섞여 있어요. 화가 정선은 이렇게 자신이 바라보고, 직접 가서 본 인왕산을 다른 사람들도 가 본 것처럼 느낄 수 있도록 그렸어요. 그래서 여러 시선의 그림을 한곳에 모아서 그렸어요. 이것이 바로 진경산수화예요.

오른쪽 위에는 "인왕제색 신미윤월하완(仁王霽色 辛未閏月下浣)[7]"이라고 쓰여 있어요. 그리고 도장이 두 개 '정선'과 '원백'이라고 찍혀 있어요. '정선'은 음각으로 새겨 글씨가 흰색으로 보이는 도장(백문방인)과, '원백'이라고 양각으로 글씨를 새긴 네모난 도장(주문방인)이라고 찍혀 있고요. 이 글을 보고, 이 그림의 제목을 인왕제색도라고 붙였어요. 신미년이니 1751년에 그려진 그림이라는 것을 알 수 있어요.

〈인왕제색도〉 오른쪽 윗부분에는 1751년 윤달 5월 하순에 그렸다는 낙관이 있어요. 하순이면 한 달의 마지막 10일 정도를 가리키니까 그 중 어느 날 그림을 그렸을까요? 조선은 기록의 나라였어요. 왕실의 많은 일이 모두 기록되어 있어요. 당시 《승정원일기(承政院日記)》에는 날씨까지도 기록되어 있어요. 〈인왕제색도〉는 비가 갠 뒤의 모습을 그렸다고 했으니 비 온 날을 중심으로 찾아보면, 윤달 5월 19일부터 25일 오전까지 7일 동안 장맛비가 내렸다고 쓰여 있어요. 그래서 미술평론가 오주석은 그림이 그려진 시기를 윤달 5월 25일 오후로 추측해요. 곳곳에 묘사된 폭포와 자욱하게 안개 낀 모습이 장마가 끝난 직후를 보여 주고 있거든요. 오늘날 기록을 남기고, 일기를 써야 하는 여러 이유를 이야기하는데, 조선시대 기록이 지금 우리에게 그림 그린 날짜까지 추측할 수 있도록 하는 부분이 놀라워요.

지금까지 많은 책과 방송에서 〈인왕제색도〉에 그려진 집을 정선의 친구로 알려진 이병연의 집으로 추정하고 있어요. 실제 이병연과 정선은 많이 협업했어요. 이병연이 시를 쓰고 정선은 그림을 그려 작품을 함께 완성했어요. 정선의 그림인 〈시화환상간(詩畵換相看)〉에는 정선과 이병연이 서로 소식을 시와 그림으로 전하기로 하는 모습을 담겨 있어요. 두 사람은 모두 서촌에서 태어났고, 이병연은 정선보다 5살 연상이었지만, 같은 동네에서 나고 자라 이렇게 협업까지 하는 사이니까 평생의 친구였다고 보는 거죠.

그래서 정선이 병에 걸린 이병연의 쾌유를 빌며 〈인왕제색도〉를 그렸다고 해석하기도 해요. 이병연의 사망 시기와 〈인왕제색도〉 제작 시기가 같은 것을 근거로 들며 두 사람의 '평생 우정'에 대해 이야기해요. 그런데 이병연의 족보에 의하면 겸제가 〈인왕제색도〉를 그릴 때는 이병연이 이미 사망했기 때문에 우정이 담긴 그림이라는 해석은 잘못이라는 주장도 있어요.

한편으로는 평생 우정을 나누는 사이가 아니라 예술적 성취를 이루며 서로 경제적인 도움을 주는 관계였다고 해석하기도 해요.[8] 40년 이상 지속된 이들의 관계를 낭만적인 우정이 아니라, 상업적 수요를 창출하고 예술적인 위상을 높이려는 의도와 연관된다고 보는 거예요.

역사가 답하다

정선(1676~1759)

　정선[9]은 1676년(숙종 2년)에 태어났어요. 어린 시절부터 백악산 밑에서 살았어요. 현재 종로구 청운동 경복고등학교가 위치한 자리예요. 증조부 때부터 가문이 어려웠고, 정선까지 3대에 걸쳐 벼슬에 오르지 못했어요. 몰락한 양반 가문이었죠. 14살에 아버지를 여의고, 넉넉하지 못한 집안을 돕기 위해 일했어요. 어려서부터 그림을 잘 그리는 것으로 유명했대요.

　당시 노론의 권세가였던 김창집의 후원으로 40대 이후에나 관직을 가졌어요. 46세에는 경상도 하양 현감을 지냈어요. 현감은 작은 고을의 원님이에요. 이때 정선이 주변 영남 지역의 명승지를 그린《영남첩(嶺南貼)》만들었다는 기록이 있는데 지금까지 전해지지는 않아요.

　그 이후에 양천 현령을 지내기도 했어요. 이때 양천에서 서울 근교와 한강 변 풍경을 그렸어요. 현재는 양천구가 서울이지만 그때는 경기도였어요. 한강의 모습과 양천의 수려한 경관을 담고 있는 그림을 여러 점 그렸어요. 정선은 80세가 되어서도 안경을 여러 개 겹쳐 끼고 촛불 아래에서 그림을 그렸다고 해요.

진경산수화

진경산수화[10]는 조선 후기에 유행한 새로운 화풍으로 우리나라의 산천을 직접 보고 그린 산수화를 말해요. 우리 산천의 실제 풍경을 그리는 경향은 일찍부터 있었어요. 18세기 정선이 기존 실경산수화를 변형해 진경산수화를 탄생시켰어요.

산수화는 자연경관을 소재로 그린 그림이에요. 그런데 이 산수화는 관념산수화, 실경산수화, 진경산수화로 구분 지어 살펴볼 수 있어요. 관념산수(觀念山水) 그림의 대표작이 안견의 〈몽유도원도(夢遊桃源圖)〉예요. 안평대군이 꾼 꿈에서 본 도원(이상향, 별천지)의 광경을 안견에게 말해서 그린 그림이에요. 〈몽유도원도〉는 꿈속에 도원경을 거닌 이야기를 그린 그림이에요. 도원경은 실제 있는 곳이 아니라, 상상의 장소를 그린 거예요. 도원은 전통적인 이상향으로 험준한 봉우리에 둘러싸인 복사꽃 마을의 환상적인 풍경을 담고 있어요. 이렇게 조선 중기 이전의 그림에서는 중국의 고전적이고 전통적인 산수화관의 영향을 받아 책을 따라 그림을 그렸어요.

이렇게 책의 내용을 그리던 그림에서 실경(實景)산수화가 등장해요. 상상 속의 장소가 아닌 실제 조선의 자연경관과 명승지를 소재로 산수화를 그려요. 우리 땅의 경관과 지역이 그림 소재로 등장하는 것이죠.

그리고 겸재 정선과 함께 등장한 것이 진경산수(眞景山水)화예요. 진짜 경관을 그린 그림이라는 의미인데, 작품성과 회화성을 더 살린 그림을 말하기 위해 사용되었어요. 우리 산천을 직접 보고 그리되, 현실 경치나 사물에 대한 새로운 인식과 철학을 반영했어요. 회화에서 그린 공간을 감상자도 가본 것처럼 느낄 수 있도록 그린 거예요.

정선의 〈인왕부아암도(仁王負兒岩圖)〉라는 그림으로 설명한다면, 이 작품은 북악산의 부아암을 표현하고 있어요. 실제 북악산에는 부아암이 있어요. 그런데 멀리서는 잘 보이지 않을 정도로 작아요. 그러나 정선은 이 부아암을 크게 강조해서 그렸죠. 실제 있기는 한데, 나의 인식과 철학이 반영되어 내가 경험한 부아암을 크게 표현한 것이죠. 이런 작가의 생각이 〈인왕제색도〉에는 더욱 잘 드러나 있어요. 인왕산을 그림처럼 보려면 상당하게 높은 위치에서 바라보아야 해요. 당시에는 헬기나 드론 같은 것이 없었으니까 북한산 중턱쯤에 가면 저렇게 보일 수 있어요. 그러나 실제 그 장소에 가면 세 봉우리의 배치가 지금의 그림과는 달라요. 실제 인왕산에 오르면 봉우리 사이로 쏟아지는 계곡을 확인할 수 있고, 계곡 오른편에 봉우리에서 남쪽으로 흐르는 맥이 있고, 그 끝자락에 집이 있어요. 이 그림은 멀리서 바라본 풍경과 실제 산에 올라 가까이에서 본 풍경을 모두 섞어 그렸어요. 지금 어느 한 장소에서 카메라나 사람의 눈에는 담기 힘든 장면이죠. 이게 바로 진경산수예요. 작가가 자신이 본 경관을 재구성해 그리는 것이죠.

이렇게 작가가 자신이 본 경관을 재구성한 그림에 〈금강전도(金剛全圖)〉도 있어요. 일만 이천 개의 봉우리를 자랑하는 금강산의 모습을 그린 것인데요. 그림을 보는 사람은 누구나 그곳에 가 본 듯한 느낌을 받을 수 있어요. 이 그림에서도 다양한 시선의 장면을 넣어 한눈에 담기 어려운 금강산을 각각의 장소에서 볼 수 있는 가장 아름다운 장면을 모아 한 폭의 그림에 담고 있어요.

그런데 산수화의 흐름이 지금 설명한 것처럼 분명하게 나뉘지는 않아요. 여러 화풍이 섞여 나타나죠. 18세기에는 17세기 병자호란과 우리가 배척했던 청나라의 번성 등으로 지금까지의 이념과 명분으로는 세상을 설명하기가 부족했어요. 그래서 뭔가 새로운 관점이 필요했어요. 이러한 배경에서 진경산수화가 등장했어요. 문학, 그림, 서예는 물론 음악까지도 모두 새로운 관점으로 조선의 고유색을 드러내서 이 시기를 '진경시대'라고 부르는 학자들도 있어요.

이처럼 정선은 책 속의 이상적인 산이 아니라, 자신이 직접 보고 걸었던 조선의 산과 강을 새로운 눈으로 다시 바라보고, 그 경험을 한 폭의 그림 안에 재구성해 보여 주었어요. 그래서 그의 그림을 보면 실제 풍경을 본 것 같은 느낌과 함께, 화가가 그 풍경에서 무엇을 중요하게 보았는지도 함께 전해집니다.

1000원 지폐의 정선 그림

우리는 지폐에 그려진 그림 하면 먼저 인물을 떠올려요. 1000원권에 퇴계 이황, 1만 원권에 세종대왕, 5만 원권에 신사임당이 있죠. 지폐 뒷면에도 그림이 있는데, 1000원짜리 지폐가 있다면 뒷면을 한번 보세요. 거기에는 퇴계 이황이 머무르던 도산 서원을 그린 〈계상정거도(溪上靜居圖)〉라는 그림[11]이 있어요. 그 그림이 바로 겸재 정선의 작품이에요. 퇴계 이황이 머물렀던 도산 서원을 중심으로 주변의 풍경을 담은 그림이에요. 1746년에 그린 그림으로 '계상 정거' 즉 '시냇물 흐르는 곳에 고요하게 산다'라는 뜻이에요. 그런데 퇴계 이황의 호인 '퇴계'도 '조정일을 그만두고 시내로 물러나 있다'라는 뜻이거든요.

퇴계와 〈계상정거도〉의 뜻이 비슷하죠? 〈계상정거도〉는 《퇴우이선생진적첩(退憂二先生眞蹟帖)》 안에 포함된 그림으로, 퇴계 이황의 은거 생활을 상징적으로 표현한 작품이에요. 《퇴우이선생진적첩》은 송시열, 정선, 정만수(정선의 아들), 이병연, 임헌회, 김용진 등의 글과 그림을 한데 모아 연대순으로 묶어낸 서화첩으로, 이 그림은 첩의 2첩 앞면에 있어요. 〈계상정거도〉는 위작 논란이 있었어요. 그러나 문화재위원회의 감정 결과 진품으로 결론이 났고, 경매에서 34억이라는 가격에 낙찰된 국가 지정 보물이기도 해요.

겸재의 낙관

친구의 이름을 부를 때 상대방이 나이가 많거나 신분이 높거나, 이름을 부르기 어려울 때 자와 호를 불렀어요. 자와 호는 부르기 편한 두 번째 이름이나 별명과도 같은 것이에요. 자는 성인이 될 때 붙이고, 호는 누구나 허물없이 부를 수 있는 두 번째 이름으로 만든 거예요. 조선 시대에는 이름을 부르기보단 이렇게 자나 호를 더 많이 썼어요. 정선에게는 원백이라는 자와 겸재라고 하는 호가 있었어요. 그래서 이 그림에 두 개의 도장이 찍혀 있는데, 자신의 자와 호, 즉 두 개의 도장을 모두 찍었 두었던 것이죠.

김홍도 《단원풍속도첩》

그림으로 만나는 조선시대의 일상

김홍도는 왜 〈단원풍속도첩〉에서 이렇게 다양한 주제를
생생하게 그렸을까?

《단원풍속도첩》, 39.7cm×26.7cm, 국립중앙박물관

명화를 탐구하다

《단원풍속도첩(檀園風俗圖帖)》은 하나의 거대한 마을처럼 느껴지지 않나요? 그림에서 보이는 장소와 사람들이 무엇을 하고 있는지 살펴볼까요? 펼쳐진 그림에는 다양한 직업과 사람들이 보이는데, 그림의 색이 조금씩 다르게 보이는 이유는 무엇일까요? 화살을 쏘는 사람, 기와에 올라간 사람, 씨름하는 사람, 눈에 익숙한 서당도 보이는데, 대장간 모습, 주막 모습 등 조선시대 다양한 사람을 그림에 담았네요. 각각의 그림 속 사람들은 무슨 이야기를 하고 있을까요? 그림 속에서 지금 볼 수 있는 물건과 볼 수 없는 물건이 있을까요? 만약 여러분이 영화감독이라면 펼쳐진 그림으로 어떤 영화를 만들 수 있을까요?《단원풍속도첩》의 '첩'은 무슨 뜻일까요? 김홍도는 누구이며, 왜 이런 그림만 그린 걸까요? 알아보고 싶은 것이 정말 많네요. 18세기 조선시대로 떠나 봐요.

《단원풍속도첩》의 뜻을 한 단어씩 살펴보면 '단원'은 김홍도의 호, '풍속도'는 그림의 종류, '첩'은 그림을 묶은 책이에요. 단원풍속도첩이란 단원이 그린 풍속도를 모은 책인 거죠. 우리에게 잘 알려진 〈씨름〉,

〈서당〉 등이 이 화첩의 그림이에요. 《단원풍속도첩》에는 25개의 그림이 그려져 있어요. '서당, 논갈이, 활쏘기, 씨름, 행상, 무동, 기와이기(기와를 이어 나가는 모습), 대장간, 노상과안, 점괘, 나룻배, 주막, 고누놀이, 빨래터, 우물가, 담배 썰기, 자리짜기, 벼타작, 그림 감상, 길쌈, 편자 박기, 고기잡이, 산행, 점심, 장터길'이 순서대로 그려져 있어요.

《단원풍속도첩》의 그림들은 왕이 백성의 삶에 대해 알기 위해 그려진 그림이에요. 왕은 하루의 일과가 아주 빽빽하게 짜여 있어 매우 바쁘고, 시간을 낸다고 하더라도 왕의 행차를 위해서는 많은 사람이 함께해야 해서 번거로운 부분이 있었어요. 지금 같으면, 사진을 찍어 보내거나 SNS로 확인할 수 있지만, 조선시대에는 이런 활동을 할 수 없었잖아요. 그래서 화원에게 백성의 모습을 그려 오라고 했고, 화원이었던 김홍도가 사람들의 모습을 그림에 담았어요. 그러나 이 화첩의 그림과 유사한 작품이 많다는 점, 부분적으로 표현이 미숙하다는 이유로 일부 학자들은 이 화첩에 대해 약간 부정적으로 평가하기도 해요.

《단원풍속도첩》은 국립중앙박물관(당시 조선총독부박물관)이 1918년에 골동품상 조한준에게 구매했고, 처음엔 모두 27점이었으나 화첩은 맨 앞과 뒤에 있던 〈군선도(群仙圖)〉 2점은 별도 족자로 만들고 풍속도 25점만 1957년에 새롭게 화첩으로 꾸미고 《단원풍속도첩》이란 이름을 붙였대요.

그러면 풍속도첩 중에서 유명한 그림 하나를 좀 더 자세히 살펴볼까요? 먼저 널리 알려진 그림 〈씨름〉을 살펴볼까요?

그림 속에는 허리에 띠를 동여맨 두 사람이 서로 마주 서서 힘을 겨루고 있어요. 한 사람은 오른손으로 상대의 허리띠를 움켜쥐고, 왼손은 다리 쪽으로 파고들고 있어요. 다른 한 사람은 잡힌 허리띠를 버티려고 온몸에 힘을 주고 있지요. 두 사람의 다리는 서로 얽혀 있고, 발끝과 발뒤꿈치까지 살아 있는 것처럼 표현되어 있어요. 당장이라도 한쪽이 넘어질 것 같은 아

〈씨름〉, 22.2cm×26.9cm, 국립중앙박물관

슬아슬한 순간을 딱 잡아낸 장면이에요.

씨름판 둘레에는 구경꾼들이 빙 둘러앉아 있어요. 어떤 이는 몸을 앞으로 쏟아지듯 내밀고 있고, 어떤 이는 손을 무릎에 얹은 채 입을 다물고 숨어 웃고 있어요. 뒤쪽에는 소매를 걷어붙이고 고개를 쭉 빼고 있는 사람도 보여요. 모두 표정과 자세가 조금씩 달라서, 누가 어느 편을 응원하는지 상상해 보는 재미도 있어요. 멀리서는 천막 같기도 한 포장이 보이고, 아이를 업은 여인이 슬쩍 고개를 돌려 씨름판을 바라보고 있는 모습도 담겨 있어요. 이렇게 한 장면 안에 선수들뿐 아니라 구경꾼, 주변 풍경까지 함께 그려 넣어서, 보는 사람이 마치 씨름판 한가운데에 서 있는 것처럼 느끼게 만드는 것이 김홍도 풍속화의 특징이에요.

조선시대 화원

청계천에는 광통교라는 다리가 있어요. 현재는 원래 위치보다 상류 쪽에 복원되어 있어요. 대광통교 남쪽과 소광통교 부근에 그림을 그리는 관청 도화서(圖畵署)[12]가 있었어요. 도화서는 조선시대 그림에 관한 일을 맡아보는 관청으로 18세기 중엽부터 이곳에 자리 잡았어요.

국가 기관인 도화서는 화원을 양성하고, 어진(御眞, 국왕의 초상화)이나 의궤(儀軌, 조선 왕실에서 국가 주요 행사가 있을 때 훗날 참고하기 위해 남기는 기록), 세화(歲畵, 조선 시대 새해를 축하하는 뜻으로 임금이 신하에게 내려주는 그림) 등 주로 국가의 그림 그리는 업무를 수행했어요. 도화서 화원이 되려면, 시험에 통과해야 했어요. 기존의 화원 선발 주제는 산수, 꽃, 동물 등의 문인화 관련이었는데, 정조 즉위 후에 그 주제가 벼 수확, 활쏘기, 봄나들이, 씨름판 등으로 바뀌었어요.[13] 정조가 그림으로나마 백성의 삶을 보고 싶어 했음을 확인할 수 있는 부분이에요.

도화서 화원 정원은 20~30명으로 시대에 따라 달랐어요. 그러나 처우가 매우 나빠서 생계유지조차 어려웠다고 해요. 화원들은 틈나는 대

로 개인적으로 주문을 받아 그림을 팔아 생활했죠. 그래서 화원 화가
들의 그림이 시정(市井)으로 흘러 들어갔어요.《경국대전(經國大典)》에
따르면 화원 20명 중 급여(녹봉)를 받은 사람은 8명 정도만 그것도 6개
월씩 돌아가면서 받았대요. 급여를 못 받은 나머지 화원은 더 말할 나
위도 없었겠죠. 이 정도로 처우가 매우 열악했어요.

　그런데 실력 있는 화원이라면 한 달에 개인적인 주문 몇 개만 받아
도 급여보다 높은 돈을 벌 수 있었으니, 화원의 개인 활동은 너무도 당
연했죠. 18세기 후반 한양의 그림 시장은 종루(鍾樓, 지금 종각) 운종가
에서 남대문에 이르는 길을 따라 형성되었어요. 18세기 후반 한양의
시전에서 서화(書畵, 글씨와 그림을 함께 이르는 말)가 상품으로 나와 거래
되기 시작했어요.

김홍도(1745~1806추정)

　김홍도는 우리에게 풍속도로 널리 알려졌지만, 산수화, 도교와 불교
관련 그림인 도석화, 화조화, 인물화 등 그림의 거의 모든 그림 장르
와 주제에서 탁월한 기량을 발휘한 조선 후기 최고의 화가였어요. 자
는 사능(士能), 호는 단원(檀園)·단구(丹邱)·서호(西湖)·고면거사(高眠居
士)·취화사(醉畫士)·첩취옹(輒醉翁) 등을 사용했어요. 두 번째 이름을
참 많이 만들었죠? 취화사와 첩취옹은 모두 술이 관련이 있어요. '술에
취한 환쟁이(그림쟁이)', '매번 취하는 늙은이'라는 뜻으로 평소 술과 해
학을 즐겼다고 해요.

　강세황(1713~1781)은 조선시대 시, 서, 화에 능한 문인화가이자 미술

평론가였어요. 이런 강세황은 중국에서 서양화법을 배워 화단에 보급하기도 했어요. 《표암유고(豹菴遺稿)》의 단원기에는 김홍도가 어린 시절부터 '내 집에 자주 드나들었다'라고 기록되어 있어, 강세황이 김홍도의 스승으로 그림과 글씨 모두 열심히 배웠다고 전해지나[14], 한편에서는 스승과 제자의 관계는 아니었고, 어린 시절 짧은 교류만 있었다고 보기도 해요.

김홍도는 도화서 화원이 되어 그림 실력으로 유명해졌어요. 1773년 영조와 왕세손의 초상화를 그리는 일에 참여하게 되죠. 이를 계기로 정조와 인연을 맺어 오랫동안 관계를 지속했어요.

김홍도는 정조의 명에 따라 백성의 일상 모습을 담은 풍속화도 그렸지만, 특히 커다란 병풍 그림을 잘 그렸다고 해요. 〈행려풍속도(行旅風俗圖)〉는 8폭 병풍으로 선비가 세속을 유람하면서 보는 풍경을 담고 있어요. 여기에 강세황이 그림 평을 각 폭에 적었어요. 지방 곳곳을 취재하듯이 살펴보는 모습이 담겨 있어요.

김홍도는 〈군선도〉 병풍도 그렸어요. 군선도는 수묵담채로, 세로가 132.8센티미터, 가로가 575.8센티미터인, 8폭의 병풍 그림이었는데 지금은 3개의 족자로 분리되어 있어요. 서왕모의 생일 잔치에 초대받고 약수를 건너는 신선들을 그린 그림이에요. 불교나 도교에 관계된 초자연적인 인물상을 표현한 그림을 도석인물화라고 해요. 종이 바탕에 먹을 주로 사용하고 청색, 갈색, 주홍색 등을 곁들여 채색했어요. 인물들의 시선과 옷자락은 어느 쪽을 향하고 있나요? 모두 왼쪽을 향하고 있고 그 방향으로 갈수록 인물의 수가 점차 줄어들어 모든 이의 시선을

군선도병,
리움미술관

〈삼공불환도〉,
삼성문화재단

유도하고 있는 점이 특징이에요. 인물의 윤곽은 굵은 선으로 나머지 세부 묘사는 가는 붓으로 처리하고 있어요. 배경 없이 인물을 나열한 구성도 매우 독특해요.

또 다른 병풍 그림인 〈삼공불환도(三公不換圖)〉는 전원의 즐거움을 삼공[15]의 높은 벼슬과 바꾸지 않겠다는 의미를 지닌 그림이에요. 강을 앞에 두고 산자락에 있는 대형 기와집과 논밭, 손님치레 중인 주인장, 심부름하는 여인, 일하는 농부, 낚시꾼 등을 곳곳에 그려 전원생활의 한가로움과 정취를 표현하고 있어요. 김홍도의 말년 대표작으로 꼽히는 작품이에요. 예전에는 높은 관직과 전원생활을 비교했다면, 우리에게는 노는 시간과도 바꿀 수 없는 게 있을까요? 여러분이 좋아해서 꼭 지키고 싶은 것은 무엇인가요?

김홍도와 정조

김홍도와 정조는 정조의 왕세손 시절 초상화를 그리면서 맺어진 인연은 정조 재위 기간 내내 이어졌어요. 김홍도는 정조의 어진을 그리는데도 여러 번 참여했고, 그 공으로 관직에도 오르게 되죠. 그런데 김홍도가 정조 어진에 참여했을 때 정조의 몸통만 그렸다고 해요. 어진을 그릴 때 용안을 담당하는 화원을 '주관화사'라고 부르고 용안 이외를 담당하는 화원을 '동참화사'라고 부르는데, 김홍도는 '동참화사'로 참여했다고 해요.

정조는 "회사(繪事, 그림 그리는 일)에 속하는 일이면 모두 홍도에게" 라고 할 만큼 총애했어요.[16] 정조가 아끼던 규장각도 김홍도에게 그림으로 그리게 했고, 궁중 그림에 관한 거의 모든 일을 맡겼죠. 김홍도가 정조 임금의 명으로 금강산과 영동지역을 둘러보고 그린 총석정과 금강산의 절경을 담아 오라고 해서 그린 것이 《해산첩(海山帖)》이에요.

대마도 지도와 정조의 화성원행, 화성 건설에 관련된 그림 작업도 김홍도가 총괄했다고 해요. 정조가 아버지 무덤인 현륭원을 화성으로 옮긴 뒤 명복을 빌고자 세운 용주사의 불화도 김홍도에게 의뢰했다고 알려져 있어요. 그러나 불화에 연대가 적힌 화기가 적혀 있지 않고 양식적으로 김홍도의 화풍과 차이가 커서 김홍도의 작품으로 단정하기는 어려운 부분도 있다고 보는 견해도 있어요.

김홍도는 정조의 총애를 받으며 중인으로 갈 수 있는 가장 높은 자리에 오르게 됩니다. 바로 현감, 지금의 시장, 군수 역할을 하게 되죠. 충청도 연풍의 현감으로 생활하면서 자신만의 개성을 드러내는 그림을 그리는 중요한 기회였어요. 그러나 그는 3년 만에 현감에서 파직되었어요. 바로 "남의 중매(남녀 간의 결혼을 중개하는 일)를 일삼으면서 백성을 학대했다"라는 이유였죠. 이렇게 파직당한 그다음 해에 〈도담삼봉도(島潭三峯圖)〉가 담긴《병진년 화첩(丙辰年 畵帖)》완성해요. 이 그림은 연풍 현감 때 단양 유람 후 그린 것으로 전해지고 있어요.

김홍도는 1796년 다시 도화서 화원이 되어 활발한 작품 활동을 해요. 도화서 부분에서 이야기했던 것처럼 화원의 녹봉은 매우 적어서 사적으로 주문받은 그림을 그리면서 작품 활동을 했어요. 이때는 도화서의 규칙에 따르지 않고 원하는 화풍으로 자유롭게 그릴 수 있어서 김홍도만의 화법을 사용할 수 있었어요. 그래서 《단원풍속도첩》은 정조가 바라본 백성의 삶, 도화서 화원의 역할, 돈을 벌기 위한 주문 그림, 그리고 김홍도 자신이 흥미를 느낀 장면들이 한데 섞여 있는 그림책처럼 보입니다.

처음에 던졌던 질문, "김홍도는 왜 《단원풍속도첩》에서 이렇게 다양한 주제를 생생하게 그렸을까요?"를 떠올리며, 여러분이라면 오늘 우리가 사는 모습을 그림으로 남긴다면 어떤 장면들을 꼭 넣고 싶은지도 한번 머릿속에 그려 봐도 좋겠죠.

옛 그림 읽는 법

김홍도의 〈서화감상〉을 보면 유생들이 세로로 긴 종이를 잡고 그림을 감상하는 장면을 그리고 있어요. 우리 그림에서는 '감상하다'보다는 '읽다[17]'라는 표현을 더 많이 써요.

우리 그림은 서양 그림과 달리 글과 글씨 그림이 함께 있는 경우가 많고, 먹을 주로 사용하기 때문이에요. 우리 그림을 보는 좋은 방법이 있어요.

첫째, 우리 그림은 오른쪽 위에서부터 왼쪽 아래 방향으로 보는 것이 좋아요. (╱방향으로) 그림에 글이 있을 때는 이 방향으로 쓰는 경우가 많으니까요. 둘째, 작품을 감상하는 위치는 작품 대각선 길이보다 1.5배 떨어져서 보면 좋아요. 작품의 대각선 길이가 1미터라면, 1미터 50센티미터 뒤로 떨어져서 보면 그림을 한눈에 볼 수 있어요. 물론 정해진 것은 없어요. 그림 일부분을 자세하게 보려면 가까이 다가가서 관찰해야겠죠. 셋째, 우리 그림은 비단에 먹으로 그렸거나 종이에 먹으로 그린 그림이 많아서 빛에 매우 예민해요. 너무 밝은 빛은 그림을 상하게 해요. 상한 그림을 복원하기는 매우 어려워요. 전시장 조명이 어두울 때가 있는데, 작품을 보호하기 위해서임을 이해하면 좋겠

〈서화감상〉, 23.9cm×28.1cm,
국립중앙박물관

습니다. 그림을 보는 방법을 잘 기억했다가, 작품을 볼 기회가 생기면 실천해 보아요.

신윤복 〈월하정인〉
생동감 있고 섬세하게 그려 낸 조선 후기 풍속

신윤복은 왜 남들이 잘 그리지 않던 장면과
사람들을 그림 속 주인공으로 삼았을까?

〈월하정인〉, 35cm×28cm, 간송미술관

〈월하정인(月下情人)〉 속 두 남녀는 왜 이렇게 어두컴컴한 밤에 만났을까요? 남자는 왜 손에 초롱불을 들고 있을까요? 혹시 길을 잃은 걸까요, 아니면 여자를 위해 밝혀 주는 걸까요? 남자의 눈은 여자를 보고 있지만, 발은 왜 다른 곳으로 향하고 있네요. 급한 일이 있어서 걸음을 재촉하는 걸까요? 여자는 머리에 쓰개치마(조선 시대 부녀자들이 외출할 때 얼굴을 가리기 위하여 쓰던 쓰개들 중 하나)를 쓰고 얼굴을 가리고 있어요.

그림에는 보이지 않지만, 마음속으로 무슨 생각을 하고 있을지 상상해 볼까요? 이 두 사람은 어떤 관계일까요? 만약 이 그림이 영화의 한 장면이라면, 이 장면 바로 전에 어떤 일이 있었을까요? 이 장면 다음에는 어떤 일이 일어날까요? 이 두 사람에게는 무슨 일이 있었을까요? 이 그림은 우리에게 어떤 이야기를 들려줄지 하나씩 살펴보아요. 그리고 왜 신윤복은 이런 장면, 이런 사람들을 굳이 그림 속 주인공으로 삼았는지도 함께 생각해 보아요.

이 그림은 책이 접히는 부분이 자연스러운 모퉁이 역할을 하며 왼쪽에는 달과 글씨가 오른쪽에는 두 남녀가 보여요. 이 부분의 많은 실마리는 왼쪽 글에서 찾아볼 수 있어요. "월심심야삼경(月沈沈夜三更), 양인심사양인화(兩人心事兩人和)" 이 글은 풀어 보면, '달빛 어두운 밤 삼경, 두 사람의 마음은 두 사람만 알겠지'라는 뜻이에요. 여기서 삼경은 11시에서 새벽 1시 사이를 말해요. 그러니까 저 두 남녀는 새벽에 길모퉁이에서 만났어요. 사람들이 모두 잠든 시간이라 몰래 만나기에 좋기에 두 사람의 만남이 더 비밀스럽고 특별하게 느껴지죠.

남자는 갓을 쓰고 흰 두루마기를 입고 있어요. 오른손에는 초롱불을 들고 어두운 길을 밝히고 있어요. 남자의 눈빛을 보세요. 어디를 향하고 있나요? 바라보는 눈은 여인을 향했으나 발은 여인이 아닌 다른 쪽을 향하고 있네요. 왼쪽으로 가자고 하는 듯이 보여요. 반면에 여인은 머리에 쓰개치마를 써서 얼굴을 가리고 있어요. 쓰개치마가 불룩한 것으로 보아 가채를 한 것 같아요. 작은 실눈에 작은 입술을 다문 여인은 고개를 살짝 숙이고 있어요.

〈월하정인〉은 화가에 대한 정보도 별로 없었고, 그림의 제작 시기는 더더욱 알기가 어려웠어요. 그런데, 천문학자가 이 비밀을 밝혀냈어요. 〈월하정인〉은 언제의 모습을 담은 것일까요? 이 그림 왼쪽 오른쪽 부분에 달이 있어요. 달의 모습이 일반적이지는 않아요. 천문학자도 이 부분에 의심하고 조사를 하기 그러고선 이 달의 형태가 부분월식이라는 사실을 알아냈어요. 달이 지구 그림자에 들어가서 일부분만 보이는 그날인 거죠. 천문학자는 《승정원일기(承政院日記)》를 확인해서 신윤복 생전에 일식이 두 번 일어났다는 걸 알아냈어요. 바로

1793년 8월 21일과 1784년 8월 30일. 날씨를 확인해 보니 1784년 그날에는 3일간 비가 내렸다는 기록으로 보아 1893년 8월 21일 11시 50분 정도에 월식으로 당시 실제 달의 형태가 그림 속 달의 모습과 일치했음을 확인했어요. 이 그림은 1893년 밤 11시가 넘은 시간 두 남녀가 만나는 모습을 그리고 있어요.

〈미인도〉,
45.5cm×114cm,
간송미술관

　당시 조선 후기에는 양반의 도를 넘은 유흥이 문제시되었어요. 《숙종실록(肅宗實錄)》 기록을 보면, 기생과 놀다 관직에서 쫓겨나는 공직자 이야기도 있어요. 시대를 담고 싶어 했던 신윤복에게 양반과 기생의 이야기는 자연스러운 주제였을 수도 있어요. 신윤복 말고 이렇게 양반의 문란함을 고발하는 그림은 거의 없어요. 오직 신윤복만이 보여 주는 모습이에요.

　신윤복은 그 시대상을 담고 싶었던 것 같아요. 예를 중시하는 성리학의 나라에서 대립하는 향락 문화와 성 이야기를 통해 양반의 양면적인 모습을 비판하고 있어요. 또한 혼란의 시기를 반영하듯 익숙한 구조를 뒤집어요. 양반이 아닌 사회적 약자나 소외계층을 그림 전면에 등장시켜요.

　바로 기녀와 여성이죠. 양반과 기생이 어울리는 모습. 술에 취한 양반의 모습 속에 신윤복의 생각을 읽을 수 있어요. 신윤복의 〈미인도(美人圖)〉는 이후에 등장하는 〈미인도〉의 표본이 되기도 했어요. 실제 조선시대 그림에서 여성은 어머니로서의 여성으로 등장하는 것이 대부분이었어요.

그러나 이 그림을 출발점으로 개인으로서 여성이 주목받게 되어요. 양반과 기녀가 함께 등장하는 모습에서도 양반의 위풍당당함보다는 은밀하고 사적인 부분을 담고 있어요. 사회 분위기상 모두가 눈 감고 쉬쉬하는 장면들을 그림에 표현하고 있어요.

신윤복이 바라본 조선 양반

일반적으로 도화서 화원들은 주로 궁궐 행사 모습이나 지도 등을 그렸어요. 이런 그림은 나라의 공식자료로 활용되었어요. 화원이 그린 그림은 기록에 가까워요. 사진기록을 남겼다고 생각하면 비슷해요. 그래서 정해진 틀 안에서 왕실이나 사대부의 요청에 따라 그려지는 경우가 많았어요. 그러나 신윤복은 이런 틀에 박힌 화원 생활에 재미를 느끼지 못했다고 해요. 자신이 직접 보고 느낀 사람들의 일상을 묘사하기를 즐겼대요. 그래서 지금 남아 있는 작품 대부분이 풍속화예요. 그런데 그 대상이 일반 백성이 아니라 양반과 기생이었고, 남녀의 만남과 사랑에 대한 주제가 많았어요.

19세기 조선은 요동치고 있었어요. 이 시기에는 소비와 유흥에 빠진 양반들은 서서히 몰락하고 상업이 발달하면서 벼락부자들이 등장해요. 오랫동안 유지되었던 조선의 신분사회가 크게 요동치며 몰락하고 있었어요. 거리에는 술집이 넘쳐 나고 도시를 중심으로 놀이와 향락 문화가 유행처럼 번졌죠. 김홍도의 그림에서도 미약하게나마 이런 면이 엿보이죠. 우물가, 빨래터를 주제로 그린 그림에 남녀 간의 야릇한 상황이 담겨 있어요. 우물가에 윗섬을 풀어헤친 남자가 등장하고, 빨래터를 몰래 훔쳐보는 부채를 든 선비의 모습이 있어요.

신윤복(1758~1814추정)

2008년 〈바람의 화원〉이라는 드라마가 인기를 끌었어요. 드라마의 주인공은 김홍도와 신윤복이었어요. 이 드라마는 신윤복이 남자가 아닌 여자라는 상상에서 출발해 만들어졌어요. 왜 드라마 작가는 이런 상상을 했을까요? 그 당시 여자를 그리는 사람은 거의 없었어요. 그런데 섬세한 필체와 표현력 풍부하고 화려한 색감까지 그의 그림 속 인물들은 생동감이 넘쳐서 눈앞에 있는 듯했거든요. 그 당시 그림에 등장하는 여자는 엄마로서의 여자일 뿐 여성 자체가 주인공인 그림은 거의 없었어요.

그런데 신윤복의 그림에는 여자들이 등장하고, 특히 여성의 모습을 너무나 생생하게 잘 묘사하고 있기에 소설가의 풍부한 상상력으로 '신윤복이 여자이지 않을까?'라는 가정 아래 소설을 쓰지 않았을까요. 게다가 신윤복에 대한 역사적 기록을 찾기가 어려워서 더 이런 상상에 날개를 달아 주었겠죠. 생전에 남긴 뛰어난 그림과 현재의 명성에 비해 사실 신윤복에 대한 역사적 기록이 거의 없어요. 오세창《근역서화징(槿域書畵徵)》의 기록이 전부인데,《근역서화징》은 오세창이 우리나라 역대 서화가의 사적과 평전을 수록한 사전이에요.

이 기록에는 신윤복을 "자는 입보, 호는 혜원, 본관은 고령, 첨사 신한평의 아들, 화원으로 벼슬은 첨사, 풍속화를 잘 그렸다."라고 써 있는데, 이것이 지금까지 전해 오는 유일한 기록이에요. 이렇게 적은 기록과 그가 남긴 50여 점의 그림을 통해서만 작가의 삶을 추적해 볼 수 있어요. 신윤복은 화가 집안에서 태어났어요. 할아버지, 삼촌, 아버지까지 대대로 화가로 활동하는 집안이에요. 그중 아버지 신한평은 도화서 화가로 1789년 정조 어진을 그리는데도 참여했어요. 이런 아버지 밑에서 신윤복도 자연스럽게 화가가 되었을 거예요.

신윤복 vs 김홍도

신윤복과 김홍도는 13살 차이로, 도화서에 같이 근무했으리라 추정해요. 김홍도는 신윤복의 아버지 신한평과도 함께 화원으로 활약했다는 기록이 남아 있는 것으로 보아 보아, 그는 그 부자와 함께 도화서 생활을 했을 거예요. 비슷한 시기, 그림을 그리는 화원으로 아마 둘은 서로 영향을 주고받았을 거예요.

신윤복은 사람들의 생활 모습 중 뒷골목 문화를 잘 보여 주고 있고, 반대로 김홍도는 서민들의 노동 현장을 잘 알려 주는 그림을 그렸어요. 둘의 화첩에 담긴 그림의 제목만 봐도 확연히 드러나요. 신윤복 풍속화의 주제는 양반과 기녀의 사랑, 여성이에요. 일반 서민은 아니지만, 우리 사회의 일원으로 함께 살아가고 있는 기녀와 여성 그리고 양면적인 모습을 보여 주는 양반들의 생활을 화폭에 담고 있죠. 모두 그 시대를 살고 있던 인간의 생활상을 담고 있지만, 같은 듯 다른 그림이에요.

신윤복 그림의 화려한 색의 비밀

이 당시 그림은 대부분 수묵화로, 먹으로 그린 그림 위에 약간의 채색을 더 하는 그림이 대부분이에요. 그런데 신윤복의 그림을 실제로 보면, 정말 화려해요. 색채의 풍속화라고 불릴 만큼 알록달록 화려한 색을 잘 썼어요. 그림마다 포인트가 되는 색이 있어요. 빨간 치마. 파란 저고리 등. 색채 전문가[18]에 따르면 빨간 치마의 색은 바로 수은 광맥에서 채취되는 천연 안료 '주사'를 사용했다고 해요. 진사라는 광물에서 얻어지는 붉은색으로 황화수은으로서 이루어졌어요. 진사는 변색이 거의 없고 아름답지만, 독성이 매우 강한 물질입니다. 부적이나 인주에 사용하는 것이 바로 주사예요.

이런 색채 사용에는 아버지의 영향이 컸을 것으로 보여요. 아버지 신한평도 임금의 초상화를 그릴 때 채색을 담당했다고 전해져요.[19] 신한평은 어진에 3번이나 참여한 당대 최고의 화원으로 상황과 사물을 묘사하는 것보다 색감을 입히는 채색에 집중했고, 재능을 보였던 것으로 평가되거든요. 이런 진사를 활용한 것은 인류 역사상 아주 오래되었어요. 진사가 만들어 내는 버밀리언(Vemillion)은 베수비오 화산 폭발로 매몰되었던 도시 폼페이의 저택 벽에도 그려져 있고 그 색이 아직도 선명해요. 이 색을 벽에 칠하면 곰팡이도 생기지 않고 변색도 되지 않지만, 강한 독성으로 지금은 만들지도 사용하지도 않아요.

신윤복은 이렇게 강렬하고 변치 않는 색감을 이용해, 조선 후기의 사람들과 풍경을 누구보다도 화려하고 생생하게 그려 냈어요. 그의 그림 속에는 양반과 기녀의 비밀스러운 만남, 술과 향락에 젖은 뒷골목 풍경, 그리고 그 속에서 살아가는 여성들의 섬세한 표정과 몸짓이 가감 없이 담겨 있어요. 당시 눈으로 보면 '품위 없는 주제'로 여겨졌을 수도 있지만, 지금 우리가 보면 그 누구도 제대로 기록하지 않았던 한 시대의 뒷모습을 가장 생생하게 남긴 기록처럼 느껴지기도 하죠. 여러분이 오늘 우리가 사는 세상을 그림으로 남긴다면, 어떤 장면과 어떤 사람들을 주인공으로 그리고 싶은지 생각해 보면 어떨까요?

14

김정희 〈세한도〉
겨울에도 변치 않는 선비의 지조를 담은 그림

명화가 묻다

김정희의 〈세한도〉는 무엇이 달라서,
수많은 문인화 속에서도 이렇게 높이 평가받을까?

〈세한도〉, 세로 33.5cm, 전체 가로 1469.6cm, 축 길이 33.6cm,
축 지름 2.0cm, 세로 23.9cm, 가로 70.4cm, 국립중앙박물관

명화를 탐구하다

　거친 붓으로 그린 듯한 나무들이 보이네요. 상자 같은 집과 붓글씨도 보이고요. 도장도 찍혀 있어요. 정말 담백하게 선으로만 그린 한 채의 집을 배경으로 좌우에 소나무와 잣나무가 마주하고 있고, 주위를 텅 빈 여백으로 처리해 절제와 여백의 미가 가득한 그림이에요. 그림 오른쪽 위에 '세한도(歲寒圖)'라는 제목과 함께 '우선시상("우선(藕船)이 보게")'이라는 한자가 세로로 쓰여 있고, 그 옆에 '완당(김정희의 호)'이라고 적혀 있어요. 두 개의 도장 "정희"와 "완당"이 찍혀 있군요.

　우선이라는 사람에게 완당인 김정희가 보내는 그림이겠군요. 우선은 김정희의 제자 이상적의 호고, 그는 김정희보다 18살 아래예요. 스승이 제자에게 쓴 그림 편지라고 볼 수 있어요. 그림의 제목인 세한도(歲寒圖)의 한자를 풀이하면 '추운 시절을 그린 그림'이라는 뜻이에요. 물기가 거의 없는 빳빳한 붓으로 그린 그림이에요. 먹으로 그린 집은 선으로 묘사되어 있고, 창문만 동그랗게 그려져 있어요. 집을 기준으로 오른쪽에 있는 소나무는 구부러진 가지가 인상적인 노송(老松, 오래된 소나무)이에요. 오른쪽으로 구부러진 가지 끝부분에 소나무 표현이 없었다면, 그림의 전체적인 공간감을 맞추기 힘들었겠죠. 세 그루의 잣나무(측백나무) 중 두 그루는 왼편에 떨어져 있고, 한 그루는 소나무 옆에서 서로 의지하는 듯 보여요. 사시사철 푸른 소나무와 잣나무이지만, 여름의 푸르름은 찾기 어렵고 춥고 적막한 겨울 분위기가 느껴져요. 김정희는 왜 이렇게 차갑고 서늘한 겨울 같은 시간을 보냈을까요?

여러분은 언제 추운가요? 겨울에는 날씨가 차가워 몸이 춥지만, 겨울이 아니어도 마음이 휑하고 추울 때가 있어요. 김정희가 이 그림을 그릴 당시, 그는 유배지에서 외롭고 힘든 시간을 보내고 있었어요. 여러분도 겨울이 아닌데 마음이 추웠던 적이 있었나요? 그때는 어떤 일이 있었고, 어떤 감정을 느꼈나요? 차갑고 적막한 겨울 풍경 속에 이렇게 많은 이야기와 감정이 담겨 있다는 점이 〈세한도〉만의 특별한 점이에요. 김정희의 〈세한도〉가 다른 문인화와 무엇이 다른지, 왜 이렇게까지 높이 평가받게 되었는지, 이 장에서 하나씩 살펴보며 함께 생각해 봅시다.

〈세한도〉 두루마리를 쭉 펴면 비밀의 글들이 나오죠. 먼저 김정희 자신이 왜 이 그림을 그렸는지 발문을 써 두었어요. 제자 이상적이 제주에 유배한 스승에게 두 번에 걸쳐 청대 학자의 서적을 보내 주었다는 내용이에요. 이런 책은 쉽게 구할 수 없었고 이상적이 청대의 저명한 문인과 교우관계를 맺고 있었기에 가능했던 것이죠.

김정희는 이런 귀한 책을 권세와 이익을 위해 높은 지위에 있는 사람에게 선물하지 않고, 유배 중인 자신에게 준 것에 깊은 감사를 표했어요. 권세나 이익과 상관없이 변치 않은 마음을 보여 준 이상적의 인품과 지조, 신의를 기리고자,《논어(論語)》의 "한겨울 추운 날씨가 된 다음에야 소나무와 잣나무가 시들지 않음을 알 수 있다"라는 구절을 빌어 표현하고 있어요. 김정희 자신의 억울함도 담겨 있어요.

김정희에게 세한도를 선물받은 이상적은 그림 끝에 닥종이를 붙여 청나라로 가서 청나라 문인 장악진, 반희보, 조진조, 반증위, 장요선 등 16명에게 찬시(찬양하는 시)를 받았어요. 그리하여 이 그림에는 청나라 문인 16명의 찬시가 이어지게 되었어요. 이뿐만 아니라, 1914년 김준학이 여백에 글을 썼어요. 그리고 우리나라의 오세창, 이시영, 정인보의 제발(題跋)이 더해졌어요. 제발은 서적이나 비첩, 서화 등에 작품감상이나 기록을 적은 것으로, 앞에 쓰는 것을 제사, 뒤에 쓰는 것을 발문이라고 해요. 일반적으로 '제발'이라고 통칭하죠. 결국 〈세한도〉에는 총 20명의 글이 보태어졌어요. 〈세한도〉는 시대를 초월한 문인들의 사상과 감상이 더해진 작품이기 때문에 당대 최고 문인화로 평가받아요.

두루마리를 쫙 펴면 길이가 15미터 가까이 된다고 해요. 글과 그림들이 옆으로 쭉 연결된 형태인 거죠. 〈세한도〉는 기교와 형식에 치우치기보다는 김정희 자신의 정신세계를 회화로 잘 표현한 작품으로 평가받아요. 또한, 김정희의 글과 그림에 당대 유명한 학자들이 기록을 함께 남겨 그 가치가 더욱 높아진 작품이에요.

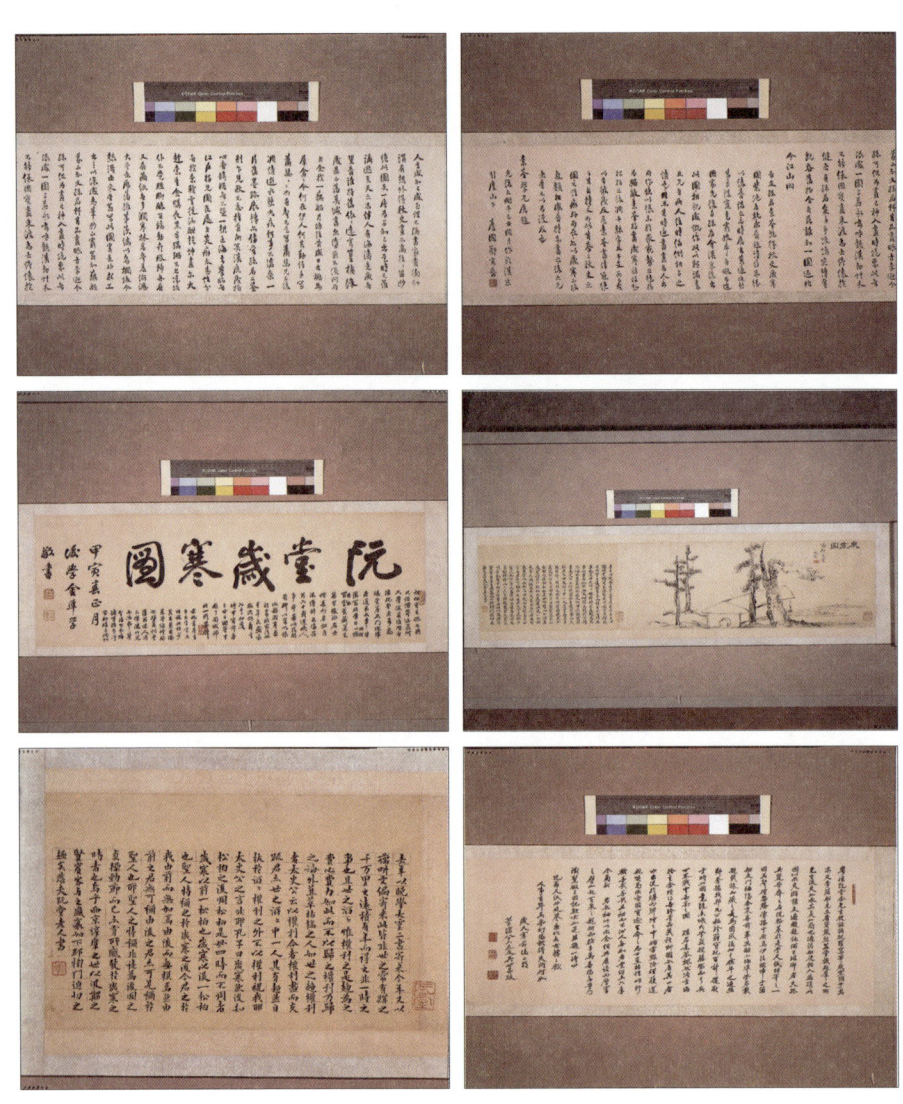

〈세한도〉 여러 이미지, 국가유산청

역사가 답하다

김정희(1786~1856)

김정희는 경주 김씨로, 대단한 명문가에서 태어났어요. 증조할아버지는 영조 대왕의 사위였고, 할아버지는 영의정을 지냈으며, 아버지는 이조 판서를 역임했어요. 왕가의 사돈이었죠. 그래서 지금 충남 예산에 있는 추사고택은 임금이 내려 준 토지(사패지)예요.

김정희가 일곱 살 때, 집 앞을 지나가던 영의정 채제공이 대문에 쓴 '입춘대길(立春大吉)' 글씨를 보고, "이 아이는 자라서 글씨로 이름을 날리겠지만, 인생이 매우 고달플 것이다. 그러나 학문에만 정진하면 큰 학자가 될 것이다."라고 했다고 해요.

그다음 해, 다시 대문에 쓴 '입춘대길' 글씨를 본 박제가가 스승을 자처하며 가르치게 되었어요. 박제가는 당시 북학파의 선구자로, 청나라의 새로운 학문을 많이 습득했던 인물이에요. 김정희는 스승처럼 북경에 가고 싶은 꿈을 품었고, 24세 때(1809년) 아버지가 청나라 사신으로 가게 되면서 그를 따라 연경(지금의 베이징)에 갈 수 있었어요.

김정희는 4개월간 청에 머물며 청나라의 최고 학자들과 교류하며 학문과 예술을 토론했어요. 이때 맺은 중요한 인연이 바로 완원(阮元)과 옹방강(翁方綱)이에요. 완원은 청나라에서 손꼽히는 학자로, 박제가를 통해 김정희의 이야기를 전해 듣고, 그에게 소중한 자료를 내 주며 스승과 제자로 교류했어요. 이때 김정희는 자신의 호를 완당(阮堂)이라고 정했어요. 또 다른 인연은 옹방강이었어요. 그는 당시 78세의 노학자였지만, 24살이었던 김정희와 열띤 학문 토론을 벌였어요. 마치 나이 많은 교수님과 대학생이 학문을 토론하는 모습과 같았죠. 옹방강은 생애 마지막까지 김정희와 편지를 주고받으며 학문적 교류를 이어 갔어요. 김정희가 학문에 대해 질문하면, 그에 대한 답을 써서 보냈는데, 남아 있는 편지 한 편이 20장 이상일 정도로 깊이 있는 학문 교류였어요. 이러한 학문적 교류 덕분에 청나라에서도 이미 김정희는 뛰어난 조선의 학자로 알려져 있었어요.

김정희는 청의 학자들과 교류를 통해 고증학이라는 새로운 학풍을 이루었고, 그중에서도 금석고증학 연구는 독보적이었어요. 그가 1816년(순조 16년, 31세) 북한산 진흥왕 순수비를 발견하고 고증한 것이 대표적이에요. 이후 과거에 합격한 후 50살까지 여러 관직을 거치면서 성균관대사성, 병조참판 등을 지내는 출세의 길을 걸었어요. 그런데 1830년에 김정희의 아버지가 윤상도 옥사 사건에 연루되어 유배당했어요. 1840년에 다시 이 사건이 거론되면서 김정희도 연루되어 고초를 겪었고, 조인영의 도움으로 목숨은 건졌지만, 제주도로 유배되었어요. 그리고 제주도에서 9년 가까운 시간을 보내게 되었어요. 그 뒤에도 다시 정쟁에 휘말려 1년여 북청에 유배되었다가 돌아온 후에는 과천에 있는 초당으로 옮겨 제자들을 가르쳤어요.

　김정희는《조선왕조실록(朝鮮王朝實錄)》에도 기록이 남아 있어요. 《조선왕조실록》에는 '졸기'라는 부분이 있어요. 특정인의 부고 소식과 함께 사관(역사를 기록하는 벼슬)이 죽은 사람에 대한 세간이나 자신의 평가를 서술하는 부분이에요. 추사는 당시 지위는 높지 않았으나 학자나 예술가로 인정받았기에 그 기록이 남아 있어요.[20] 내용을 살펴보면, 어린 시절에는 총명하고 영특해 공부를 잘했고, 여러 서예 서체를 모두 통달하며 최고의 경지에 이르렀어요. 젊은 시절에는 매우 뛰어나 평탄한 시간을 보냈으나, 중년 이후에는 귀양살이하며 힘겨운 시간을 보냈어요. 이런 모습은 송나라의 유명한 문인이자 정치가, 사상가였던 소식과 비견되기도 해요. (*현재《조선왕조실록》의 기록은 인터넷(https://sillok.history.go.kr/main/main.do)으로 누구나 찾아볼 수 있어요. 원본과 뜻풀이가 상세하게 설명되어 있어요.)

추사체와 김정희의 공부법

　김정희는 제주도에서 귀양살이하게 된 9년 동안 학문 연구와 글씨 연습에 몰두해요. 그리고 끊임없는 노력과 글씨 연습으로 추사체를 완성해요. 정신적인 부분을 강조하며, 그림 같되, 글씨의 본분을 잊지 않는 서체를 추구했어요. 추사체는 중국의 서체를 바탕으로 하되, 한국의 전통적인 문화와 철학을 반영한 독자적인 스타일의 서체로 평가받고 있어요.

　박지원의 손자인 박규수(1807~1877)는 김정희의 추사체 변천에 관한 글을《환재집(瓛齋集)》에 남겼어요. 이 글에는 김정희의 글씨체가 초년, 중년, 말년으로 가면서 어떻게 변화했는지가 서술되어 있어요. 박규수는 김정희가 타고난 천재가 아니라, 부단한 수련과 연찬을 통해 추사체를 완성했다는 점을 강조했어요. 추사체가 탄생한 과정을 살펴보면, 김정희가 자신만의 글씨체를 완성하는 과정에서 열심히 노력한 흔적을 따라갈 수 있어요. 그는 명필들의 서체를 깊이 연구하고 완전히 자신의 것으로 만든 후에 끊임없는 연습과 시도를 통해 온전한 자기만의 서체를 완성했어요.

김정희가 발견한 진흥왕 순수비

김정희는 금석학에 조예(학문, 예술, 기술 따위의 분야에 대해 가지고 있는 깊은 지식)가 깊었어요. 금석문은 쇠붙이나 돌로 만든 비석에 새겨진 글자고, 금석문을 토대로 학술적 연구를 하는 것을 금석학이라고 해요.

1816년 더운 여름, 김정희는 친구와 함께 북한산 비봉 정상에서 비석을 발견했어요. 그때까지 이 비석은 이성계가 조선을 세울 때 큰 역할을 한 무학대사가 세운 것으로 알려져 있었어요. 그러나 김정희는 비석의 글을 해석해, 이 비석이 신라 진흥왕이 세운 것임을 밝혀냈어요. 진흥왕이 한강을 차지하고 이를 기념하기 위해 세운 신라 진흥왕 북한산 순수비의 실체를 밝혀낸 것이죠. '순수(巡狩)'란 왕이 나라 안을 살피면서 돌아다닌다는 뜻이에요. 이를 계기로 김정희는 옛 비석을 찾아 전국을 돌아다녔어요. 그리고 오래된 비석의 글씨를 탁본해, 그 안에 담긴 이야기와 역사를 드러냈죠. 이 덕분에 진흥왕 때 신라의 모습을 엿볼 수 있게 되었고, 우리 역사를 더욱 깊고 촘촘하게 이해할 수 있게 되었어요.

돌고 돌아온 〈세한도〉

청나라 연구를 하던 일본 학자 후지쓰카 치카시는 자신이 하던 연구를 접고, 김정희와 청 학자들의 학문적 교류를 주제로 논문을 써서 도쿄대 박사학위를 받았어요. 그는 〈세한도〉를 비롯한 추사의 작품 수천 점을 수집한 컬렉터이자 연구자였어요. 박사논문을 완성한 후 일본으로 돌아갈 때, 〈세한도〉를 포함해 자신이 모았던 추사의 서화와 관련 자료 수천 점을 모두 일본으로 가져갔어요.

이 소식을 들은 서예가이자 고서화 수집가였던 소전 손재형은 거금을 마련해 일본으로 〈세한도〉를 찾아 떠났어요. 당시 태평양전쟁이 한창이던 시기라 도쿄는 매우 혼란스러웠어요. 손재형은 후지쓰카의 집을 매일 찾아가 "〈세한도〉는 조선 땅에 있어야 합니다. 저에게 작품을 넘겨주십시오."라고 간청했어요. 결국 손재형이 거액을 지급하고, 〈세한도〉를 포함한 추사의 그림 7점을 되찾아 왔어요.

한국으로 돌아온 손재형은 민족대표 33인 중 한 사람이었던 오세창, 독립운동가이자 초대 부통령이었던 이시영, 독립운동가이자 국학자인 정인보에게 그림을 보여 주고 찬문을 받았어요. 바로 이때 우리나라 3명의 제발이 추가된 거예요. 추사의 인생만큼이나, 〈세한도〉도 어렵게 다시 우리나라로 돌아왔어요.

한 폭의 겨울 풍경에서 시작된 〈세한도〉는, 제주 유배지에서의 외로운 마음, 스승과 제자 사이의 변치 않는 정, 청나라 문인들의 찬시와 조선 학자들의 제발, 그리고 일제강점기와 전쟁을 거쳐 다시 돌아온 사연까지 수많은 이야기가 켜켜이 더해진 작품이 되었어요.

그래서 많은 사람들은 수많은 문인화 속에서도 〈세한도〉를 가장 특별한 그림 가운데 하나로 꼽아요. 단순한 겨울 풍경이 아니라, 어려운 시절에도 꺾이지 않는 사람들의 지조와 우정을 담은 상징처럼 느껴지기 때문일지도 모릅니다. 여러분이라면 이 그림에서 어떤 점이 특히 마음에 남는지, 그리고 무엇이 여러분 자신의 '세한의 겨울'을 버티게 해 주는지 한번 생각해 보세요.

15

이중섭 〈흰 소〉
순수한 영혼과 뜨거운 열정으로 창조한 한국미

명화가 묻다

〈흰 소〉를 그린 화가는 무엇을 그리워했을까?

〈흰 소〉, 30cm×41.7cm, 홍익대학교 박물관

〈흰 소〉에 그려진 소는 흰색과 검은색이 섞인 모습인데, 흰색이 상징하는 부분이 있을까요? 소의 몸에서 넓고 튼튼한 어깨가 눈에 띄네요. 힘이 엄청나게 셀 것 같아요. 등 부분은 근육처럼 강한 붓질로 표현되어 있어요. 소의 눈은 크고 둥글며, 눈동자는 검은색이에요. 뭔가 주의 깊게 바라보는 느낌이에요. 소의 다리는 굵고 짧은 편이에요. 발굽이 뚜렷하게 그려져 있어서, 단단히 서 있는 느낌이 들어요. 소의 털은 만져 보면 부드러울까요, 거칠까요? 이중섭의 〈흰 소〉에 관해 하나씩 알아보아요.

흰색은 흔히 순수함과 평화, 희망을 떠올리게 하는 색이에요. 이중섭은 우리 농촌에서 쉽게 만날 수 있는 소를 통해 순수한 삶과 그리움을 표현하고 싶었을지도 몰라요. 검은색과 흰색이 섞여 있지만, 몸통의 전반이 밝은색으로 표현되어 있어 '흰 소'라는 이름이 잘 어울려요. 굵은 붓질의 선으로 표현된 소의 힘이 느껴져요. 누런 황소보다 어깨가 넓고 튼튼해서 더 강인한 모습이 느껴지죠.

소의 크고 둥근 눈은 화폭 밖의 우리를 바라보는 느낌이에요. 소의 털은 붓질 방향을 따라 털의 결이 부드럽게 흐르는 듯한 느낌이 들고, 배경에는 땅과 하늘이 단순하게 표현되어 있어요. 넓고 평화로운 땅 위에 굵고 단단한 다리로 곧게 서 있는, 힘 있는 모습이 느껴지는 〈흰 소〉예요. 소는 보는 사람에 따라 조금 외로워 보이기도 하고, 든든한 버팀목처럼 느껴지기도 할 거예요.

이중섭의 스승 임용련은 그림에서 스케치의 중요성을 강조했고, 주변을 잘 관찰하라고 조언했어요. 그래서 이중섭은 논밭에서 볼 수 있었던 소를 오래 바라보고, 스케치 연습을 많이 했어요. 소는 작가 자신이기도 하고, 고향과 농촌의 삶을 떠올리는 상징적인 동물이기도 해요. 힘과 생명력의 상징인 소는, 한국전쟁과 그 고통 속에서도 끝까지 살아남는 인간의 끈질긴 생명력을 떠올리게 하기도 하죠. 소는 크고 맑은 눈에 선한 모습을 지닌 성실함의 표본으로 상징되죠. 농경사회였던 우리나라에서 소는 생활과 아주 밀접하게 연결된 동물이었어요. 묵묵히 자신의 역할을 하고 끈질긴 생명력을 보여 주는 소의 모습은, 이중섭이 살았던 시대의 사람들과도 닮아 있어요.

이중섭은 소 그림을 많이 남겼어요. 그가 살았던 시대는 일제강점기를 지나 6·25 전쟁이 일어난 시기로, 우리에게도 매우 힘들고 고통스러운 시기였어요. 힘든 시기에도 고된 노동을 묵묵히 감내하는 소의 모습으로, 우리 민족의 강인함과 불굴의 의지를 표현하고 있다고 많은 평론가가 이야기해요. 소가 이중섭 자신을 투영하고 있다고 보기도 해요.

소 그림의 역동적인 구도와 힘 있는 붓 터치는 이중섭의 탁월한 재능과 표현력을 잘 보여 줘요. 그의 독창적인 화풍을 실현하게 해 주는 기반이 되기도 했지요. 어린 시절부터 가까이에서 지켜본 소를 통해 자신을 표현했고, 자기 생각을 펼쳤던 화가 이중섭에게, 소는 단순한 동물을 넘어선 존재였을 거예요.

전쟁과 분단의 시기

이중섭이 태어나 자란 시기는 일제강점기였어요. 일제강점기가 지난 지 얼마 안 되어 6·25 전쟁이 일어났어요. 그의 집안은 매우 부유했기 때문에 그는 당시 일본으로 유학 갈 수 있었어요. 하지만 우리나라가 남과 북으로 나뉘면서 이중섭의 집안은 많은 어려움을 겪었어요. 재산을 몰수당했고, 형은 어느 날 행방불명이 되었어요. 이중섭이 남한으로 피난을 오게 된 가장 큰 이유는 큰아들을 잃은 어머니가 둘째 아들마저 잃을 수 없었기 때문이에요. 어머니는 이중섭을 피난 보내며 아들을 지키고자 했어요. 하지만 그 피난길이 어머니와 형수와 만나는 마지막 길이 되었어요.

6·25 전쟁으로 국토는 황폐해졌어요. 사람들의 삶도 매우 어렵고 가난했어요. 전쟁 중에는 돈을 벌 수 있는 일도 많지 않았고, 살 곳 없는 사람이 수용소와 거리에 넘쳐 났어요. 많은 사람이 전쟁으로 다치고, 먹을거리는 부족했어요. 그는 전쟁과 가난 속에서도 가족을 생각하며 그림을 그리고, 예술에 대한 열정을 이어 갔어요.

이중섭(1916~1956)

　이중섭은 평안남도 평원의 부유한 집에서 태어나 편안한 유년 시절을 보냈어요. 그는 오산학교에서 임용련 선생님에게 미술 교육을 받았어요. 임용련은 예일대에서 서양미술을 전공하고 활동하던 중, 조국에 보탬이 되고자 돌아와 오산학교에서 학생들을 가르쳤던 서양화가였어요. 오산학교는 민족운동의 인재를 길너 내기 위해 설립된 학교였고, 당시 교장이던 조만식 선생님은 독립운동가였어요. 이중섭은 자연스럽게 민족과 독립에 대해 많이 고민했을 거예요.

　이중섭은 일본 유학 중 평생의 연인이자 일본인 부인인 이남덕(마사코)을 만나 결혼했어요. 하지만 1950년 한국전쟁이 발발하자 조카와 가족을 데리고 남쪽으로 피난을 떠났어요. 고향에 남아 있던 어머니와 가족을 곧 다시 만날 수 있을 거로 생각했어요.

　부산으로 피난 온 사람이 너무 많아 머물 곳을 찾기 어려워지자, 가족과 함께 제주도로 가게 되었어요. 제주도에서 한 친절한 사람이 집 한 칸을 내어주었지만, 여전히 생활은 힘들었어요. 그래도 가족과 함께한 시간이었기에 이중섭은 행복했어요. 그의 그림에는 그 시절의 행복이 고스란히 담겨 있어요. 그러나 전쟁 중이라 생활이 어려웠고, 그림 재료를 살 돈도 없었어요. 그래서 그는 담뱃갑의 은박지, 찢어진 종이, 편지 등에 그림을 그리며 창작을 이어 갔어요. 이중섭은 생활고가 심해지자 다시 부산으로 돌아와 일했지만, 상황은 여전히 나아지지 않았어요. 아들이 아팠지만, 치료할 돈이 없었고 그 와중에 장인의 부고를 듣게 되었어요. 결국 그는 아내와 두 아들을 일본으로 보내며 곧 따라가겠다고 약속했어요.

이중섭은 전시회가 성공하면 일본에 있는 가족과 다시 만날 수 있을 거라는 희망을 품고 작품 활동에 매진했어요. 그는 통영에서 전시회를 성공적으로 마무리하고, 서울에서의 전시를 준비했어요. 하지만 전시에서 많은 작품이 팔렸는데도 실제로 돈을 받지 못했어요. 대구 전시에서는 그의 그림이 저급한 춘화라는 오명을 받아 반품되는 일도 있었어요. 이중섭은 가족을 만나고자 했던 꿈이 좌절되면서 깊은 절망에 빠졌고, 결국 정신병을 앓게 되어 병원에 입원하게 되었어요. 그는 여러 차례 입·퇴원을 반복하다가 적십자 병원에서 무연고자로 쓸쓸히 세상을 떠났어요. 그때 이중섭의 나이는 겨우 40세였어요. 친구들이 뒤늦게 소식을 듣고 장례를 치렀어요. 짧은 생애를 살았던 이중섭이 남긴 작품들은 지금까지도 많은 사람에게 사랑받고 있어요. 그의 삶과 예술은 고흐와 자주 비교되며 비운의 천재 화가로 불리고 있어요.

은지화

일반적으로 그림을 도화지나 스케치북에 그리죠. 그런데 이중섭이 살았던 시대에는 전쟁이 나서 너무 어려웠어요. 이중섭도 전쟁으로 모든 것을 버리고 피난을 떠났으니까요. 이런 힘든 환경에서도 이중섭은 담뱃갑 은박지나 초콜릿을 싼 은박지에 그림을 그렸어요. 은박지에 날카로운 송곳 같은 것으로 밑그림을 그리고 상감 기법처럼 송곳으로 은박지를 패게 해 패인 부분에 물감이 배도록 그림을 그렸어요. 이런 은지화(은박지에 그려진 그림)가 지금 300점 정도 남아 있다고 해요. 그림

이중섭의 은지화

도구를 구하기 힘든 어려운 환경에서도 끊임없이 새로운 재료와 도구를 이용해 그림 그리기를 이어 간 그의 도전정신을 엿볼 수 있어요.

편지에 담은 그리움

이중섭은 그림일기를 쓰는 것처럼 그림을 그려서 편지지를 알록달록 꾸몄어요. 보고 싶어 했던 아내도 그리고, 두 아들도 그렸어요. 그는 가족과 떨어져 지내는 동안 정말 많은 편지를 보냈어요. 사랑하는 아내와 두 아들에게 자신의 마음과 사랑하는 감정을 담뿍 담아 편지를 썼고, 그림도 함께 그려 보냈죠. 떨어져 보내는 시간이 길어질수록 서로 걱정하고 안부를 묻는 내용으로 가득 찬 편지를 보내면서 가족에 대한 그리움을 전했어요.

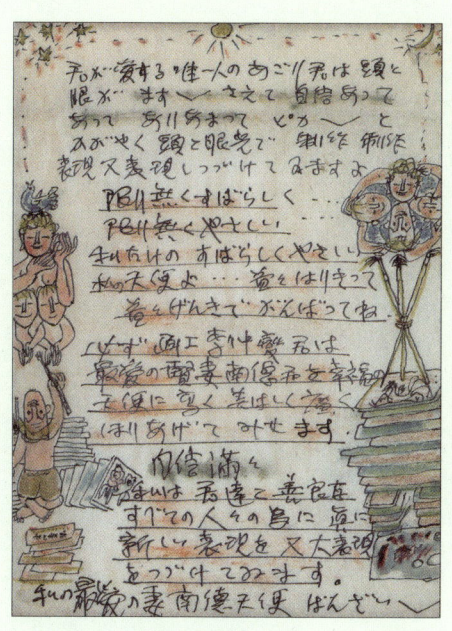
이중섭의 편지

  전쟁과 가난, 가족과의 이별을 겪으면서도 이중섭이 계속해서 '소'
를 그렸다는 사실을 떠올려 보면, 〈흰 소〉를 그린 화가는, 이 그림에서
무엇을 가장 그리워하고 있었을지 궁금해집니다. 이중섭이 그리워한
것은 고향의 들판이었을까요, 함께 살던 가족의 얼굴이었을까요, 아니
면 잃어버린 평화로운 일상이었을까요. 한 가지로 답하기 어렵지만,
분명한 건 소 한 마리를 통해 자신이 사랑했던 것들, 다시 돌아가고 싶
은 세계를 붙잡아 보려 했다는 점이에요. 여러분이라면 지금 그리운
것이 무엇이고, 어떻게 그리고 싶은지 떠올리면서 〈흰 소〉를 다시 감
상해 보세요.

서양화

알타미라·라스코 동굴벽화

동굴 속에서 만나는 인류의 기원

사람들은 언제부터 그림을 그렸을까?

알타미라 동굴벽화, 크기 미상(길이 약 270m 동굴의 벽화)

명화를 탐구하다

지금으로부터 약 2만 년 전, 어두운 동굴 벽에 이런 그림들이 그려졌습니다. 스페인 알타미라 동굴과 프랑스 라스코 동굴에는 소, 말 등 동물이 그려졌습니다. 이 그림들은 누가 그린 걸까요? 왜 사람들이 동굴 벽에 이런 그림을 그렸을까요? 그림에는 색도 칠해져 있습니다. 그 색은 어떻게 만들었고, 어떤 도구로 그렸을까요? 그림의 크기는 얼마나 될까요? 어두운 동굴 안에 플래시를 들고 들어갔을 때 이런 그림들과 마주친다면 어떤 느낌일까요? 만약 여러분이 동굴벽화를 그린다면, 어떤 그림을 그리고 싶나요? 그림을 남기고 싶은 이유는 무엇일지, 신석기 시대에 그려진 동굴벽화에 대해 알아봅시다.

이 그림은 알타미라 동굴의 천장에서 발견된 그림 중 하나인 들소입니다. 붉은 털, 날카로운 뿔과 도드라진 근육, 부릅뜬 눈과 갈라진 발굽까지. 한눈에도 들소임을 금방 알아챌 수 있을 만큼 생생한 모습으로 그려져 있어요. 지금으로부터 2만여 년 전에 살았던 사람들이 동굴에 이런 그림을 남겼어요.

알타미라 동굴
천장의 들소

프랑스 라스코 동굴 천장에 수많은 동물 그림이 그려져 있어요. 오록스, 말, 사슴, 황소 등의 동물과 인물, 추상적인 기호 등 6000여 개의 형상이 있어요. 이 중에 900종 이상이 동물로 추측돼요. 정말 어마어마하죠? 말이 제일 많고, 그다음이 사슴, 오록스, 아이벡스, 들소 순으로 많이 발견되었어요. 그중 황소 그림 하나는 그 길이가 5.2미터나 됩니다. 고르지 않은 동굴 벽면의 모서리와 곡선을 사용해 그림을 구성해서 입체감이 느껴져요. 동물이 생동적으로 움직이는 듯 다가와요.

동굴벽화는 왜 유명한 것일까?

동굴벽화는 기원전 2만 년 전 인류 최초의 그림이라서 유명하기도 하지만, 그림 발견 전에 학자들은 신석기 시대와 구석기 시대에는 그림을 그리는 문화가 없었을 것으로 생각했어요. 그러나 이 그림이 발견되고 제작 연도를 추정하고 나서, 이때도 이런 문화가 있다는 사실을 확인할 수 있었기에 더 의미가 컸죠. 구석기 시대 생활 모습을 추측할 수 있게 되었으니까요.

동굴벽화를 통해 당시 사람들 생각도 알 수 있어요. 동굴벽화의 그림은 진짜같이 생생해서 실감이 나요. 반면에 신석기 빗살무늬 토기의 문양은 선으로 그린 모양이 단순하죠. 하지만 오히려 단순하게 그리는 일은 인간의 추상적 사고와 연결돼요. 추상적 사고는 동물을 인식하고 그 동물을 그리는 것보다 훨씬 고도의 사고 능력이죠. 미술사학자 에른스트 곰브리치는 구석기인이 개념적 사유를 하지 못했기 때문에 이렇게 사실적인 그림을 그릴 수 있다고 설명하기도 해요. 신석기 시대에 만들어진 빗살무늬 토기는 추상성을 갖는 형태이지만, 그 이전인 구석기 시대에는 본 대로 그리는 사실적인 그림이 주를 이루었던 거예요.

전 세계 곳곳에서 동굴벽화가 발굴되고 있어요. 프랑스 쇼베 동굴벽화, 인도네시아 보르네오섬 루방 제리지 살레 동굴벽화, 아프리카 블롬보스 동굴벽화 등이 발견되었죠.

동굴벽화가 세상에 알려진 해프닝

알타미라 동굴벽화는 1879년에 아마추어 고고학자 사우투올라(1831~1888)가 발굴했어요. 그의 딸 마리아가 어른이 들어가기 힘든 낮은 천장에 그림을 보고 "아빠, 소예요. 소!"라고 외쳤어요. 사람들은 세상에서 가장 오래된 벽화 발견자라는 명예를 얻기 위해 사우투올라가 몰래 예술가를 고용해서 그럴듯하게 그려서 사기를 치는 거로 생각했어요. 구석기 시대의 그림이라고 하기에는 너무 진짜 같고, 깨끗하고 선명하게 남아 있던 거죠. 그 당시 유물 발굴 관련 사기 행각이 많기도 했대요. 그러나 여러 조사 결과 알타미라 동굴벽화는 발견된 지 20여 년이 지난 1902년에야 진짜임을 인정받았어요.

라스코 동굴벽화는 1940년 마을 소년이 자신이 잃어버린 개를 찾다가 우연히 발견했어요. 땅을 파는 강아지가 발견한 동굴과 그 안쪽에 그림들이 그려져 있다는 것을 알게 되었죠. 발굴 작업을 마치고 언론에서 취재할 때는 천장에 그려진 동굴벽화를 담기 위해 고개를 야릇하게 이상한 자세로 사진을 찍는 사진사들의 모습이 재미있게 소개되기도 했어요.

그런데 전 세계에서 너무 많은 관광객이 몰려와, 동굴벽화는 빠르게 훼손되기 시작했어요. 현재는 보존을 위해 근처에 비슷한 공간을 만들어 복제한 벽화를 전시하고 있어요.

동굴에 동물을 그린 이유

굽이굽이 어두운 동굴에 횃불을 들고 열심히 그림을 그린 이유가 뭘까요? 동굴을 꾸미고 싶어서, 그냥 심심해서, 재미 삼아, 사냥했다는 사실을 기록하고 싶은 마음에 등등 여러 이유를 생각할 수 있을 텐데요. 선사시대 사람들이 동굴에 그림을 남긴 이유에 대해서 여러 가설이 있어요. 가설을 하나씩 확인하면서 동굴 그림을 그린 이유를 짐작해 보아요.

동굴을 꾸미기 위해서 그렸다면 동물 말고 꽃이나 나무를 그릴 수도 있지 않았을까요? 재미 삼아 그렸다면 함께한 사람이나 놀이 풍경 뭐 이런 것을 그릴 수 있지 않았을까요? 사냥을 기록하는 것이 목적이었다면 쉽게 잡을 수 있는 작은 동물이나 새, 물고기 그림을 그리지 않았을까요?

이런 생각을 종합해서 전문가들은 잡기 힘든 큰 동물을 잡고자 하는 염원을 담았을 것이라고 보아요. 동굴 그림을 그린 가장 유력한 이유로 주술적 목적을 들고 있죠. 한번 사냥하면 많은 사람이 배불리 먹을 수 있는 큰 동물을 잡고자 하는 바람을 담은 그림이었을 것이라는 주장이 설득력이 있어요. 벽화 그림에는 패인 돌 자국이 남아 있기도 해요. 누군가 돌을 던져 이 그림을 맞추었다는 것을 알 수 있죠. 그림에 돌을 던져 맞춘 이유는 무엇일까요? 귀하고 많은 사람에게 보여 주기 위한 목적이었다면 돌을 던질 수 있었을까요? 당시 사람들은 실제 자신보다 더 큰 동물을 사냥하기에 앞서 그림에 돌을 던져 연습하기도 하고, 큰 동물을 잡을 수 있다는 자신감도 키웠던 것으로 추측되고 있어요.

　지금으로부터 2만여 년 전인 선사시대에 그린 그림에는 놀랍게도 색칠이 되어 있어요. 어떤 동굴벽화는 벽화의 자연적 구조를 활용해 벽이 튀어나온 부분을 이용해 입체감을 느낄 수 있도록 그렸고, 여러 색을 사용했어요. 또 다른 동굴벽화에는 빨간색, 노란색, 검은색, 황갈색 등이 사용되었어요. 자연물을 물감으로 이용했어요. 나무나 벼를 태운 재나 산화 흙, 붉은색 돌, 이산화망간, 갈철석, 동물의 피 등이 물감으로 사용되었을 것으로 추측되고 있어요. 이런 재료로 흑백이 아닌 색을 칠한 벽화가 완성된 거예요.

선사시대

　역사책에는 선사시대(先史時代)라는 표현이 자주 등장해요. 선사시대라는 말을 풀어 보면 먼저 선(先), 역사 사(史), 그러니까 역사 이전의 시대라는 뜻이에요. 역사 이전이란 기록을 남기기 이전의 시대를 말해요. 일반적으로 선사시대는 구석기, 신석기, 청동기, 철기 시대까지를 일컫는데, 앞에서 살펴본 두 동굴벽화는 모두 구석기 시대 모습을 잘 나타내고 있어요. 여기서 구석기와 신석기란 그 당시 사람들이 사용했던 도구로 시대를 구분하는 것이에요. 석기, 즉 돌을 사용했는데, 돌을 깨거나 때려서 만든 무기를 사용하던 시대를 구석기라고 하고, 이보다 좀 더 정교하게 돌을 갈아서 무기를 만들었던 시대를 신석기라고 해요. 알타미라 동굴벽화와 라스코 동굴벽화는 모두 구석기 시대 중에서도 후기 구석기 시대에 만들어진 것으로 추정되고 있어요.

구석기 시대

알타미라 동굴벽화와 라스코 동굴벽화는 모두 구석기 시대 후기에 그려진 동굴벽화예요. 구석기 시대는 인류가 돌을 깨뜨려 도구를 만들어 사용하던 시기로서 신석기 시대가 시작되기 이전까지를 말해요. 돌을 깨뜨려 만든 석기를 '깬 석기'(타제석기)라고 하는데, 타제석기를 쓰던 시대가 구석기 시대죠. 나무의 열매를 따고 뿌리를 캐거나 들짐승을 잡고 물고기를 낚아서 먹었어요. 이때 사용했던 대표적인 유물이 주먹도끼예요. 주먹도끼는 일반 돌에 비해 날카롭게 만들어져 짐승의 가죽을 벗기거나 나무를 자르는 데도 사용되었어요. 후기 구석기 시대가 되면 더 작고 정교한 석기를 제작하였는데, 슴베찌르게 같은 도구가 대표적이에요. 그리고 석기뿐만 아니라 조각도를 이용해 많은 뼈연모(골각기)도 만들어 사용하였죠. 돌을 이용해 만든 도구인 석기를 사용하던 시기를 통틀어 석기시대라고 하고, 석기시대는 다시 구석기 시대와 신석기 시기로 나뉘어요.

신석기 시대

구석기 시대에 사용했던 돌이 돌을 떼어내어 사용했다면, 신석기는 돌을 갈아서 날카롭게 만들어 사용했어요. 갈아서 만든 도구를 '간석기'(마제석기)라고도 해요. 돌을 날카롭게 만들면서 좀 더 다양한 형태와 용도를 갖는 도구를 만들 수 있게 되었어요. 그만큼 사냥이나 물고기잡이 등에서 도구를 사용해 더 많은 식량을 얻을 수 있었죠. 토기(흙으로 만든 그릇)를 만들어 사용한 점도 구석기 시대보다 발전한 신석기 시대의 특징이에요. 신석기 시대에는 정주 생활(한곳에서 정착해 생활)하고 농사를 짓기 시작하였으며 가축을 길렀어요. 우리나라의 대표적인 신석기 문화 유적인 암사동 유적을 살펴보면, 한강 변에 위치해서 물고기도 잡고, 원형의 움집도 만들어 정착해 살았던 것으로 추정할 수 있어요. 알타미라와 라스코의 동굴벽화는 구석기 사람들이 색을 만들고, 동굴 깊은 곳까지 들어가 그림을 남겼다는 사실을 보여 줘요. '사람들은 언제부터 그림을 그렸을까?'라는 질문은 그래서 여전히 열려 있어요. 그림을 남긴다는 건, 결국 무엇을 붙잡아 두려는 것일까요?

17

이집트 사자의 서

영혼의 내비게이션

왜 이집트 사람들은 관에 그림을 넣었을까?

사자의 서, 길이 약 67cm, 폭 약 42cm, 대영박물관

명화를 탐구하다

　이집트 하면 어떤 것이 떠오르나요? 미라, 투탕카멘의 황금 가면, 스핑크스, 피라미드 같은 신비로운 유물과 유적이 먼저 생각날 거예요. 사자(死者)의 서(書)는 이집트의 어느 무덤에서 발견된 아주 오래된 그림이에요. 이 그림은 기원전 1275년에 만들어졌으니, 지금으로부터 3300년 전 작품이에요. 세로는 39.8센티미터, 가로는 무려 5.5미터나 되는 정말 길죠. 이렇게 긴 그림이 어떻게 관 안에 들어 있었을까요?

　그림 속에는 어떤 이야기가 담겨 있을까요? 고려 무덤 벽화처럼 죽은 사람과 아내, 집을 그린 것일까요? 그림 위쪽에는 무릎을 꿇고 앉은 사람이 많이 보여요. 이 사람들은 누구일까요? 그림 위쪽에는 무릎을 꿇고 앉은 사람이 많이 보여요. 저 사람들은 누구일까요? 왼쪽 가운데엔 커다란 저울이 보이고, 괴물처럼 생긴 존재도 있어요. 무엇을 재고 있는 걸까요? 오른쪽 아래에는 녹색 얼굴을 가진 신이 의자에 앉아 있고, 그 사람 앞에는 작은 인물들과 새의 얼굴을 한 사람이 손짓하고 있어요. 이 그림은 도대체 어떤 이야기를 들려주고 있는 걸까요?

사자의 서는 고대 이집트 사람들이 믿었던 사후세계에 관한 내용을 담은 문서로, 미라와 함께 관 속에 넣어 두었던 중요한 유물입니다. 여기에는 사자 즉 죽은 사람이 오시리스의 심판을 통과해 영원한 삶을 얻기 위해 알아야 할 약 190개의 주문이 담겨 있어요. 우리가 아는 책의 형태와는 다르게 사자의 서는 파피루스나 벽화 형식으로 다양한 그림과 글이 담겨 미라 근처에 두었어요. 그 내용의 많은 부분이 해석되었지만, 아직 해석되지 않은 부분도 남아 있어요.

후네페르의 파피루스는 보존 상태가 매우 좋아 자주 인용되며, 그 내용 중 일부가 사자의 서에 기록돼 있어요. 사자의 서는 크게 세 부분으로 나눠 볼 수 있는데, 윗부분에는 이집트의 여러 신이 그려져 있어요. 이집트는 여러 신을 믿었고, 각각의 신은 다른 상징물을 가지고 있어요. 그림의 아래는 크게 두 부분으로 나눠지는데, 왼쪽에는 사자의 심장 무게를 재는 장면이, 오른쪽에는 오시리스가 사자를 심판하는 장면이 그려져 있어요. 하나씩 살펴볼게요.

죽은 사람의 심장을 재는 장면

사자의 심장 무게를 재는 의식을 그린 부분이 사자의 서에서 넓은 면적을 차지하고 있죠. 오시리스는 죽은 사람을 심판하는 역할을 맡고 있어요. 오시리스의 축복을 받으면 영원한 삶을 얻고, 사후세계에서 신들과 함께 살 수 있게 돼요. 오시리스 뒤에는 그의 아내인 이시스와 네프티스가 그려져 있어요. 호루스는 사후세계에서 오시리스를 대신해 지상 세계의 왕이 되는 모습으로 나타나요.

심장의 무게를 재는 의식에서는 죽은 사람의 심장과 마아트의 깃털을 비교해 무게를 재요. 마아트의 깃털은 진리와 정의를 상징하고, 만약 심장이 깃털보다 무겁다면 괴수 암무트에게 잡아먹히게 돼요. 암무트는 저울을 재는 아누비스 신 옆에 있어요. 이집트인들은 심장이 영혼과 행위를 담고 있다고 믿었어요. 그래서 심장의 무게를 재는 의식은 사람의 삶과 진리, 정의를 비교하는 상징적인 행위였어요. 이 의식은 사후세계로 가기 위한 최후의 심판 같은 것이에요. 이 모든 과정을 거친 사람만이 부활할 자격을 얻는다고 믿었죠. 심장이 깃털보다 무겁다면, 사후세계로 가지 못하고 영혼은 이승에서 떠도는 것으로 여겨졌어요.

심판을 피하는 주문

재미있는 점은 사자의 서에 심판을 피할 수 있는 주문도 있다는 거예요. 예를 들어, '심판하는 날에 사실 그대로 말하지 말라'라는 주문이 있는데, 이는 죄를 지은 사람이 신들을 속여야 사후세계를 꿈꿀 수 있다는 믿음에서 나온 것이에요. 이집트인들은 죽음 이후의 세계를 강하게 믿었어요. 그들은 죽은 사람의 영혼이 시신에 머문다고 생각했기 때문에, 미라로 시신을 보존했어요. 이집트 미라가 어떻게 잘 보존되었을까요? 이집트의 더운 날씨에서도 미라가 잘 보존될 수 있었던 이유는 수분 제거와 해충 방지 때문이었어요.

고대 이집트의 미라 제작 과정

　고대 그리스 역사학자 헤로도토스에 따르면 미라 제작 과정은 다음과 같아요. 미라를 만들 때 가장 중요한 것은 시신에서 수분을 제거하는 것이었어요. 먼저, 내장을 꺼내어 시신을 깨끗이 씻고, 향신료로 채워 넣었죠. 꺼낸 내장은 카토푸스라는 특수한 병에 보관하기도 했고, 일부는 다시 미라에 넣기도 했어요. 뇌는 중요하게 생각하지 않았고, 오히려 심장은 시신에 그대로 남겨 두었어요. 이집트인들은 심장이 사람의 생각과 감정을 주관한다고 믿었기 때문에, 미라에는 심장이 남겨졌어요. 그 후에 시신에 부적을 놓고 소금으로 탈수시켜 수분을 제거하고, 아마천으로 정성스럽게 싸서 보존했어요. 그리고 나무로 만든 사람 모양의 관에 안치시켰죠. 이집트에서 시신을 미라로 만드는 이유는 죽은 자가 다시 살아날 때를 대비하기 위해서였어요. 다시 태어날 때 생활할 수 있도록 육체를 보존하려고 했던 거죠.

나일강과 이집트 문명

기원전 3000년 전(지금으로부터 약 5000년 전) 이집트에 어떻게 이렇게 거대한 왕국이 이룩될 수 있었을까요? 이집트는 나일강 덕분에 농업이 발달할 수 있었어요. 고대 그리스 역사학자 헤로도토스는 "이집트는 나일강의 선물"이라고 말할 정도였죠.

나일강은 아프리카 동북부를 흘러 지중해로 흘러드는 강이에요. 길이가 대략 6650킬로미터로 세계에서 가장 긴 강으로 알려져 있죠. 그런데 이집트는 나일강 하류에 자리 잡고 있었는데, 나일강 하류에 있는 이집트는 연간 강수량이 매우 적고 몇 년간 비가 내리지 않기도 해요. 비가 오지 않으면 농사가 어렵죠. 그런데 나일강 상류는 열대우림 지역이어서 우기에 집중적으로 비가 내리면 그 물이 흘러 내려와 나일강이 범람해요. 비가 많이 오면 강이 범람하는 것은 당연한 일이지만 나일강은 '정기적으로 범람'한다는 점이 특징이에요. 범람의 이유는 에티오피아 고원 지대에서 발생하는 계절성 폭우 때문인데, 봄철에 에티오피아에 폭우가 내리면 5월경부터 청나일강 상류에 홍수가 일어나고, 이 홍수는 6월에 수단 하르툼에 도달하고 9월 아스완, 10월 카이로에 도달하게 됩니다. 11월이 되면 갈수기가 되어 수위가 낮아지는데 갈수기의 수량은 홍수기의 60분의 1에 불과해요.

이런 범람은 영양소가 풍부한 흙을 하류 이집트에 가득 옮겨주고 홍수에 잠겼다가 드러난 땅은 매우 비옥한 땅이 되지요. 이런 땅에 농사를 지으면 작물이 잘 자라고, 7월에 작물을 수확하면 다시 홍수가 내려와서 땅을 비옥하게 해 주는 거예요. 이런 농사짓기 좋은 축복받은 환경에서 이집트 문명이 발달할 수 있었죠. 로마 기록에 의하면 이집트는 농업을 수출하는 국가였다고 해요. 그래서 헤로도토스[1]는 《역사》 2권 14장에서 이렇게 썼어요. "이집트인들은 다른 지역 사람들보다 힘을 덜 들이고 곡식을 수확한다. 쟁기로 밭을 갈거나 힘든 농사일을 할 필요가 없다. 강물이 저절로 흘러 들어와 농경지를 갈아엎고 물러가기만을 기다리면 된다"

이처럼 나일강 농민들은 사실상 씨를 뿌리고 수확만 하면 되었으므로 다른 지역 농민들에 비해 농사일이 쉬웠고 수확기까지 시간적 여유가 많았어요. 여유 있는 시간에 농민들은 국가의 각종 건축 사업 등에 참여해 추가 소득을 얻을 수 있었고, 그래서 이집트는 피라미드를 비롯해 규모가 매우 큰 건축물을 많이 남길 수 있었어요. 그리고 나일강의 주기적인 범람을 예측해야 했기에 이집트는 천문학이 발달했고, 범람에 따라 농토가 변화하기 때문에 이에 대응하기 위한 측량술과 수학도 발달했다고 해요.

이집트의 신

고대 이집트 사람들은 나일강의 범람이 끝난 후 물이 빠지면서 땅이 떠오르는 장면을 우주 창조의 시작으로 여겼어요. 창조신인 아톰이 누트와 게브를 만들어, 누트를 들어 올리면, 그 사이에서 세상이 시작된다고 믿었어요. 게브와 누트는 오시리스, 이시스, 세트, 네프티스를 낳았어요. 그들은 서로 사랑에 빠지기도 했죠. 오시리스와 이시스, 세트와 네프티스는 각각 부부 관계였어요.

오시리스는 이집트의 파라오로서 백성에게 큰 사랑을 받으며 통치했어요. 그러나 동생 세트는 오시리스를 질투했어요. 세트는 오시리스에게 딱 맞는 상자를 만들어 놓고, 연회에 초대한 많은 사람 중에서 그 상자에 맞는 사람에게 선물을 주겠다고 했어요. 많은 사람이 상자에 들어가 보았지만, 아무도 맞지 않았죠. 그때 오시리스가 상자에 들어갔고, 상자에 꼭 맞았어요. 그 순간 세트는 상자를 덮고 나일강에 던져 오시리스를 살해해요. 세트는 그 후 이집트의 왕이 됐죠.

오시리스의 아내 이시스는 그를 찾기 위해 힘든 여정을 떠났고, 마법으로 오시리스를 잠깐 환생시켜 호루스를 낳고 몰래 키웠어요. 성인이 된 호루스는 아버지의 복수를 위해 삼촌 세트와 치열한 전투를 벌여 승리하게 돼요. 호루스는 결국 이집트의 왕이 되죠. 오시리스는 사후세계의 왕이 되어, 사망한 사람들을 심판하고 이끌게 돼요. 호루스는 지상에서 왕이 되고, 오시리스는 저승에서 왕이 된 것이죠.

이집트인들은 죽음 이후에 만날 신이 오시리스라고 믿었어요. 그들을 부활시키는 신은 이시스라고 생각했어요. 그래서 이시스와 오시리스는 매우 중요한 신으로 숭배받았죠. 현실에 있어서 최고 권력자인 파라오는 오시리스의 아들이라고 생각했어요. 오시리스를 잘 경배하면 파라오에게 현실을 잘 다스리는 힘을 준다고 믿었죠.

이집트 예술의 목적

앞서 살펴본 것처럼, 조각이나 그림과 같은 예술은 모두 영원한 삶을 꿈꾸는 이집트인들의 꿈을 실현하는 도구였죠. 아름다움을 나타내기보다는 사물을 완전하게 보존하는 데 중점을 두었어요. 이집트에서 그림을 그리는 데는 엄격한 규칙이 있었죠. 예를 들어 머리는 옆에서, 눈은 정면에서, 팔과 다리는 옆모습, 가슴은 앞에서 본 모습으로 그려야 했죠. 파피루스나 가죽에 그릴 때는 모눈종이처럼 칸이 있어서, 발은 가로로 3칸, 어깨는 아래에서 몇 칸에 그려야 한다는 규칙이 있었어요. 크기는 커질 수 있었지만, 비율은 항상 일정하게 신분에 따라 신분이 높은 사람은 크게, 낮은 사람은 작게 그려야 했고, 남자의 피부는 여자의 피부보다 더 검게 칠해져야 했어요. 조각에도 그 규칙이 적용되었어요. 이집트어로 조각가는 '계속 살아 있게 하는 사람'이라는 의미가 있어요. 사물을 완전하게 보존하려는 목적을 위해, 신체를 명확하게 표현하기 위해 사용된 정면성의 원리는 훗날 피카소에게 영감을 주기도 했어요. 피카소는 대상을 다초점으로 그리며, 대상을 해체해 다시 조합하는 방법을 사용했죠. 이집트 미술도 사물을 완전하게 보여주기 위해 각 부분이 가장 잘 나타나는 모습을 각각 조합해서 표현했어요.

이집트 미술은 엄격한 규칙에 따라 만들어졌기 때문에, 이집트에서 화가[2]가 되려면 오랜 시간 그림을 배우고 익혀야 했어요. 규칙에 따른 이집트 그림은 평면적으로 보일 수 있어요. 그림을 그리기 전에 정확한 계산을 통해 필요한 요소들이 모두 담기도록 했어요. 이집트 미술은 살아있는 사람들을 위한 것이 아니라, 죽은 사람과 신을 위한 것이었기 때문이에요. 죽은 후에 육체가 사라지면 영혼(카)이 머물 곳이 없어진다고 믿었기에, 영혼이 그림과 조각에 머물 것이라 여겼어요. 그래서 신체를 명확하게 표현하는 방법을 찾아 지금과 같은 그림과 조각을 만들게 된 거예요.

영원을 담은 문자

고대 이집트에서 사용된 히에로글리프[3]는 기원전 3500~3300년경에 만들어진 메소포타미아 수메르의 상형문자보다 약 200년 뒤에 만들어졌어요. 히에로글리프는 '신성문자'로 불리며, 사람들에게 중요한 의미를 전달하기 위한 도구였어요. 이 문자 시스템을 해석하는 데 가장 큰 역할을 한 것은 바로 〈로제타석〉이죠. 나폴레옹이 이집트를 원정할 때 발견된 이 비석은 이집트 문자, 데모틱, 그리스 문자로 적혀 있어서, 이를 통해 히에로글리프를 해독할 수 있었죠. 덕분에 이집트 문명의 많은 비밀을 풀 수 있었어요. 고대 이집트 사람들에게 그림과 글자는 죽음 이후를 대비하는 실용적인 기록이었어요.

비문에 새겨진 히에로글리프

그래서 관 속의 미라 곁에도 넣어 두었죠. 만약 '먼 훗날의 나'에게 무언가를 남길 수 있다면, 우리는 어떤 문장이나 이미지를 남기게 될까요?

산 비탈레 성당 모자이크

황금빛으로 빛나는 비잔틴 미술

동로마 제국의 권력 체계와 질서는 어떤 모습이었을까?

유스티니아누스 황제와 막시미아누스 주교의 입장, 264.2cm×365.8cm, 산 비탈레 성당

명화를 탐구하다

이탈리아 라벤나의 산 비탈레 성당의 모자이크화 한가운데에 짙은 보라색 옷을 입은 사람이 유스티니아누스 황제예요. 황제는 금관을 썼어요. 황제 머리 뒤에는 동그란 광배(각종 종교 성자 머리 위에 있는 둥그런 빛)가 보여요. 이런 후광은 예수의 표시이기도 한데, 황제에게 후광이 왜 있는 걸까요? 왕 자신이 교회의 성자임을 상징하는 거예요. 어깨에는 꽃 모양의 보석을 달고, 손에 뭔가 큼직한 것을 들고 있네요. 빵이 담긴 금 그릇이에요. 이 빵은 하느님께 바치는 빵이에요.

황제 주변 인물의 역할

황제의 오른쪽과 왼쪽에 있는 사람들을 봅시다. 황제의 왼쪽에 있는 사람들은 끝에서부터 향로와 복음서, 십자가, 성찬식(예수의 고난을 기념하는 기독교 의식)을 위한 빵(빵은 예수의 몸을 상징, 포도주는 피를 의미함)을 순서대로 들고 있네요. 이들은 들고 있는 물건으로 보아 모두 성직자네요. 왕의 오른쪽 끝부분 사람들은 커다란 방패를 들고 있어요. 방패에 그리스도의 군대를 상징하는 키로(Chi Rho)가 보이네요.[4]

황제의 발이 향한 곳

6명의 황실 경비대원 그리고 고위관리자가 보여요. 황제가 자신의 오른쪽 사람의 발을 밟고 있네요. 발을 밟고 미안해하거나 놀라는 것이 아니라, 당당하게 꾹 밟고 있네요. 왜 밟고 있는 걸까요? 이는 왕의 권력을 암시해요. 비잔틴 제국에서 교회에 초월적인 지배권을 가진 권력자임을 보여 주는 거예요.

모자이크

황제 얼굴을 확대한 부분에 작은 조각들이 보이나요? 배경은 모두 금빛으로 꾸며져 있어 화려하고 장대해요. 모자이크는 작고 색이 있는 조각을 붙여 만든 그림이에요. 이 작은 조각들이 빛을 받아 여러 모양으로 반사해 내는 모습은 정말 아름다워요. 모자이크는 로마 시대부터 유행했는데, 비잔틴 시기에는 특히 반짝이는 유리 조각과 다양한 색을 사용해 교회의 돔이나 제단 뒤와 같이 벽이나 천장을 장식했어요. 로마 시대 모자이크가 사적인 주제를 작은 불투명한 대리석 조각으로 나타낸 데 비해, 비잔틴 시대의 모자이크는 훨씬 더 화려하고 현세를 초월하는 영적 세계를 보여 주기 위한 수단으로 사용되었어요. 그리스도교를 보다 널리 전파하기 위해 종교를 주제로 제작되었죠.

산비탈레 성당

이탈리아 라벤나의 산 비탈레 성당 모습이에요. 이 성당 벽에는 모자이크로 가득 채워 있어요. 십자형 둥근 천장에는 네 명의 천사가 호

위하는 예수, 두 명의 천사가 원반을 들고 있는 모습, 예루살렘과 베들레헴의 그림도 있어요. 황제와 황후가 각각 제단 양쪽 벽면에 화려하게 장식되어 있어요. 라벤나는 5~6세기에 서양에서 가장 번영한 도시로, 로마와 콘스탄티노플을 제외하면 가장 많은 성당이 있었어요.

산 비탈레 성당

비잔틴 미술과 유스티니아누스 황제

비잔틴 미술의 가장 큰 특징은 종교적 색채가 강한 점이에요. 신학자의 사상과 종교회의 결정 사항들을 신자들에게 미술의 언어로 가르치고 유포하는 데 초점을 두었어요. 벽화와 모자이크가 대표적인 비잔틴 미술의 형식이며, 성경 내용과 그 의미, 느낌을 잘 전하려는 목적이 있었어요. 황금색 배경에 둘러싸인 예수와 성모 마리아, 여러 성자를 화려하고 세밀하면서 엄숙하게 그렸어요. 하지만 성경 내용 전달에 집중하다 보니 사물을 사실적으로 표현하지 못했어요. 대신 정해진 법칙에 따라 예수와 성모 마리아 등을 묘사했는데, 예를 들어 얼굴 뒤에는 반드시 광배가, 예수는 왼쪽으로 안고, 젖을 먹이는 성모의 얼굴은 다정하고, 옷은 푸른색으로 칠하기 등의 법칙이 있었어요. 종교적인 부분을 강조하다 보니 다소 딱딱한 느낌을 주었어요.

황제와 그리스도

이런 시기에 유스티니아누스 황제는 38년간 재임하면서 국토를 더 넓히고, 《로마법 대전》을 완성하며, 비잔틴 건축의 대표작으로 손꼽히는 성 소피아 성당을 세우는 등 동로마 제국을 가장 번성시킨 인물이에요. 위 모자이크에서 유스티니아누스 황제가 주인공이에요. 유스티니아누스 황제는 예수로부터 지상의 일을 맡으라는 계시를 들었다고 주장하며 동로마 제국을 이끌었어요. 황제의 머리를 보면, 광배가 빛나고 있어요. 이는 황제가 종교적 지도자이자 정치적 지도자로 묘사되었음을 의미해요. 그리고 함께 있는 사람들의 숫자를 세어보세요. 12명이에요. 이는 예수의 십이사도와 비슷한 구성이죠. 황제가 그리스도와 유사하게 보이도록 표현된 부분이에요.

성 소피아 성당

유스티아누스 황제의 재임 기간에 완공된 성 소피아(아야 소피아, 하기야 소피아) 성당은 비잔티움의 대표적인 건축물이에요. '성스러운 지혜'라는 뜻을 지닌 이 성당은 황제의 야심에 부응하는 혁신적인 건축물이었어요. 거대한 규모와 동방의 신비스러운 분위기가 융합된 건물로, 로마의 직사각형 바실리카 위에 큰 돔을 올려놓은 형태로 지어졌어요. 하나의 중심 돔과 여러 개의 작은 돔으로 구성된 구조예요. 비잔틴 미술의 특징으로 성상화, 모자이크, 돔 건축이 꼽혀요. 성 소피아 성당의 돔 복합체 구조는 비잔틴 시대 교회 건축의 기준 양식

성 소피아 성당 단면도

이 되었어요. 이 건축을 완성하고 황제는 "솔로몬, 내가 그대를 이겼다."(Νενίκηκά σε Σολομών)[5]라는 말을 남겼어요. 완공된 이후 지금까지 많은 사람이 이 건물의 아름다움을 보기 위해 찾고 있어요.

산 비탈레 모자이크

유스티아누스 황제는 서커스 극단의 배우 출신 테오도라와 사랑에 빠져 결혼했어요. 당시 배우는 천한 직업이었고, 귀족과 평민은 결혼할 수 없었어요. 그러니까 이들의 사랑은 맺어지기 어려웠죠. 친척들의 반대도 엄청났고요. 그러나 황제는 법을 개정한 후에 테오도라와 결혼했어요. 후에 테오도라는 공동 통치자로서 활약해요. 그리고 황제가 위기에 처할 때마다 황후는 결단력을 발휘해 그를 구해내죠. 532년 시민 폭동이 일어났을 때도 달아나려는 황제에게 "황제답게 떳떳하게 죽자"라며 격려하였고, 결국 반란군을 무사히 진압할 수 있었어요. 산 비탈레 성당 〈유스티아누스 황제와 수행원〉 맞은편에는 〈테오도라 황후와 그녀의 시종들〉이라는 작품이 마주하고 있어요.

이 작품은 황후와 시녀들이 황제를 따라 교회에 입장하기 위해 기다리고 있는 모습이 묘사되어 있는데, 황후는 성찬식(예수의 수난을 기념하는 기독교 의식)에 쓸 포도주를 담은 황금빛 그릇을 들고, 머리에는 후광이 그려져 있어요. 황제와 마찬가지로 성모 마리아와 유사하게 보이도록 표현되어 있어요.

이 두 작품은 비잔틴 모자이크 절정의 작품으로 평가받고 있어요.

테오도라 황후와 그녀의 시종들, 크기 미상, 산 비탈레 대성당

클림트에게 영감을 준 모자이크

오스트리아의 화가 구스타프 클림트는 거의 빈을 떠나지 않은 것으로 유명한데, 우연히 방문한 이탈리아 라벤나와 베네치아에서 성당의 초기 그리스도 모자이크에 감명받았죠. 성당 모자이크에는 금색이 많이 사용되었으며, 빛과 색유리가 만나 화려하게 반짝이는 장면은 클림트에게 매우 인상적이었어요. 그는 작품의 영감을 받았고, 라벤나와 베네치아 비잔틴 미술에서 볼 수 있는 금박 모자이크가 클림트의 화폭 속에 잘 담기게 되었어요. '동로마 제국의 권력 체계와 질서는 어떤 모습이었을까요?'라는 질문을, 이 그림을 떠올리며 한 번 정리해 보아도 좋겠습니다.

19

산드로 보티첼리 〈비너스의 탄생〉

르네상스가 꿈꾼 아름다움

명화가 묻다

〈비너스의 탄생〉은 여신이 태어난 것을 그린 그림일까?

〈비너스의 탄생〉, 172.5cm×278.5cm, 우피치 미술관

명화를 탐구하다

산드로 보티첼리가 그린 〈비너스의 탄생〉은 높이가 1.7미터, 가로가 2.79미터나 되는 커다란 그림이에요. 보티첼리는 왜 이런 그림을 그렸고 여기에 등장하는 사람들은 누구일까요? 중세 시대 교회 중심 주제의 그림과는 매우 달라 보이는데, 이런 변화는 어떻게 일어난 걸까요?

비너스의 탄생이라니, 비너스가 태어났다는 의미일까요? 태어날 때는 아기인데, 아기는 안 보여요. 그림에서 왼쪽 두 사람은 바람을 불고 있어요. 저 두 사람은 누구이고, 왜 바람을 불고 있을까요? 주변에는 꽃비가 내리고, 그 꽃비가 조개를 탄 여인에게까지 내리고 있어요. 오른쪽에 있는 여인은 꽃무늬가 가득한 옷을 입고서, 또 꽃무늬가 가득한 천(망토)을 여인에게 덮어주려 해요. 가운데 여인이 올 것을 미리 알고 준비해 두었던 것 같아요. 조개에 서 있는 여인의 자세는 한쪽으로 무게를 싣고 서 있어요.

그림 속 등장인물과 상징

조개에 서 있는 여인은 아름다움과 사랑의 여신 비너스예요. 비너스는 그리스 신화에서는 아프로디테로, 로마 신화에서는 베누스로, 영어식 표현으로는 비너스라고 해요. 비너스는 우라노스의 신체 일부가 바다에 떨어지면서, 바다의 거품 속에서 태어났다고 해요. 이 장면은 '비너스의 탄생'이라 불리며 여러 화가가 이 주제를 다룬 그림을 많이 그렸어요.

아프로디테를 상징하는 물건이 있어요. 먼저 누구나 사랑에 빠지게 할 수 있는 마법의 허리띠, 사랑을 고백할 때 사용하는 장미꽃, 그리고 비둘기와 백조가 미의 여신을 상징하는 새예요. 이러한 상징물이 함께 있으면 그 인물이 아프로디테를 묘사하고 있음을 확인할 수 있어요.

왼쪽에 있는 남자는 여자를 안고 바람을 세게 불고 있어요. 이 사람은 서쪽 바람의 신 제피로스예요. 고대 그리스의 시인 헤시오도스는 서풍을 구름을 쫓고, 옷을 살랑거리게 만드는 가볍고 따뜻한 미풍으로 기록했어요. 이 그림에서도 비너스에게 꽃바람을 불고 있어요. 봄을 재촉하고 그 출현을 알리는 역할로 등장하죠. 제피로스가 안고 있는 사람은 그의 아내인 꽃의 여신 클로리스예요. 클로리스도 함께 바람을 불고 있어요. 따뜻한 서쪽 바람이 불자 싹이 돋고 꽃이 피는 봄이 오는 과정이 의인화된 것이에요. 그 바람으로 비너스의 머리카락이 휘날리고, 오른쪽 여인이 들고 있는 망토도 나부끼고 있어요.

오른쪽에는 망토, 즉 드레스를 비너스에게 씌워 주려는 자세를 취하는 여인이 있어요. 그녀는 비너스의 수행원인 듯 보이며, 봄, 여름 및 겨울의 계절을 관장하는 세 여신 중 한 명으로 여겨져요. 그녀가 입고 있는 옷이 모두 꽃으로 장식된 것으로 보아, 봄의 호라이(그리스 신화에 등장하는 시간의 여신)라고 생각할 수 있어요. 그녀는 비너스에게 망토를 건네며 뭐라고 말했을까요? 이미 그녀가 올 것을 알고 반기는 모습이에요. 〈비너스의 탄생〉은 여신이 조개껍데기에서 태어나는 신화 장면을 예쁘게 그린 그림처럼 보이기도 해요. 그런데 이 그림이 그려진 르네상스 시대 사람들은 왜 굳이 고대 신화를 불러와, 이렇게까지 인간의 몸과 아름다움을 강조하며 그렸을까요?

배경과 인물 표현의 차이

지금까지 그림에 그려진 인물들을 보았는데요. 이번에는 그림에 그려진 배경을 살펴봅시다. 조개가 떠 있는 물가에 대한 표현은 세밀하게 묘사되어 있지 않아요. 바다라는 것을 알 수 있을 정도만 표현했어요. 앞에서 인물에서 보이는 구체적이고 자세한 표현은 나타나지 않아요. 그림에서 기독교적 요소를 찾기도 어려워요. 르네상스가 되었다고 해도 그 이전에 문화와 역사가 있었기에 초기 르네상스 시대에는 많은 부분이 혼재되어 있었어요. 그러나 이 그림에서는 중세의 흔적을 찾기 어려워요. 누드화가 그려진 것으로도 최초예요. 이 그림 이전에는 인물의 벗은 몸이 그림에 등장하지 않았어요. 중세에는 상상할 수 없는 부분이죠.

프레스코에서 템페라 그리고 유화까지

회화 기법은 시대의 필요에 따라 프레스코, 템페라, 유화 순으로 조금씩 달라졌어요. 가장 먼저 많이 쓰인 기법은 프레스코(Fresco)예요. 석회와 모래를 섞어 만든 벽에 회반죽을 바르고, 그 회가 아직 젖어 있을 때 바로 물감으로 그리는 방식이죠. 물감이 벽에 스며들어 마르면 아주 단단하게 붙기 때문에 오래 보존되는 장점이 있었어요. 대신 회가 마르기 전에 서둘러 그려야 했고, 한 번 그리면 거의 고치기 어려웠어요.

이 한계를 보완한 것이 템페라(Tempera)예요. 달걀노른자나 꿀 같은 것을 안료와 섞어 만든 물감으로, 주로 나무판 위에 그렸어요. 템페라는 선이 또렷하고 세밀한 표현에 유리했고, 갈라지지 않고 오래 간다는 장점도 있었어요. 하지만 금방 마르고 색이 조금 탁해서, 넓은 화면에 부드러운 명암과 깊이를 표현하는 데는 한계가 있었어요. 〈비너스의 탄생〉은 바로 이 템페라 기법으로 그린 작품이에요.

15세기쯤에는 안료를 기름에 섞어 쓰는 유화(Oil Painting)가 널리 쓰이기 시작했어요. 유화는 마르는 속도가 매우 느려서, 화가가 색을 섞고 덧칠하고 지우면서 오랫동안 그림을 고칠 수 있게 해 주었어요. 여러 층을 얇게 포개어 칠하면, 아래 색이 비치면서 깊이 있고 사실적인 색감을 만들 수도 있었죠. 반짝이는 광택과 부드러운 그러데이션 덕분에, 사물의 질감과 입체감을 표현하는 데도 아주 유리했어요. 이런 점 때문에 유화는 곧 유럽 화가들이 가장 즐겨 쓰는 기법이 되었고, 르네상스 이후 서양회화를 대표하는 기술로 자리 잡았어요.

이런 여러 기법 속에서 보티첼리는 템페라를 이용해, 르네상스 사람들이 꿈꾸던 고전적인 인체와 부드러운 아름다움을 그만의 방식으로 표현해 냈어요.

르네상스란?

르네상스(Renaissance)는 '새로 태어나다'라는 뜻으로, 재생을 의미해요. 르네상스 이전의 중세 시대를 근대의 사람들은 '암흑시대'라고 했어요. 중세는 기독교가 중심이고 신이 주인공인 시대였어요. 그래서 이 시대 사람들은 죽음 이후의 세상을 기대하고 이를 위해 엄격한 규율을 지키며 금욕적인 삶을 살고자 했으므로 개인의 개성을 펼치거나 자유로운 삶을 살기는 어려웠어요. 기독교가 사람들의 생각과 표현을 억눌렀기 때문이죠.

이러한 시간이 1000여 년 동안 지속되었어요. 그런데 이런 중세의 사고방식에 대한 새로운 도전이 나타나게 되면서 이른바 '르네상스 시대'가 되었어요. 르네상스 시대의 핵심은 '인본주의'예요. 신보다 인간의 존엄성과 가치를 중시했으며, 인간의 이성을 중요하게 여기고, 개인의 자의식을 존중했어요. 이러한 사고방식은 고대 그리스·로마 시대와 비슷하다고 생각해서, 중세 시대에 사라진 고대 그리스·로마 시대의 문화와 예술 등을 부흥시키는 활동이 이어졌어요. 레오나르도 다빈치,

라파엘로, 미켈란젤로와 같은 화가들이 이 시대의 작가들이에요.

〈비너스의 탄생〉에서 비너스는 한쪽에 무게를 두고 서 있는 자세(콘트라포스토)로, 이는 고대 그리스·로마 조각상에서도 많이 등장해서 두 발로 곧게 서는 것보다 부드러운 실루엣을 연출해요. 육체의 아름다움을 표현하기에 좋은 자세로, 르네상스 시대 사람들이 추구한 아름다움이 잘 담겨 있어요.

르네상스 시대에는 무역이 활발해지고 상업이 발달하기도 했어요. 상업의 발전으로 부유한 계층이 늘어나면서 예술가들을 후원하거나 그림 등 예술품을 사고파는 문화도 나타났어요. 이들은 현재의 즐거움을 찾기 위해 아름다운 건축물과 멋진 그림을 원했어요.[6]

메디치 가문의 르네상스 예술 후원

금융과 무역으로 엄청난 부를 축적한 메디치 가문은 15세기에 이르러 예술과 학문의 발전에 크게 기여했어요. 로렌초 메디치는 가문의 대표적인 인물로 할아버지로부터 막대한 재산을 물려받았고, 이를 바탕으로 예술가들에게 아낌없이 투자했어요. 예술가들에게 재료비를 포함한 비용을 지원하며 작품을 의뢰하거나, 매달 일정 금액을 지급하며 지속적으로 후원했어요. 메디치 가문은 음악, 발레, 건축 등 문화·예술 전반에 걸쳐 든든한 후원자 역할을 했죠.

메디치 가문은 학문에도 깊은 관심을 가졌어요. 고대 그리스·로마의 정신을 부활시키는 핵심 요소로 학문을 꼽고, 학자들을 초빙해 아카데미 클럽을 후원하고 희귀한 책을 수집했어요. 피렌체에 모든 시민이 자유롭게 이용할 수 있는 공공도서관을 세우기도 했죠. 당시 도서관은 비싼 책들로 인해 왕족이나 귀족만 이용할 수 있는 제한된 공간이었지만, 메디치 가문은 이를 개방해 시민의 학문적 발전을 도왔어요.

메디치 가문은 이러한 후원 활동을 통해 문화적 기여를 넘어, 가문의 위엄과 인식을 높이는 전략을 펼쳤어요. 당시 예술가들은 후원자의 요구에 맞춰 작품을 제작했고, 작품의 위치, 크기, 배치 등 세부적인 부분까지 후원자와 협의했어요. 따라서 메디치 가문의 후원을 받은 그림에는 정치적 의도가 반영된 경우가 많았어요.

막대한 부와 권력을 쥐었던 메디치 가문도 사치와 자만에 빠지면서 결국 18세기 초에 몰락하게 되었어요.

산드로 보티첼리(1445~1510)와 비너스의 모델

보티첼리의 본명은 알레산드로 디 마리아노 필리페피예요. 산드로 보티첼리라는 이름으로 더 잘 알려져 있죠. 그의 생애에 대해서는 별로 알려진 바가 없어요. 그는 피렌체에서 태어난 르네상스 시대의 대표 화가로, 메디치 가문의 로렌초로부터 가장 많은 후원을 받았으며, 로렌초가 그를 친구로 삼기도 했어요.

보티첼리의 작품에 자주 등장하는 여인 시모네타 베스푸치(1454~1476)는 〈비너스의 탄생〉에 등장하는 비너스의 실제 모델로 알려져 있어요. 그녀가 직접 그림의 모델이 된 적은 없었지만, 그림 속 여인으로 그려도 좋다는 허락을 받았다고 해요. 시모네타는 22세에 결핵으로 사망했지만, 세상을 떠난 후에도 보티첼리는 그녀를 그의 그림에 모델로 계속 등장시켰어요.

화면 가득 흩날리는 꽃잎과 신비로운 바다의 물결은 신화의 재현을 넘어, 인간의 아름다움을 표현한 새로운 시대의 설렘을 담고 있습니다. 여신이 딛고 선 그 해안가는 어쩌면 인류가 맞이한 새로운 인식의 문턱일지도 모릅니다.

그림 속 비너스가 우리에게 보여 주는 것은 '신의 탄생'일까요, '인간의 부활'일까요? 비너스의 신비로운 표정을 마주하며, 여러분이 정의하는 '진정한 시작'이란 어떤 모습인지 그 의미를 되새겨 보세요.

20

미켈란젤로 〈피에타〉

아름다움과 슬픔이 만난 종교 조각

명화가 묻다

왜 사람들은 미켈란젤로를 천재라고 할까?

〈피에타〉, 174cm×195cm, 성 베드로 대성전

한 남자가 여자에게 안겨 있어요. 고개가 뒤로 젖혀진 남자는 기운이 하나도 없어 보여요. 손도 축 처져 있어요. 젊은 여인이 한 손으로는 남자를 안아 바치고 있어요. 작은 얼굴에 비해 몸은 육중해요. 여인은 주름지고 땅에까지 끌리는 드레스를 입고 있어요. 주름 잡힌 옷의 모습이 생생하게 담겨 있는 조각이에요.

하얗고 반짝이는 대리석 조각을 돌로 깎아서 만들었는지 살결이랑 뼈대가 다 보이는 마른 체구의 남자는 꼭 진짜 사람처럼 보여요. 이 작품은 부오나로티 미켈란젤로가 1497년에서 1498년까지 2년에 걸쳐 대리석으로 만든 〈피에타〉에요. 〈피에타〉를 만들 당시 미켈란젤로는 24살이었어요.

피에타는 '자비, 동정, 슬픔, 경건함, 연민'이라는 뜻의 이탈리아어예요. 피에타는 이 작품의 제목이 아니라 어머니인 성모 마리아가 십자가에서 내려진 아들 예수 그리스도의 시신을 안고 슬퍼하는 모습이나 당시의 감정, 상황을 주제로 하는 그림을 아우르는 말이에요. 기독교 미술의 주요 주제로 많은 화가가 작품을 만들었어요. 미켈란젤로도

〈피에타〉를 이 작품 말고도 두 점 더 조각했어요. 세 점 중 이 작품이 가장 유명해요.

남자를 안고 있는 여인은 성모 마리아이고, 남자는 예수 그리스도예요. 십자가에서 내려진 예수를 무릎 앉혀 안고 있는 모습이에요. 내 아들이 죽었다면 어떤 느낌일까요? 나의 부모님이 내 죽음을 마주하게 된다면 어떤 기분일까요? 아마도 상상할 수 없는 고통과 세상을 모두 잃은 듯한 절망을 느낄 거예요. 이 작품은 그런 슬픔을 담은 조각이에요. 성모 마리아는 두 눈을 감고 기도하고 있는 듯 보여요. 아들을 잃은 슬픔에 힘들어 보일 것 같았는데, 우리의 상상보다는 평화로운 얼굴이에요. 아들의 죽음이 인간의 고통을 대신하였으므로 받아들이는 담담함이 느껴지는 모습이에요.

성모 마리아의 얼굴을 보면 매우 젊고 앳된 얼굴을 하고 있어요. 예수의 몸을 보면 힘줄이나 근육 또 골격 등이 매우 섬세하고 묘사되고 있어 실감이 나는 조각상인데, 성모는 왜 이렇게 젊은 여성으로 표현하고 있을까요? 미켈란젤로는 성스러운 존재인 성모 마리아는 시간에 구애받지 않기에 일부러 젊고 아름답게 묘사했다고 합니다.

옷 주름도 정말 생생하게 묘사하고 있어요. 대리석을 쪼아서 만들었다는 게 믿기지 않을 정도로 실감 나게 표현하고 있어요. 또한 대리석이 무게를 지탱할 수 있도록 위쪽은 작게 아래쪽으로 갈수록 풍성하게 구성해 삼각구도를 이루고 있어요. 성모 마리아의 머리는 작게, 몸통과 옷은 크게 부풀려 길게 만들어 바닥까지 내려오도록 했어요. 그래서 조각 하단이 안정적으로 무게를 지탱할 수 있게 만들었어요.

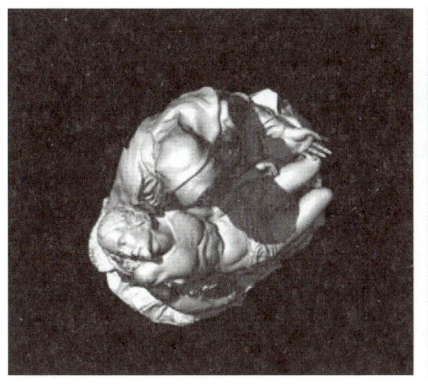
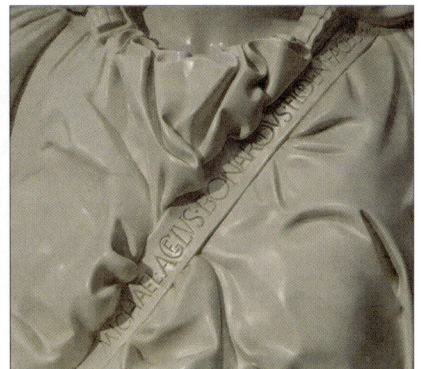

〈피에타〉 3D　　　　　　　　　　　　　　〈피에타〉 서명 부분

　　조각상은 2미터나 되는 크기여서 우리가 보면 마른 체구의 예수 모습은 잘 보이지 않아요. 그래서 사람들이 조각의 주인공이 성모 마리아인지 질문했어요. 미켈란젤로는 "이것은 신에게 바치는 것이니 감히 인간의 시선으로 평가하지 말라"라고 말했다고 해요. 무슨 뜻일까요? '피에타 3D' 영상을 하늘 위에서 바라보면 이렇게 보여요. 하늘에서 볼 때는 또 그 느낌이 다르지요? 성모 마리아는 머리만 보이고, 예수의 모습은 너무 잘 보이네요. 하늘에서 신이 보기에는 어떨까요? 미켈란젤로의 이야기가 이해되나요?

　　24살의 미켈란젤로는 이 작품으로 세상에 이름을 알리게 되었어요. 〈피에타〉가 완성되자마자 세간의 큰 관심과 집중을 받았어요. 이 작품은 곧 명작으로 유명해졌지만, 정작 누가 만들었는지는 잘 알려지지 않았대요. 심지어 다른 나라 사람이 만든 작품으로 오해받는 일도 있었다고 해요. 그러던 어느 날 밤, 미켈란젤로는 베드로 성당에 몰래 들어가 자기 작품에 서명을 남겼어요. 성모 마리아의 상체 부분을 가로

질러 "MICHÆLANGELVS BONAROTVS FLORENTINVS FACIEBAT(내가 만들었다)"라고 새겨 넣은 거예요. 이 한 작품만 보아도, 딱딱한 대리석에서 부드러운 옷 주름과 실제 사람처럼 느껴지는 몸의 무게를 이끌어 내는 손, 종교적 이야기를 깊은 슬픔과 아름다움이 공존하는 한 장면으로 압축해 내는 상상력그리고 24살의 나이에 이런 걸작을 완성해 버리는 속도와 집중력을 엿볼 수 있어요.[7]

당시 조각가들은 자기 작품에 서명을 남기는 일이 드물었고, 특히 작품의 한가운데에 이렇게 서명을 남기는 경우는 거의 없었다고 해요. 미켈란젤로도 자기 작품에 서명을 남긴 것은 이 작품이 처음이자 마지막이었다고 해요. 그렇다면, 왜 그날 밤 미켈란젤로는 이 작품에 서명을 남겼을까요?

메디치 효과

메디치 효과는 서로 무관한 영역의 지식이 결합해 혁신을 이룬다는 뜻의 경제 용어에요. "1 더하기 1은 2가 아니라, 1 더하기 1이 2보다 더 많은 것을 만들어 낸다"라는 의미를 담고 있어요. 이 표현은 작가 요 한슨의 책 《메디치 효과》에 처음 등장했어요. 이 용어는 메디치 가문 에서 유래했는데, 메디치 가문은 예술뿐만 아니라 문학, 과학, 철학 등 다양한 분야의 학자들을 모아 공동작업을 후원했어요. 이런 환경에서 미켈란젤로 같은 예술가도 여러 분야의 생각과 사람을 접하며 자신의 재능을 더 크게 펼칠 수 있었죠.

메디치 가문의 두 얼굴

르네상스 미술을 꽃피우는 데 결정적인 역할을 한 메디치 가문은 통 큰 문화 예술 사랑을 실천한 집안이에요. 성당을 짓고 그 안을 꾸밀 벽 화를 주문했으며, 많은 예술가를 지원하고 미술품을 수집했어요. 우리 가 잘 아는 미켈란젤로, 레오나르도 다빈치, 라파엘로, 보티첼리의 공통점이 모두 메디치 가문의 후원을 받았다는 거예요. 메디치 가문은 회화뿐 아니라 건축, 문학, 철학 분야에도 후원을 아끼지 않았어요.

그들은 예술가들에게 재정적 지원을 제공하는 데 그치지 않고, 창작 활동을 적극 장려하며 창작의 자유를 보장했어요. 이를 통해 르네상스 문화를 꽃피우는 데 크게 기여했고, 그들의 후원을 받은 예술가들의 작품은 오늘날까지도 많은 사람에게 영감을 주고 있어요.

그런데 미술사학자 곰브리치는 메디치 가문의 문화 예술 후원에 대해 다른 시각을 제시했어요. 그는 "메디치 가문은 은행업, 특히 높은 이자를 조건으로 돈을 빌려주는 고리대금업[8]으로 인한 사회적 비난과 적개심에서 벗어나기 위해 예술 후원을 이용했다"라고 평가했어요. 당시 고리대금업은 천시 받는 직종이었기 때문이에요. 곰브리치는 메디치 가문이 부도덕한 대출업 가문이라는 오명을 씻고 죄를 용서받기 위해 예술을 활용했다고 본 거죠. 이런 시각에서 보면, 르네상스 시대의 예술은 순수한 미적 욕망과 더불어 정치적·종교적 계산이 함께 작용한 결과물로 이해될 여지도 있어요. 미켈란젤로의 작품 역시 이런 시대와 후원의 빛과 그늘 속에서 태어난 것일지도 모르죠.

메디치 가문의 예술 후원은 순수한 문화적 열정으로 볼 수 있을까요? 아니면 이미지 회복을 위한 전략적 선택으로 봐야 할까요?

미켈란젤로 디로도비코 부오나로티 시모네(1475~1564)

미켈란젤로는 이탈리아의 조각가이자 화가, 건축가, 시인이었어요. 르네상스 시대를 대표하는 거장으로, 로마 전 지역에서 수많은 걸작을 남긴 예술가예요. 미켈란젤로는 어려서부터 조각에 뛰어난 재능을 보였다고 해요. 하지만 그의 부모는 예술가가 아닌 다른 일을 하기를 바랐대요. 그러다 그의 뛰어난 실력을 알아본 메디치 가문이 그의 부모를 설득해 미켈란젤로가 미술 공부를 시작할 수 있게 되었어요. 미켈란젤로는 〈피에타〉와 〈다윗상〉의 조각가로 이름을 알렸고, 시스티나 성당 천장화로 화가로서도 유명해졌어요. 성 베드로 성당의 후기 총책임자로 활동하며 건축가로도 활약했죠.

방탄유리 안의 〈피에타〉

1972년, 라즐로 토스라는 사람이 "내가 예수다! 우리 어머니는 저렇지 않다"라며 〈피에타〉를 망치로 15번이나 공격했어요. 이 때문에 성모 마리아의 코와 눈꺼풀, 왼팔 부분이 훼손되어 떨어져 나갔어요. 예배당 바닥에는 조각상의 파편이 흩어졌는데, 그 자리에 있던 사람들이 파편을 '기념품'으로 가져가기도 했대요. 이후 일부 사람들은 반성하며 파편을 돌려보냈지만, 모든 조각을 다 찾지는 못했다고 해요. 심지어 많이 부서져서 복원이 어려운 부분도 있었어요.

〈피에타〉를 복원하는 문제를 두고 의견이 나뉘었어요. 일부 전문가는 훼손된 상태를 그대로 유지해야 한다고 주장했고, 다른 전문가는 복원하되 복원된 부분이 원본과 구분되도록 해야 한다고 했어요. 결국, 복원하기로 의견이 모아졌고, 10개월에 걸친 복원 작업이 완료된 후 〈피에타〉는 다시 전시되었어요. 하지만 이제 방탄유리[9]로 보호받고 있어요. 현재는 가까이에서 감상할 수 없고, 방탄유리 안에 있는 모습을 멀리서만 볼 수 있어요. 24살에 이처럼 정교하면서도 깊은 감정을 담은 조각을 만들어 내고, 500년이 지난 지금까지 사람들의 마음을 움직인다는 것만으로도, 사람들이 왜 미켈란젤로를 '천재'라고 불러왔는지 조금은 짐작할 수 있죠.

레오나르도 다빈치 〈모나리자〉

신비로운 미소가 담긴 르네상스 걸작

명화가 묻다

레오나르도 다빈치는 왜 〈모나리자〉를 끝까지 소장했을까?

〈모나리자〉, 77cm×53cm, 루브르 박물관

명화를 탐구하다

〈모나리자〉는 루브르 박물관을 방문한 사람들이 가장 많이 찾는 그림이라고 해요. 어두운 색상의 드레스 위에 투명한 베일을 입고, 정면을 바라보는데 몸은 약간 왼쪽으로 자연스럽게 기울어져 있어요. 무릎 위에 손을 겹쳐서 놓았어요. 둥근 얼굴에 한쪽 입꼬리는 올라가고 다른 쪽은 내려간 듯하네요. 아, 눈썹이 없어요. 여인의 뒤로 산, 강 그리고 다리도 보여요. 그러나 이 여인이 어디에 있는지는 잘 모르겠죠. 이와 같은 〈모나리자〉는 초상화인데, 누구의 초상화일까요? 언제, 왜 그려졌을까요? 무엇보다 이 그림이 왜 이렇게 유명한 걸까요?

모나리자의 '모나'는 '마돈나'의 약자로, 부인 또는 마담을 뜻하고, '리자'는 이 사람의 이름이에요. 우리말로 하면 '리자 씨' 또는 '리자 여사님'으로 해석할 수 있어요. 그런데 프랑스와 이탈리아에서는 이 그림을 모델의 성을 따서, 라 조콘드라고 부르기도 해요. 모나리자와 라 조콘드 모두 이 작품의 명칭이에요. 모나리자가 유명해진 이유에는 다양한 설이 있는데, 레오나르도 다빈치가 이 그림에 담은 기발한 아이디어를 중심으로 살펴볼게요.

〈모나리자〉는 조르지오 바사리(1511~1574)가 쓴 르네상스 예술가 전기에 따르면, 비단 상인이었던 프란체스코 델 조콘드가 자기 부인 모나리자의 초상화를 의뢰한 것으로 보인다고 해요. "레오나르도는 프란체스코 델 조콘드를 위해 그의 부인 모나리자의 초상화를 그리게 되는데……."라는 기록이 남아 있죠. 당시 초상화를 의뢰하는 데 비용이 많이 들었기 때문에 아무나 의뢰할 수 없었어요. 게다가 레오나르도 다빈치는 더 높은 신분의 사람들이 여러 차례 초상화를 의뢰했지만, 거절한 적이 있죠.

〈모나리자〉는 초상화의 새로운 기준을 세운 작품이에요. 이 그림이 그려지기 전에 초상화는 주로 옆 모습으로 그렸지만, 레오나르도 다빈치는 정면 초상화를 시도했어요. 그는 사람의 눈을 봐야 감정을 알 수 있고, 초상화는 그 사람의 정신과 내면까지 담아야 한다고 생각했어요.

〈모나리자〉는 그 오묘한 미소를 둘러싼 다양한 추측과 해석이 있어요. 표정이 볼 때마다 다르고, 매우 복잡하고 미묘한 감정이 표현되었다고 말해요. 사람들이 이 그림을 볼 때 자기 마음 상태에 따라 미소가 다르게 느껴진다고 해요. 왜 그럴까요? 모나리자의 입을 보면 왼쪽은 살짝 아래로 내려가 있고, 오른쪽 입꼬리는 올라가 있어요. 웃는 듯하면서도 웃지 않는 듯한 느낌이에요. 일반적으로 사람이 웃을 때 입이 올라가면서 눈가에 주름이 생기지만, 이 그림에서는 눈주름이 없어요. 입꼬리도 한쪽만 살짝 올라가 있어 더 신비롭게 보이죠. 다빈치는 이 미소를 표현하기 위해 직접 안면 근육과 뼈의 움직임을 연구하며 안구와 얼굴 근육을 해부했다고 해요. 오묘한 미소는 우연히 나온 것이 아니라, 다빈치가 철저히 연구하고 계산한 결과물인 것이죠.

〈모나리자〉는 새로운 기법을 사용한 그림이기도 하죠. 루브르 박물관에서 모나리자의 X선 촬영을 해본 결과, 다른 그림에 비해 경계선이 매우 흐릿하다는 점이 발견되었어요. 다빈치는 원근법에 공기 원근법을 더했는데, 멀리 있는 것이 흐리게 보이는 걸 활용한 기법이에요. 이걸 '스푸마토(sfumato)'라고 하는데, 이탈리아어로 '연기'를 뜻하는 'fumo'에서 유래했어요.

모나리자의 배경을 보면 멀리 있는 산과 다리가 흐릿하게 보이죠. 이는 단지 배경뿐만 아니라, 얼굴과 머리의 경계를 부드럽게 표현하는 데도 사용되었어요. 다빈치는 30번 이상 얇게 덧칠하며 경계를 모호하게 만들어 자연스러운 연결을 추구했어요. 모나리자의 이마에 보이는 얇은 베일도 경계를 모호하게 하기 위한 전략 중 하나로 볼 수 있어요.

〈모나리자〉는 빛의 명암을 잘 이용한 작품이기도 합니다. 모나리자의 눈, 이마, 가슴, 손은 빛을 받으며 부드러운 빛을 발하는 듯 표현되어 있어요. 다른 부분은 어둡게 처리되어 대비를 이루고 있어요. 예를 들어, 눈가는 어둡게 표현되어 눈가 주름이 자연스럽게 사라졌죠.

레오나르도 다빈치는 이 작품을 죽을 때까지 수정하며 소장했어요. 이렇게 〈모나리자〉에는 다빈치의 모든 지식과 회화 기법이 총집합되어 있다고 할 수 있어요.

모나리자의 눈썹

모나리자의 눈썹에 대해 여러 이야기가 있지만, 프랑스 예술작품 분

석가 파스칼 코테가 전자현미경으로 정밀 분석한 결과, 눈썹의 흔적이 발견되었어요. 다빈치는 이 작품을 죽을 때까지 수정했다고 해요. 그는 그림을 그리면서 유화가 마르기 전에 덧칠하는 것이 아니라, 이미 굳어진 유화 위에 다시 그리고 또다시 그리는 작업을 반복했어요. 이 과정에서 눈썹 부분의 물감이 떨어져 나갔을 가능성이 크다고 합니다. 레오나르도 다빈치는 이 작은 초상화에 자기가 알고 있고, 연구하던 거의 모든 회화 기법과 과학적 관찰을 쏟아부었어요. 그래서인지 그는 이 그림을 의뢰인에게 넘기지 않고, 죽을 때까지 손에서 놓지 않고 계속 고쳐 가며 평생 곁에 두었죠. 〈모나리자〉는 단순한 초상화를 넘어, 다빈치가 끊임없이 실험하고 완성해 가던 '끝나지 않는 그림'이었던 셈이에요.

다빈치의 노트

레오나르도 다빈치는 항상 노트에 떠오르는 아이디어를 기록했다고 해요. 그가 남긴 노트에는 정말 다양한 내용이 담겨 있어요. 낙서와 소품 디자인, 무대 설계, 도시 설계, 사람의 혈관, 톱으로 잘린 두개골, 임산부 태아의 모습, 종교화에 등장하는 천사, 여인의 스케치, 수학 계산식, 프린터까지 다빈치의 온갖 아이디어가 기록되어 있어요. 이 노트는 약 3만 페이지로 추정된다고 해요.

그런데 이 노트에는 특별한 비밀이 있어요. 그냥 보면 무슨 내용인지 읽을 수 없는데, 다빈치가 상하 또는 좌우 반전된 글씨로 기록했기 때문이에요. 그래서 거울에 비춰야만 해독할 수 있죠. 이런 독특한 필기 방식을 거울형 글쓰기라고 불러요.

다빈치가 남긴 노트 중 하나로 '코덱스 해머'라는 공책이 있어요. 이 공책은 1994년 11월 크리스티 경매에서 약 3000만 달러(360억 원)에 낙찰되었어요. 이 공책을 구매한 사람은 바로 빌 게이츠였어요. 코덱스 해머는 천문학, 기상학, 지질학 등 다양한 주제를 다루고 있지만, 공통

주제는 '물'이에요. 다빈치가 물의 흐름, 운동, 자연 현상을 연구한 내용이 빼곡히 담겨 있고, 그 안에는 소묘와 거울형 글씨도 가득해요. 빌 게이츠는 이 공책을 스캔해 CD로 만들어 배포했고, 다빈치의 아이디어가 많은 사람에게 영감을 주기를 바라는 마음에서 이 공책을 전 세계 여러 도시에 대여해 대중이 관람할 수 있도록 하고 있어요. 레오나르도 다빈치는 이렇게 늘 노트에 떠오르는 생각을 적고 그림으로 남기며, 그림 외에도 과학, 공학, 자연 현상까지 끊임없이 관심을 두었어요. 이런 태도는 〈모나리자〉 같은 초상화에도 그대로 스며들어 있어요.

오마주와 패러디

1919년 마르셀 뒤샹은 길거리에서 모나리자가 인쇄된 엽서를 구매하고 거기에 펜으로 수염을 그려 넣고, 'L.H.O.O.Q'라는 외설스러운 농담을 적었어요. 앤디 워홀은 1963년 모나리자를 재현하는데, 자신의 실크스크린 기법으로 복제를 반복해서 재현했어요. 1977년 페르난도 보테로의 〈비만 모나리자〉를 그렸어요. 1983년 장미셸 바스키아는 1달러 이미지를 연상하게 하는 〈모나리자〉를 그렸어요. 1999년 브라질 출신 빅 뮤니즈라는 작가는 땅콩버터와 젤리를 이용해 〈두 개의 모나리자, 워홀 이후〉라는 작품을 만들었어요. 2001년 영국의 그라피티 예술가 뱅크시는 〈바주카포를 든 모나리자〉를 그렸어요. 이 밖에도 많은 작가가 〈모나리자〉를 오마주(감사, 경의, 존경을 뜻하는 말로, 자신이 존경하는 사람의 업적이나 재능에 대해 경의를 표하는 것)하거나 패러디(과장이나 풍자 등으로 익살스럽게 표현하기 위해 기존 작품을 모방하는 것)했어요. 그림뿐만 아니라, 만화와 영화 그리고 광고 등에서 오늘날까지 많은 작가가 〈모나리자〉에게 찬사를 보내거나 패러디하고 있어요. 더불어 〈모나리자〉는 도난과 훼손, 오마주와 패러디로 이야기가 더 풍부해져 사람들의 관심을 더 받으며 유명해졌어요.

1911년 모나리자 도난 사건

루브르 박물관에 소장되어 있던 〈모나리자〉가 어느 날 갑자기 감쪽같이 사라졌어요. 당시에는 명작을 따라 그리는 화가가 많았고, 박물관에서 작품을 모사하는 작가들도 쉽게 볼 수 있었어요. 화가 루이 베루드도 〈모나리자〉 모작을 위해 루브르를 찾았다가, 모나리자가 사라진 사실을 처음 알게 되었어요. 놀랍게도, 그전까지는 아무도 〈모나리

Le Petit Parisien 13559호, 1913(좌)
Excelsior, 1914년 1월 1일 모나리자가 돌아왔다(우)

자〉가 사라진 것을 눈치채지 못했다고 해요. 도난 사실이 밝혀지자, 박물관은 즉시 폐관했고, 국경을 봉쇄하며 신문을 통해 도난 사건을 대대적으로 알렸어요. 당시 시인 기욤 아폴리네르와 화가 피카소가 용의자로 지목되어 감옥에 투옥되기까지 했어요. 하지만 두 사람 모두 이 사건과는 아무 관련이 없었어요. 그럼에도 신문에는 "피카소가 훔친 〈모나리자〉" 같은 자극적인 기사들이 쏟아졌고, 이 사건은 모나리자에 대한 사람들의 관심을 더욱 높이는 계기가 되었어요.

사건은 오랫동안 미궁에 빠졌고, 박물관은 〈모나리자〉가 전시되던 자리에 다른 작품을 대신 전시했어요. 그런데 2년 4개월 뒤, 범인이 잡혔어요. 범인은 이탈리아 출신의 유리공으로, 과거 〈모나리자〉를 보관하는 유리 작업에도 참여했던 사람이었어요. 그는 〈모나리자〉를 골동품상이자 갤러리 운영자에게 판매하려다 발각되어 붙잡혔어요.

레오나르도 다빈치(1452~1519)

다음 중 레오나르도 다빈치의 직업이 아닌 것을 고르세요. 발명가, 지리학자, 지질학자, 도시계획자, 해부학자, 화가, 문학가, 공학자, 요리사, 조각가, 기술자, 음악가, 건축사, 집필가, 식물학자, 수학자, 천문학자, 과학자. 네? 정답은 없어요. 이 모든 것이 레오나르도 다빈치가 관심을 두고 활동했던 분야예요. 다빈치는 그림을 그리는 화가만이 아니라, 다양한 분야에 호기심을 가지고 깊이 연구했던 사람이에요.

다빈치는 지주 출신 아버지와 가난한 집안의 딸 사이에서 태어난 사생아였어요. 그의 아버지는 여러 여인과의 만남과 이별을 반복했고,

다빈치에게는 이복동생이 12명이나 있었대요.

〈자화상〉, 33.3cm×21.3cm,
토리노 왕립 박물관

다빈치는 조각가이자 과학을 탐구했던 안드레아 델 베로키오의 공방에 들어가 처음에는 잡일을 하며 시작했어요. 이후 미술과 기술 공작 수업을 받으면서 점차 화가로서의 길을 걷게 되었어요. 20세에는 길드(중세에서 근세에 이르는 때 유럽에서 비슷한 일을 하는 사람들이 모여 만든 단체)에 가입하며 중세에서 근세로 이어지는 유럽 사회에서 '장인'은 어떤 기술이나 예술에서 뛰어난 최고 전문가로 인정받게 되었어요.

이탈리아 사람 다빈치는 왜 프랑스에서 눈을 감았나?

이탈리아 출신의 레오나르도 다빈치는 예순네 살이 되던 해까지 한 번도 이탈리아를 벗어난 적이 없었어요. 당시 이탈리아는 르네상스의 전성기로 문화와 예술에 대한 후원이 활발했지만, 프랑스는 상대적으로 이런 분야에 큰 관심을 두지 않았어요.

그러나 프랑스의 왕 프랑수아 1세는 이탈리아 르네상스의 문화와 예술을 프랑스로 가져오고 싶어 했어요. 그는 레오나르도 다빈치의 든든한 후원자가 되었고, 다빈치에게 아름다운 저택을 마련해 주고, 급여를 지급하며 모든 것을 후원해 주었어요. 다빈치의 이야기를 잘 들

〈레오나르도 다빈치의 죽음〉, 40cmx50.5cm, 프티 팔레

어주며 큰 신뢰를 보였다고 해요.

다빈치는 이 후원자와 함께 프랑스로 가게 되었고, 그곳에서 프랑수아 1세의 후원 아래 생을 마감했다고 해요. 이후 다른 화가들이 이 이야기를 주제로 많은 작품을 남겼는데, 그중 하나가 앵그르의 〈레오나르도의 죽음〉이에요.

르네상스의 만능인들

15~16세기 르네상스 시기에는 만능인(uomo universale)이 많이 등장했어요. 이들은 다양한 분야에 대한 지식을 두루 섭렵하면서 신 중심

의 중세 문화에서 벗어나 인간 중심의 새로운 문화를 창조하고자 노력했어요. 그들은 여러 영역을 넘나드는 호기심, 열린 시선, 그리고 다양한 지식을 연결하는 상상력을 갖고 새로운 창조력을 발휘하였죠. 대표적인 인물이 레오나르도 다빈치였어요. 오늘날 이탈리아를 대표하는 음식 스파게티를 탄생시킨 사람이 다빈치였다는 걸 알고 있나요? 그는 빈대떡같이 넓적했던 면 반죽 덩어리를 실처럼 길게 뽑아내는 기계를 고안해 국수를 뽑고 이를 'spago mangiabile(먹을 수 있는 끈)'이라 불렀다고 해요. 미술가, 과학자, 건축가, 발명가, 사상가, 요리사 등의 다양한 분야를 직업으로 가진 다빈치는 풍부한 상상력으로 수많은 결과물을 만들어 낸 르네상스의 대표적인 만능인이었어요.

다빈치에게 많은 지적 자극을 준 인물로 레옹 바티스타 알베르티 (1404~1472)도 있어요. 다빈치보다 48년 전에 태어난 그는 구두 수선공이자 문학가, 수학자, 건축가, 작곡가였어요. 피렌체의 산타마리아 노벨라 성당을 건축했고 《건축론》,《회화론》 등을 저술했죠. 르네상스 미술의 특징이라고 할 수 있는 원근법을 수학적 원리를 이용해서 체계화했어요. 예술과 과학을 접목한 거죠.

다빈치보다 21년 뒤에 태어난 코페르니쿠스는 《천체의 회전에 관하여》에서 오랫동안 믿어졌던 천동설을 부정하고 지동설을 주장해 근대 과학혁명의 첫 페이지를 열었죠. 그는 폴란드와 이탈리아에서 법학, 의학, 수학, 신학, 고전문학을 공부했다고 해요. 미켈란젤로도 조각가이며 화가, 건축가 등으로 두루 활동했고, 라파엘로는 회화뿐만 아니라 건축가로서도 재능을 발휘했죠. 이들처럼 르네상스 시기에는 다양한 영역을 넘나들며 새로운 창조력을 마음껏 펼쳐 나간 만능인 중에서도 다빈치는 특히 많은 분야를 넘나들던 인물이에요.

〈모나리자〉는 그런 다빈치가 오랜 세월 붙잡고 다듬어 간 작품이죠. 처음에 던졌던 "레오나르도 다빈치는 왜 모나리자를 끝까지 소장했을까요?"라는 질문을 떠올리면서 이 그림 속에서 다빈치가 무엇을 그렇게까지 완성하고 싶었던 것인지 생각해 보는 것도 좋을 거예요.

22

렘브란트 〈자화상〉
빛과 어둠으로 그려 낸 인간의 내면

명화가 묻다

왜 렘브란트는 늙고 지치고 피로한 자기 얼굴을 그렸을까?

작은 〈자화상〉,
48.9cm×40.2cm, 빈 미술사 박물관

34세의 〈자화상〉,
102cm×80cm, 내셔널 갤러리

63세의 〈자화상〉,
86cm×70.5cm, 내셔널 갤러리

　이 자화상 세 점은 자화상을 100점 가까이 그린 네덜란드 화가 렘브란트의 그림입니다. 자화상은 자신을 그린 그림이에요. 34세에 그린 자화상은 멋스러운 모자에 멋진 옷을 입고, 비스듬히 앉아 팔을 기대어 자신감이 넘치는 모습을 그렸어요. 17년 뒤 모습은 어떤가요? 많이 늙어, 눈가와 이마의 주름이 한눈에 보이네요. 젊은 시절의 자신감 넘치는 모습은 어디로 간 걸까요? 1969년은 렘브란트가 사망한 해예요. 몇 살처럼 보이나요? 60대 초반의 얼굴이라고 하기엔 너무 늙고 초라해 보여요. 피부가 노화된 모습도 그대로 드러나 있어요.

　왜 화가는 시간이 지날수록 멋진 노인의 모습이 아니라, 수척하고 쓸쓸해 보이는 것일까요? 도대체 무슨 일이 있었을까요? 지금 시대에도 사람들은 자기 얼굴을 사진으로 찍고 보정하고 싶어 하잖아요. 그래서 핸드폰에 보정용 애플리케이션을 내려받아 사용하는데요. 렘브란트는 어떤 이유로 있는 그대로, 희망도 생기도 없어 보이는 자신을 그렸던 걸까요?

도시의 번영과 초상화

네덜란드 암스테르담은 계획도시이고, 입지적으로 북유럽이나 프랑스 등과 무역하기에 좋은 지리적 위치에 자리하고 있어요. 17세기 네덜란드에서는 자율권을 인정받던 상인들을 통해 무역 관련 업체나 투자 자본들이 어마어마하게 성장하게 됐죠. 이런 경제적 상황을 바탕으로 네덜란드 황금 시기(Golden Age)라고 불릴 만큼 번영하게 돼요.

그러나 네덜란드는 해수면보다 땅의 높이가 낮아서 긴 댐을 만들어 놓고 거기에 물을 빼고, 간척지를 통해 사람들이 살 수 있도록 만든 곳이에요. 그래서 유럽 강대국들은 이곳을 직접 통치하기보다는 자율성과 독립성을 보장하며 공존하고 있었어요.

하지만 스페인 합스부르크 가문이 네덜란드를 직접 통치하려는 압박을 가하면서 상황이 달라졌어요. 1567년, 스페인 총독의 통치에 반발해 독립전쟁이 시작되었어요. 스페인은 정치뿐 아니라 종교적으로도 간섭했는데, 스페인은 가톨릭 기반이었으나, 네덜란드에서는 개신교를 따르려 했기 때문이에요. 네덜란드인은 이에 저항하며 성상(성인의 조각)과 성화(성인의 그림)를 파괴하는 성상 파괴 운동(이코노플라즘)을 벌였어요. 이 독립전쟁은 80년 전쟁으로도 불리며, 80년간 지속되다 1648년에 마침내 네덜란드가 독립을 이루게 되었어요. 그렇게 네덜란드는 스페인으로부터 독립했을 뿐만 아니라 가톨릭으로부터도 독립했어요. 이 과정에서 네덜란드 문화는 크게 변화했어요. 해외 무역을 통해 경제적으로 성공하며 번영을 누렸고, 17세기 네덜란드는 유럽에서 가장 부유한 나라 중 하나가 되었어요. 새로운 부르주아 계층이 등장하며 이들은 미술 애호가로 자리 잡았어요.

　당시 유럽에서는 역사화, 종교화, 신화화가 미술의 주요 장르였지만, 네덜란드 사람들은 이를 대신해 정물화나 풍경화에 관심을 두었어요. 그와 더불어 개신교도들은 자기 삶을 자랑스럽게 보여 주고 남기기 위해 자신의 초상화를 화가들에게 그리도록 많이 의뢰했어요.

　정물화는 음식, 머리뼈, 초 등을 배치해 인생의 유한함을 보여 주며 이전에 역사화가 가지고 있던 교훈적인 역할을 대신하게 되었어요. 풍경화는 일반 대중도 즐길 수 있도록 작은 크기로 제작되어 싼값에 팔리기도 했어요. 초상화는 매우 정밀하게 그려지며 내면의 본질에 대한 부분까지도 드러내면서 질적 발전이 이루어졌어요. 그 중심에 렘브란트가 있었어요.

렘브란트 하르먼손 판레인(1606~1669)
　렘브란트는 어린 시절부터 미술에 뛰어난 재능을 보여 야코프 반 스바겐 미르스 밑에서 도제(장인으로부터 기술과 학문을 훈련받고 있는 사람)

생활을 시작해요. 도제 생활에는 여러 단계와 시험이 있고, 이런 과정을 거쳐 장인이 될 수 있어요. 장인이 되고 나면 자기 공방을 차리고 제자도 받을 수 있었죠. 그런데 이 과정을 마치는 데 꽤 긴 시간이 걸려요. 렘브란트는 22살 때 장인이 되었는데, 이는 아주 짧은 시간에 전 과정을 마친 거예요.

렘브란트는 유명 작가로 네덜란드 전역에 이름을 날렸어요. 그에게는 높은 가격을 지불하는 초상화 주문이 밀려 들었고, 여러 장을 찍을 수 있는 판화 주문도 넘쳐 났어요. 그에게 그림을 배우려는 수강생도 몰려들었어요. 그렇게 렘브란트는 20대 때 이미 잘나가는 화가가 되었어요. 특히 그는 그림에 등장하는 인물 모두를 생생하게 주인공으로 그리는 재주가 뛰어났어요.

렘브란트는 레바르덴 시장의 딸 사스키아를 소개받아 결혼했어요. 그녀는 어마어마한 부잣집 딸이었다고 해요. 결혼과 동시에 렘브란트는 사랑, 부, 명성을 모두 얻게 되었죠. 그는 그림에 그릴 소재를 위해 실제 옛날 물건들을 수집했어요. 무기, 터번, 도자기, 모델을 위한 의상 등등 끊임없이 사들였어요. 주변에는 터무니없는 가격에 물건을 파는 사람들도 많았지만, 렘브란트는 부유했고 잘나가는 화가였기 때문에 큰 문제가 되지 않았어요.

그러나 렘브란트의 행복은 오래 가지 않았어요. 사스키아와의 결혼 후 아이 4명을 낳았지만, 그중 3명은 어릴 때 세상을 떠났어요. 사스키아도 결핵으로 30세에 사망했어요. 사스키아는 죽기 전 유언을 남기며 자기 재산을 아들 키투스와 렘브란트에게 남겼지만, 한 가지 조건이

있었어요. 렘브란트가 다시 결혼하지 않을 경우에만 유효하다는 것이
었죠. 렘브란트는 다시 결혼하지는 않았지만, 그의 낭비벽과 위자료,
벌금 때문에 빚이 계속 늘어갔어요.

1642년 렘브란트의 명성이 최고조에 달했을 때 그가 의뢰받은 작품
이 〈야경〉이에요. 〈야경〉이라면 밤을 그린 그림이라고 생각할 수 있
지만, 이 작품은 낮 그림이에요. 다만, 작품을 보호하기 위해 니스칠을
한 것이 어둡게 보이도록 만든 거예요. 현재 네덜란드 국립미술관에서
는 이 작품의 복원 작업을 진행 중이에요. 그런데 이 그림을 보기 위해

〈야경〉, 86cm×70.5cm, 암스테르담 국립미술관

미술관을 찾는 사람이 많아서, 복원 작업을 따로 진행하지 않고 전시 공간에서 공개적으로 복원하고 있어요. 미술관 홈페이지에 들어가면 복원 과정을 담은 영상도 볼 수 있어요.

이 그림의 원래 제목은 〈프란스 반닝 코크와 빌럼 반 루이텐부르크의 민병대〉예요. 검은색 옷과 붉은 장식을 두른 사람은 암스테르담 시장이자 민병대 대장인 프란스 반닝 코크이고, 그림에는 함께할 대원들의 모습도 담겨 있어요. 이 작품은 민병대 대장과 대원들이 똑같이 돈을 내서 렘브란트에게 의뢰한 그룹 초상화예요.

대장 반닝 코크는 대원들이 질서정연하고 위풍당당한 모습으로 그려질 거라 기대했어요. 그러나 렘브란트는 인물들을 자유롭고 역동적으로 표현했죠. 그림 속 대원들은 군인의 모습이라기보다는 자유로운 시민의 모습에 가까웠어요. 게다가 렘브란트는 모든 대원의 얼굴을 똑같이 강조하지 않았어요. 어떤 사람은 얼굴이 잘 보이는 반면, 어떤 사람은 거의 드러나지 않았죠. 문제는 의뢰할 때 모든 대원이 똑같이 돈을 냈다는 점이에요. 자기 얼굴이 잘 보이지 않거나 부각되지 않은 대원들이 불만을 품고 렘브란트를 비난했어요. 이 때문에 그의 명성이 점차 떨어졌고, 이후에도 렘브란트는 대중의 취향보다는 자신만의 작품성을 고집했어요. 결국 그는 사람들의 무관심 속에 잊히며 경제적으로 어렵게 살다가 생을 마감했어요.

하지만 렘브란트는 명성이 사라진 후에도 그림 그리는 일을 멈추지 않았어요. 경제적으로 실패했지만, 그는 자기만의 철학을 담아 최고의 작품들을 계속 제작했어요. 비록 생전에는 인정받지 못했지만, 그의 작품은 후대에 높이 평가받게 되었어요.

 렘브란트가 전성기에 샀던 집은 현재 렘브란트 박물관으로 남아 그를 기리는 장소가 되었어요. 당시 비난받았던 〈야경〉도 오늘날에는 생생하게 표현된 인물들과 자연스러운 구도로 많은 사랑을 받고 있죠. 그 당시에는 너무 새로운 시도였기 때문에 비난받았지만, 지금은 마치 순간을 포착해 극적인 필터를 넣은 듯한 느낌으로 높은 평가를 받고 있어요. 예술에 대한 평가는 이렇게 변화할 수 있답니다.

 렘브란트는 네덜란드에서 가장 사랑받는 화가로, 유로화를 쓰기 전 네덜란드 화폐에 등장하기도 했어요. 마치 우리나라 지폐에 위인들이 등장하듯 네덜란드가 자랑스러워하는 화가임을 보여 주는 증거죠.

렘브란트 라이팅

 '렘브란트 라이팅'은 렘브란트가 초상화에 즐겨 사용한 조명방식에서 유래한 표현이에요. 인물의 약 45도 근처에 광원을 두는 반 역광 기법으로, 한쪽은 빛을 받고 나머지 반쪽은 그림자가 드리워지며 윤곽이 부드럽게 살아나는 입체감을 만들어 내요. 이 조명방식은 지금도 많이 사용되고 있어요. 렘브란트의 초상화 중에는 약 35도 각도에서 빛을 쏘았을 때 얼굴의 빛과 그림자의 대비가 잘 드러나는 작품도 있어요. 빛

쳇 gpt 이미지

을 받은 쪽은 밝고, 반대쪽은 어두워지며 특히 사람 얼굴의 광대뼈 부분이 튀어나와 역삼각형 형태로 빛이 남는 것이 특징이죠. 렘브란트는 작품 속에서 명암대비를 아주 탁월하게 표현해서 밝은 부분과 어두운 부분의 빛 배합을 통해 관람자의 시선을 사로잡죠. 그래서 빛의 화가라고도 불려요. 집에 있는 손전등이나 핸드폰 손전등 기능을 이용해서 45도 위에서 자기 얼굴을 비추고 거울을 한번 보세요. 그러면 렘브란트 조명을 직접 체험해 볼 수 있을 거예요. '왜 렘브란트는 늙고 지치고 피로한 자기 얼굴을 그렸을까요?'라는 질문은 결국, '나는 나를 어디까지 솔직하게 바라볼 수 있을까'를 묻는 것이기도 해요. 지금 자신의 얼굴을 그린다면, 어떤 표정과 시간을 함께 남기고 싶은지 떠올려 보아도 좋겠습니다.

23

벨라스케스 〈시녀들〉
화가의 존재와 시선을 탐구한 독창적인 작품

명화가 묻다

〈시녀들〉의 주인공은 누구일까?

〈시녀들〉, 318cm×276cm, 프라도 미술관

그림의 주인공

이 그림의 주인공 찾기는 여러 책과 영상에서 다루고 있는 재미있는 주제에요. 지금은 그림 제목을 〈시녀들〉로 알고 있지만, 이 제목은 19세기에 지어진 것이고, 17세기 소장품 목록에는 〈시녀들 및 여자 난쟁이와 함께 있는 마르가리타 공주의 초상화〉라고 기록되어 있었어요. 제목이 바뀐 이유는 명확하지 않지만, 이런 변화도 작품에 대한 다양한 해석을 가능하게 했어요. 이 그림의 주인공에 관해 여러 논리와 근거를 들어 다양한 해석이 있어요.

첫 번째 해석은 왕과 왕비가 주인공이라는 것이죠. 캔버스 앞쪽에 있는 화가 벨라스케스는 그리고자 하는 대상을 바라보고 있고, 그림 속 인물 모두 그 대상을 바라보고 있어요. 거울 속에 비친 왕과 왕비가 그림의 실제 대상이라는 해석이에요. 부모님을 본 5살 공주가 부모에게 가려고 하니, 옆의 시녀들이 작업에 방해가 될까 봐 공주를 말리는 장면이라고 보는 거죠.

두 번째 해석은 공주가 주인공이라는 거예요. 필립 4세는 두 번의 결혼으로 13명의 자녀를 얻었지만, 그중 10살 넘게 산 아이는 단 3명뿐이었어요. 대부분 어린 나이에 세상을 떠났고, 자식을 먼저 떠나보내는 슬픔은 상상조차 하기 어려운 고통이었을 거예요. 이런 상황 속에서 살아남은 마르가리타 테레사 공주는 필립 4세에게 더없이 소중한 존재였을 텐데요. 그래서 이 그림은 공주와 함께한 행복한 순간을 영원히 남기기 위해 그린 초상화라는 해석이에요.

화가 벨라스케스가 주인공이라는 게 세 번째 해석입니다. 이 그림은 벨라스케스가 왕이 마련해 준 작업실에서 왕가의 사람들과 허물없이 지내며, 왕실 화가로서의 위치와 지위를 드러내기 위해 그린 작품이라는 해석이에요. 벨라스케스가 왕과 왕비의 후원을 받으며 왕실과 가까운 관계에 있다는 사실을 그림으로 자랑스럽게 드러내고 있다는 거죠.

이외 다른 해석도 많아요. 원래 제목에 등장하는 여자 난쟁이가 이 그림에서 앞쪽에 크게 배치된 것도 흥미로운 점이에요. 그녀는 합스부르크 가의 근친혼으로 인한 유전병과 단명을 상징하는 인물로 해석되기도 해요. 혹은 합스부르크 가문의 숨겨진 왕녀일지도 모른다는 가능성도 제기되고 있어요.

그림에 등장하는 사람들

1번은 마르가리타 테레사 공주로 필립 4세와 왕비 마리아나 사이에서 유일하게 살아남은 자녀예요. 당시 공주는 5살이었고 이후 황제 레오폴트 1세와 결혼해요. 그리고 2, 3, 4, 5, 6번은 시녀들이죠. 그중 2번과 3번의 옷차림과 머리 스타일로 보았을 때 귀족 가문의 귀부인으로 추정되어요. 어떤 연구에서는 3번이 공주에게 건네는 빨간색 병 안에 든 물질이 태운 납이라는 연구도 있어요. 그 당시 하얀 얼굴을 만들기 위해 태운 납의 연기를 마셨고, 이것이 공주의 요절에 원인이 되었다는 추측이 있어요. 7번은 경호원, 8번은 왕비의 시종장이고, 9번은 그림을 그린 화가 벨라스케스예요. 10번과 11번은 필립 4세와 왕비 마리아나로 거울에 비친 모습으로 등장하고 있어요. 공주를 둘러싼 열 명의 인물이 모두 그림을 보는 사람을 바라보고 있어요.

화가 앞에 놓인 큰 캔버스를 보면, 그는 무언가를 그리는 중이에요. 그리고 그림 뒤편 거울에는 왕과 왕비로 보이는 인물이 비쳐 있어요. 그렇다면 화가는 지금 왕과 왕비를 그리고 있고, 주변 인물들은 그들을 바라보는 걸까요? 그림 속 인물들이 우리를 보는 듯한 이유는, 우리가 바로 그 자리에 서 있기 때문일지도 몰라요. 하지만 벨라스케스

〈시녀들〉 작품 내 인물들 위치

는 이 장면 속에 자신을 넣고, 화가로서가 아니라 이 세계의 일원으로 존재하고자 했어요.

화가가 그리려는 대상은 왕과 왕비일 수도 있고, 이 그림을 바라보는 우리일 수도 있어요. 벨라스케스는 말없이 묻습니다. 이 그림의 주인공은 누구인가요? 그 답은 명확하지 않지만, 어쩌면 그건, 여러분일지도 몰라요.

합스부르크가의 비극

스페인 합스부르크가는 13세기부터 20세기 초반까지 유럽 전역의 패권을 휘어잡았던 유럽에서 가장 긴 역사와 전통을 자랑하는 가문이에요. 합스부르크가는 권력의 분산을 막고 혈통을 보존하기 위해 근친혼을 선택했어요. 근친혼은 가까운 친족관계에 있는 사람들끼리 결혼하는 것인데, 삼촌과 조카 사이의 관계에서 이루어지는 결혼을 포함해요. 그런데 근친혼은 유전적 결함으로 여러 폐해를 초래해요.

그림 가운데에 있는 소녀는 마르가리타 테레사 공주에요. 스페인 왕필립 4세와 왕비 마리아나 사이에서 태어난 딸이죠. 필립 4세는 첫 번째 부인인 엘리자베트와 사별한 뒤, 여동생 마리아 안나 딸인 조카딸 마리아나와 결혼했어요. 이는 가문의 권력을 유지하기 위해 근친혼을 한 사례에요. 그러나 근친혼 결과 많은 자녀가 건강하게 오래 살지 못했고, 어린 나이에 죽거나 희귀병을 앓았어요. 심한 주걱턱이 대물림되었죠. 필립 4세와 마리아나 사이에서 태어난 다섯 자녀 중 마르가리타 공주와 카를로스 2세만 살아남았어요. 아버지 필립 4세는 귀하게

마르가리타 공주 나이별 모습

얻은 딸 마르가리타를 위해 아주 어린 나이에 사돈을 맺을 상대를 정했고, 관계를 유지하기 위해 딸의 초상화를 그려 정기적으로 보냈어요.

남겨진 마르가리타 테레사 공주의 얼굴을 확대해 보면, 어떤가요? 아래턱이 많이 나와 있죠? 그녀 역시 합스부르크가의 비극에서 벗어나지 못했고, 결국 21살의 젊은 나이에 요절했어요. 합스부르크가의 마지막 왕인 카를로스 2세도 심신이 모두 온전하지 않아 광인왕이라 불리며 사망했고, 그를 마지막으로 스페인 합스부르크 가문은 역사의 막을 내렸어요.

디에고 벨라스케스(1599~1660)

벨라스케스는 필립 4세의 보호와 도움 덕분에 40년 가까이 끊임없는 후원을 받으며 명작을 남긴 화가였어요. 〈시녀들〉의 배경이 되는 방이 바로 왕이 화가에게 하사한 방으로 실제 벨라스케스가 작업하던 곳이에요. 필립 4세는 이곳에서 종종 화가가 작업하는 모습을 지켜보곤 했대요. 예술을 사랑했던 왕과 화가의 끈끈한 관계를 짐작할 수 있죠.

벨라스케스는 궁정화가로 활동하면서 서양화 컬렉션을 관리하는 학예사 역할도 맡았어요. 그는 비싼 그림과 물건들을 구매하고, 전시관을 장식하며 관리했죠.

그는 스페인 세비리아 출신으로, 어린 시절부터 그림을 매우 잘 그렸다고 해요. 그의 재능을 알아본 루벤스는 그에게 이탈리아에 가서 배우길 충고했어요. 이에 벨라스케스는 이탈리아로 떠나 그림을 배우게 돼요. 그의 그림은 이탈리아에 가기 전과 다녀온 후의 차이가 컸어요. 이탈리아에 가기 전에는 카라바조를 추종하며 디테일에 집중했지만, 이탈리아를 다녀온 후에는 색채와 빛의 움직임을 잡아내는 빠른 붓 터치를 사용했어요. 〈시녀들〉에서도 공주의 팔 부분을 보면 빠른 붓 터치로 마치 낙서한 것처럼 보이지만, 멀리서 보면 화려한 드레스로 생생하게 표현된 것을 확인할 수 있어요.

벨라스케스는 평생 귀족이 되는 것을 꿈꿨다고 해요. 〈시녀들〉 속에서 그는 붉은 십자가 문장이 그려진 옷을 입고 있어요. 조사 결과, 이 문장은 그림이 처음 그려진 시기보다 3년 후에 추가되었다고 해요. 벨라스케스가 산티아고 기사단에 입단해 기사 작위를 받았기 때문이에요.

벨라스케스가 영향을 준 인물들

프랑스의 작가이자 철학자인 푸코는 그림의 '거울'에 주목해요. 그는 거울을 잘 볼 수 없는 것을 보여 주는 도구로 생각하지만, 사실 이 거울조차도 허구일 뿐이라고 이야기했어요. 거울은 실제 모습 그대로

가 아닌, 왼쪽과 오른쪽이 뒤바뀐 모습을 보여 주잖아요. 그림 속 인물들은 이 거울을 볼 수 없고, 모델 역시 캔버스에 무엇이 그려지고 있는지 알 수 없어요. 푸코는 이 거울이 그림 속 바깥을 비추고 있지만, 실제로는 아무것도 보여 주지 못한다고 말해요. 그래서 이 그림에서는 주인공이 없다고 해요. 그림 자체가 주인공이라는 거죠. 미셸 푸코의 철학책 《말과 사물》을 읽어 보면 이해하는 데 도움이 될 거예요.

한편, 화가 피카소는 벨라스케스의 〈시녀들〉 작품에 영감을 받아 1957년에 다섯 달 동안 무려 58점의 〈시녀들〉 연작을 그렸어요. 벨라스케스의 작품을 보고 옆으로 길게 그리기도 하고, 화가의 크기를 늘리기도 하는 등 그만의 방법으로 새롭게 재탄생시켰어요. 피카소는 한 달에 10점 넘는 〈시녀들〉 연작 작품을 완성하는 엄청난 작업을 했어요.

이렇게 푸코와 피카소와 같이 〈시녀들〉이란 작품을 새롭게 해석하는 것은 하나의 예술작품이 고정되지 않고 끊임없이 변주되고 있고, 또 얼마든지 변주될 수 있는 사례죠. 앞서 다빈치의 〈모나리자〉도 마르셀 뒤샹 등 여러 작가에 의해 다양하게 오마주되고 패러디되는 것도 예술작품의 변주 사례예요. 이 그림이 끝내 묻는 것은 주인공의 이름이 아니라, "누가 누구를 바라보는가?"일지도 몰라요. 그 시선의 중심에는 누가 서 있을까요?

월리엄 터너 〈비, 증기, 그리고 속도〉
근대가 발명한 풍경, 속도의 회화

풍경의 새로운 시선, '본다'는 어떤 뜻일까?

〈비, 증기, 그리고 속도〉, 91cm×121.8cm, 내셔널 갤러리

명화를 탐구하다

그림 〈비, 증기, 그리고 속도〉에는 구름이 가득한 하늘과 경계가 모호한 강이 보이네요. 그곳에 두 개의 다리가 있어요. 하나는 흰색 다리 또 하나는 철길 같아요. 철길 위에는 기차가 있어요. 형체를 잘 알아볼 수는 없지만, 여러 열량의 기차처럼 보여요. 기차 주변으로는 안개와 같은 연기가 자욱해요. 물 위에는 작은 배도 한 척 보이네요. 다리 위와 다리 아래는 날씨가 다른가 봐요. 작은 배는 평화로워 보여요.

그림의 제목을 보니 비가 내리는 상황이네요. 이 비는 봄비나 가을비 같은 잔잔한 비가 아니라, 센 바람과 함께 내리는 폭우일 거예요. 그래서 하늘이 이렇게 구름으로 가득 찬 것 같아요. 안개나 연기로 보이는 건 기관차가 내뿜는 증기였어요. 폭풍우를 뚫고 기차가 강렬하게 달리고 있는 모습이에요. 이 장면은 한참을 들여다봐도 알쏭달쏭하게 느껴져요.

이 그림 장면은 비 오는 날 런던과 브리스톨을 연결하는 그레이트 웨스턴 철도의 기관차가 템스강 위 메이든헤드 철교를 지나가는 순간을 표현한 것이에요. 터너는 비와 안개에 젖은 대기와 기관차가 내뿜는 증기, 속도감을 강조하기 위해 새로운 표현 기법을 이 그림에서 적용했어요. 철도를 대각선 방향으로 배치하고, 기차를 위에서 내려다보는 시점으로 화면을 구성했어요. 그리고 기관차 전면부와 증기 기관실, 연기를 내뿜는 굴뚝은 강조하면서 열차의 나머지 부분은 비를 머금은 대기 속으로 흐릿하게 표현하였어요. 어디까지나 증기기관차를 강조하면서 속도감을 느끼게 하는 표현 방식이죠.

터너는 그림을 그리기 위해 자연 속으로 직접 들어가 체험했어요. 눈보라가 휘몰아치는 바다를 그리기 위해 그는 실제로 증기선에 탑승했어요. 터너가 탄 배는 폭풍우를 맞아 선원과 승객 모두 배 안으로 피신했어요. 하지만 그는 폭풍우를 더 자세히 관찰하기 위해 선원들에게 자신을 돛대에 묶어 달라고 요청했어요. 그는 실제로 돛대에 묶인 채로 눈보라와 폭풍우를 온몸으로 체험하며 관찰했어요. 돛대에 묶여 폭풍우를 맞는 장면이 그려지나요? 정말 위험할 수 있는 상황에서도, 그는 그림을 위해 이런 대담한 시도를 했어요. 이렇게 탄생한 작품이 바로 〈눈보라〉예요. 원래 제목은 〈눈보라: 얕은 바다에서 신호를 보내며 유도등에 따라 항구를 떠나가는 증기선. 나는 에어리얼 호가 하위치 항을 떠나던 밤의 폭풍우 속에 있었다〉예요. 제목만 봐도 그날 터너가 어떻게 눈보라를 관찰했는지 알 수 있죠. 긴 제목에 당시 상황과 그의 열정이 담겨 있어요.

터너가 이 작품을 발표하자, 사람들은 그림을 보고 "비누 거품 같다" "석회 반죽 같다"며 비판했어요. 하지만 터너는 스스로 보고 느끼고 경험한 것을 풍경화에 담겠다는 생각을 작품에 그대로 표현했어요. 〈비,

〈눈보라〉, 91cmx122cm, 테이트 모던

증기, 그리고 속도〉에도 화가의 개인적 체험에서 우러난 현장감을 강조한 터너 화풍이 잘 드러나 있어요. 터너는 비 오는 날 그레이트 웨스턴 철도를 달리는 기관차를 타고 메이든헤드 철교를 건너는 경험을 했는데, 그는 폭우 속에서 기차 창밖으로 고개를 내밀고 속도감을 직접 느끼며 주변 풍경을 관찰했다고 해요. 터너가 그림을 그리기 위해 이렇게 현장을 경험하는 방식은 당시에는 비난받았지만, 그의 작품은 자연의 힘과 그 속에서 느낀 감정을 생생하게 담아 낸 시도로 후대에 높이 평가받고 있어요. 터너의 진정성이 작품에 잘 드러나 있죠. 터너는 그림을 위해 자연의 힘을 직접 경험하고, 이를 생생히 담아 낸 화가였어요. 터너에게 풍경을 '본다'는 건 단지 산과 강, 다리와 기차의 겉모습을 스케치하는 일이 아니라, 폭풍우 속에서 몸으로 느낀 바람, 비, 속도, 두려움과 설렘 같은 감정까지 함께 느끼고 담아 내는 일이었어요. 그래서 그의 그림 속 풍경은 눈으로만 보는 장면이 아니라, 온몸으로 겪어 낸 경험이기도 했죠.

터너가 산업혁명을 보여 준 방식

1844년, 터너가 〈비, 증기, 그리고 속도〉를 그린 당시, 영국에서는 산업혁명이라는 변화가 일어나고 있었어요. 산업혁명은 사람들이 손으로 물건을 만들던 시대에서 기계로 물건을 만드는 시대로의 변화를 의미해요. 공장들이 세워지고 새로운 기계들이 발명되면서 많은 물건을 빠르고 대량으로 생산할 수 있었고, 이렇게 생산된 물건들을 빠르게 유통할 수 있게 되었죠. 영국은 이런 산업혁명의 진원지였어요.

산업혁명의 핵심 동력은 제임스 와트(1736~1819)가 개발한 증기기관이었어요. 증기기관의 발명은 엄청난 변화를 가져왔어요. 증기기관차가 등장하면서 철도를 만들고, 기차가 철도를 따라 달리게 되었어요. 그전에는 사람들이 말이나 마차를 타고 이동했지만, 이제는 기차가 시속 90킬로미터로 달릴 수 있게 되었어요. 철도는 도시와 시골 마을을 연결하고 저렴한 비용으로 공장에서 대량 생산된 상품, 신문, 잡지, 석탄 등 화물을 대량으로 수송했어요. 터너는 빗속을 가로지르는 증기기관차를 소재로 한 〈비, 증기 그리고 속도〉를 통해 영국이 세계 철도의 역사를 만든 주역이라는 자부심을 일깨워 주었어요.

　바다에서도 증기기관을 사용하는 증기선이 누비기 시작했어요. 터너는 〈해체를 위해 예인되는 전함 테메레르〉라는 그림을 그렸어요. 이 그림은 영국의 템스강을 배경으로 전함 테메레르호가 해체를 위해 증기선에 의해 예인되는 장면을 그린 것이에요. 테메레르호는 평범한 범선이 아니라 영국 역사에 중요한 자취를 남긴 영웅적인 전함이었어요. 이 전함은 트라팔가르 해전(1805)에서 혁혁한 전공을 세웠어요. 트라팔가 해전의 승리로 이후 영국은 세계 바다를 장악할 수 있었던 거예요. 이 테메레르호가 수명이 다해 군복무를 마치고 해체되는 운명이 되었다는 소식을 듣고 터너는 테메레르호가 예인되는 장면을 직접 목격하고 전설이 된 전함의 퇴역을 기리는 풍경화로 영국의 역사를 기념하고자 했어요.

　범선인 테메레르호는 바람의 힘으로 움직이는 전통적 배로서 구시대를 상징하고, 테메레르호를 끌고 가는 증기선은 새로운 기술과 영국 산업혁명의 성취를 상징하죠. 터너는 템스강의 노을빛을 받는 거대한 테메레르호의 모습과 검은 연기를 내뿜으며 범선을 견인하는 작은 증기선의 모습을 대비시켰어요. 이를 통해 새로운 기술과 산업혁명이 당시 영국 사회를 어떻게 변화시키는지를 시각적으로 보여 주었죠. 터너만이 아니라 당시 영국인은 증기기관차와 증기선을 보며 마치 하루아침에 세상이 바뀐 것 같다고 느꼈을 거예요.

윌리엄 터너(1775~1851)

터너는 어릴 때부터 그림 그리기를 아주 좋아해서 아버지가 운영하는 이발소에서 손님들의 얼굴을 그리며 그림을 연습했어요. 터너의 아버지는 아들의 그림 소질을 알아보고, 그를 전폭적으로 지지해 주었어요. 덕분에 터너는 본격적으로 그림 공부를 시작할 수 있었고, 19살에는 왕립미술관의 상을 받았어요. 27살에는 왕립미술관의 정식 회원이 되었고, 나중에는 그곳에서 학생들을 가르치는 교수가 되었어요.

터너는 자연을 정말 좋아해서 산, 강, 바다 같은 전원의 풍경을 자주 그렸어요. 17세기의 유명 화가 클로드 로랭(1600~1682)의 풍경화를 보고 너무 감동해 눈물을 흘린 적도 있다고 해요. 이후로 그는 클로드 로랭처럼 멋진 풍경화를 그리기 위해 노력했어요. 터너의 초기 작품들은 자연을 섬세한 빛의 표현과 함께 이상화해서 그렸어요. 현실을 그대로 그리는 게 아니라, 좀 더 극적이고 실제보다 아름답게 표현했어요. 그는 사람들이 자연을 보며 감동하고 이야기를 상상할 수 있는 그림을 그리고 싶어 했어요.

하지만 터너는 늘 새로운 도전을 했어요. 그가 살던 시대는 산업혁명으로 인해 커다란 변화가 일어나던 시기였어요. 마차를 타던 시대에서 빠르게 달리는 기차를 타는 시대가 온 거예요. 터너는 이런 변화를 그림으로 담고 싶었고, 풍경을 그릴 때 눈에 보이는 것만 그리지 않고, 자신이 느끼는 감정과 움직임을 담으려고 했어요.

터너의 대표작 중 하나인 〈비, 증기, 그리고 속도〉는 기차가 강을 가로지르며 빠르게 달리는 모습을 그린 작품이에요. 비가 내리고 안개가 자욱한 가운데, 강에는 작은 배가 떠 있어요. 이 그림을 본 사람 중 일부는 과거 느리고 평화로운 시절을 그리워했을지도 몰라요. 반면, 다른 사람들은 기차로 인해 더 편리해진 생활을 즐겼겠죠. 터너의 실험적인 그림들은 처음에는 사람들이 이해하지 못해 외면받기도 했어요. 하지만 그는 포기하지 않고 그만의 방식을 고수하며 그림을 그렸어요.

터너는 그가 그린 그림을 모두 나라에 기증하며, "내 그림을 클로드 로랭의 그림과 함께 전시해 주세요"라고 특별히 부탁했어요. 자신이 존경하는 화가와 나란히 전시되기를 바랐던 거죠. 지금도 영국의 내셔널 갤러리에서는 터너의 그림이 클로드 로랭의 그림과 함께 전시되고 있어요. 터너는 이렇게 자연과 새로운 기술이 만나는 현장을 끊임없이 바라보며, 눈에 보이는 형태뿐 아니라 그 순간의 빛, 색, 공기, 속도, 감정까지 함께 그리고자 했어요. 그에게 풍경을 그린다는 것은 결국 세상이 어떻게 변해 가는지를 자신의 눈과 몸으로 확인하고 기록하는 일이지 않았을까요?

영국의 터너상

터너상은 영국 현대미술의 대표 기관인 테이트 브리튼에서 1984년에 제정한 상이에요. 한 해 동안 가장 주목할 만한 전시나 미술 활동을 한 50세 미만의 영국 미술가에게 주어지는 상이죠. 여기서 영국 미술가란 영국에서 활동하는 외국 국적의 미술가와 외국에서 활동하는 영국 국적의 미술가 모두 포함해요. 우리나라에서는 국립현대미술관이 올해의 작가상을 수여하고 있는데, 최근 우리나라에서 활동하는 외국 작가나 외국에서 활동하는 우리나라 작가에게도 기회를 열어 주고 있어요.

터너상은 화가 윌리엄 터너의 이름에서 따온 거예요. BBC 라디오와 테이트 미술관이 함께 영국인을 대상으로 가장 좋아하는 영국 미술가를 묻는 설문조사를 한 적이 있는데, 그때 1위로 뽑힌 사람이 바로 터너였어요. 터너의 대중적인 인기와 그가 생전 새로운 작품에 끊임없이 도전했던 모습이 영국을 대표하는 화가로 자리매김하게 했고, 터너상의 이름도 그의 이름에서 따오게 된 거예요. 터너상을 받은 작가들을 보면 데미안 허스트, 애니쉬 커푸어, 앤서니 곰리, 리처드 롱 등 오늘날 활발히 활동하는 현대미술 작가가 많아요.

세계 2차 대전 이후, 예술과 문화의 중심은 유럽에서 미국으로 빠르게 옮겨 갔어요. 예를 들어 유럽의 미술관을 떠올리면, 현대미술보다는 고전 미술이 먼저 떠오르죠? 반면에 잭슨 폴록이나 앤디 워홀 같은 현대미술은 미국에서 확산하고 발전했어요. 영국의 터너상은 이런 흐름 속에서 영국 미술의 부활을 꿈꾸며 만들어졌어요. 터너상 수상자들의 활약 덕분에 현대 미술계에서도 터너상에 관한 관심이 점점 커지고 있어요.

20파운드 지폐에 등장한 터너

2016년에 미술가, 조각가, 패션 디자이너, 사진가 등 590명의 예술인이 영국의 20파운드 지폐 모델로 추천되었는데, 이 중 터너가 최종 선정된 거예요. 이전 20파운드 지폐 모델이 《국부론》으로 근대 경제학의 아버지라 불리는 애덤 스미스였던 것을 생각하면, 화가인 터너가 영국인에게 얼마나 사랑받는 예술가인지 짐작할 수 있어요. 영국의 많은 갤러리에는 많든 적든 터너의 그림들을 소장 전시하고 있어요. 영국 내셔널 갤러리 외에도 태이트 브리튼에서도 터너의 그림 전시실을 따로 만들어 놓았어요.

터너는 똑같이 베끼는 재현보다 그 순간의 공기와 에너지를 온몸으로 감각하는 게 풍경의 본질을 꿰뚫는 '진짜 시선'이라 믿었습니다. 형태가 흐릿해질수록 그 시대를 관통하던 거대한 문명의 속도감은 더 생생히 살아나죠. 눈앞의 대상을 관찰하는 것을 넘어 가슴으로 그 인상을 기록하는 터너의 방식처럼 고정관념에서 벗어나 마음으로 세상을 마주할 때 비로소 보이는 것에는 무엇이 있을지 여러분만의 새로운 시선에 대해 주변사람과 이야기 나누면 좋겠죠.

25

장 프랑수와 밀레 〈이삭 줍는 여인들〉

땀과 삶을 그린 현실주의 작품

명화가 묻다

〈이삭 줍는 여인들〉에 등장하는 사람들은
왜 그렇게 낟알을 정성껏 줍고 있을까?

〈이삭 줍는 여인들〉, 83.8cm×111.8cm, 오르세 미술관

명화를 탐구하다

한가로운 농촌풍경이네요. 따사로운 볕이 가득한 날에 여유롭고 평온한 느낌이에요. 자세히 볼까요? 세 명의 여인이 빈 땅에서 뭔가를 줍고 있어요. 그림의 제목이 〈이삭 줍는 여인들〉이니, 이삭을 줍고 있나 봐요. 이삭은 추수할 때 흘렸거나 빠뜨린 낱알을 이르는 말이에요. 밀, 벼, 보리 등의 곡식을 거두고 난 뒤에 땅에는 낱알이 얼마나 떨어져 있을까요? 저렇게 허리를 굽혀 이삭을 주운 지 얼마나 지났을까요? 집중해서 낱알을 줍느라 표정은 잘 보이지 않은데 얼굴과 손이 매우 그을려 있는 것으로 보아 뜨거운 햇빛 아래에서 긴 시간 주운 거 같아요.

저 멀리 하늘의 색이 아름답고, 누렇게 보이는 것은 수북하게 수확한 곡식인 것 같아요. 마차에도 곡식이 가득하네요. 너무 멀고 작아 잘 보이지는 않지만, 곳곳에 수북이 쌓인 곡식 주변에는 그것을 나르며 일하는 사람들의 모습도 보여요. 오른쪽 지평선 근처에는 말에 탄 사람도 보여요. 이 사람은 누구일까요? 이 작품이 우리를 숙연하게 만드는 이유는 무엇인지 하나씩 살펴봅시다.

산업화가 시작되면서 많은 사람이 더 좋은 일자리를 찾아 도시에서 일하며 새로운 삶을 꿈꾸었죠. 하지만 고향을 떠난 사람들은 마음 한 편에 늘 고향에 대한 그리움과 추억을 간직하고 있었어요. 우리 주변에서도 〈이삭 줍는 여인들〉 같은 그림을 자주 볼 수 있었어요. 이 그림은 이발소나 음식점 같은 곳에 걸려 있곤 했는데, 사람들이 고향의 평온하고 따뜻한 농촌의 모습을 떠올리게 했기 때문이에요. 이삭을 줍는 여인들의 모습은 마치 옛날 우리 농촌에서 수확이 끝난 들판을 걸으며 낟알을 줍던 모습과 비슷해 친숙하게 느껴졌을 거예요.

〈이삭 줍는 여인들〉에는 반전이 숨어 있어요. 이삭을 줍는 여인들은 농부들이에요. 가난한 농민이나 남편을 잃은 여인들이 부자들이 추수하고 남긴 이삭을 줍고 있어요. 떨어진 이삭을 줍는다고 해서 생활에 그렇게 도움이 되지는 않았어요. 낟알을 열심히 주워도 양이 많지 않았거든요. 그런데도 저렇게 집중해서 열심히 줍는 것을 보면, 정말 생활이 어려웠을 것 같아요.

그림 속 지평선을 보세요. 수북하게 쌓여 있는 곡식이 보이나요? 배부르게 먹고도 남는 충분한 양이겠죠? 넘쳐 나는 곡식을 가진 사람과 떨어진 낟알을 줍는 사람들이 같이 살아가고 있어요. 수북하게 쌓인 곡식 옆에 말을 탄 사람들은 소작농을 감시하면서 수확물을 지키는 사람들이에요. 빈부의 격차가 그만큼 컸던 것이죠. 이 그림은 그냥 따뜻한 햇빛 아래 열심히 일하는 평화로운 여인의 모습을 담은 것이 아니라, 이런 내용을 함의하고 있는 것이죠.

〈이삭 줍는 여인들〉이 발표된 후 부자들은 밀레의 그림에 대해 불편해했다고 해요. 왜 그랬을까요? 프랑스 혁명 전에는 추수하고 남은 이삭을 줍는 것도 허락되지 않았어요. 그 시절 왕과 귀족들의 사치로 농민들에게 더 많은 약탈과 과세를 징수하며, 농민들의 삶은 매우 어려웠죠. 그래서 농민들도 프랑스 혁명에 참여하게 되었어요. 혁명이 끝난 뒤에는 이삭을 줍는 것이 다시 허용되었지만, 부자들의 눈에는 자신들과 너무나 대비되는 농민의 모습이 불편하게 느껴졌어요. 그래서 이 그림이 부자와 가난한 사람 사이에 갈등을 일으키고 싸움을 부추기는 그림이라는 평가를 받기도 했어요.

그렇지만 밀레는 자신에게 정치적 의도가 있다고 하지 않았어요. 그는 가난하지만, 자신의 삶을 열심히 살고 있는 농민의 모습을 그린 것뿐이라고 했죠. 이 그림을 본 많은 사람은 밀레의 그림에서 경건한 분위기를 읽고 아름다움을 느꼈어요. 가난해도 열심히 일하고 살아가는 사람들의 모습이 아름답다고 생각했어요.

혁명과 격변의 19세기 프랑스 사회

부르봉 왕실의 루이 18세가 나폴레옹의 몰락 후에 프랑스로 돌아왔어요. 그는 프랑스 혁명 때 단두대에서 처형된 루이 16세의 동생이죠. 루이 18세는 왕은 국민의 뜻을 따르기보다는 반대하는 목소리를 억누르기 위해 출판의 자유를 제한하고, 의회를 해산하며, 선거법을 바꿔 선거를 다시 치르겠다고 발표했어요.

이에 분노한 시민은 거리로 나와 혁명을 일으켰고, 정부군과 시가전이 벌어지며 충돌이 일어났어요. 7월 27일 혁명이 시작되었고, 이 결과 샤를 10세는 왕위를 버리고 영국으로 떠났어요. 이것이 7월 혁명으로, 자유주의의 승리를 의미했죠. 그 여파는 전 유럽에 영향을 주었고, 새로 세운 왕정은 입헌 군주제 형태였어요. 입헌 군주제는 왕이 나라를 다스리지만, 헌법에 따라 권력이 제한되고 국민의 자유와 권리가 보장되는 체제예요.

그러나 여전히 선거권은 한정되었고, 소수 부유층이 권력을 잡고 있었어요. 산업혁명으로 새로운 힘을 얻은 상공업 계급과 노동자들이 선거권 확대를 요구하며 1848년 2월 혁명을 일으켰고, 그 결과 왕정은 무너졌어요. 근대 시민 사회가 자리 잡는 계기가 된 것이죠. 동시에 프랑스에서 산업화가 급속히 진행되면서 도시에는 공장이 늘어나고 새로운 직업이 생겼지만, 도시로 몰려드는 사람이 많아지며 인구는 급증하고 빈부격차가 심해졌어요. 노숙자와 빈민층의 수는 급속히 증가했죠. 반면 농촌에서는 도시의 변화와 달리 전통적인 농업에 의존하며, 도시와 비교해 사람들이 훨씬 더 가난하고 고단한 삶을 살았어요. 이 시기 화가들은 고단한 삶을 사는 농민들에게 관심을 가지고 그들의 삶을 그림으로 표현하기 시작했어요.

자연주의와 사실주의 운동

1850년 전후로 프랑스에서는 자연과 농촌의 풍경을 그린 화가들이 있어요. 이들은 바르비종이라는 작은 마을에서 머물며, 퐁텐블로 숲과 그 주변 농촌 모습을 작품으로 남겼죠. 이들이 사는 마을 이름을 따서 바르비종파라고 했고, 이들 덕분에 사실주의적 근대 풍경화가 탄생했어요.

사실주의는 사실적으로 표현하는 방법만을 의미하지 않아요. 사실주의는 우리가 살아가는 세상에 실제로 존재하는 사람들과 그들의 삶을 담아 내는 것을 중요하게 여겨요. 신과 신화, 역사적 인물보다는 우리 주변에서 실제로 함께 살아가는 농부, 노동자, 자연 같은 현실을 표현하는 것이 사실주의의 핵심이에요. 바르비종파 화가들은 당시 사회에서 살아가는 보통 사람들의 삶을 작품에 담으려고 했어요. 〈이삭 줍는 여인들〉을 비롯한 밀레의 작품들은 당시 파리 미술계에도 큰 충격을 주었어요. 예술은 여전히 왕이나 신화의 세계를 그려야 한다고 믿던 시대에, 밀레는 '노동하는 인간'을 예술의 중심에 놓았으니까요. 그런 점에서 사실주의는 새로운 회화의 등장을 뜻하고 있어요.

장 프랑수아 밀레(1814~1875)

밀레는 프랑스 노르망디의 작은 농촌 마을에서 태어났어요. 어린 시절부터 농부들을 가까이에서 관찰할 수 있었고, 아버지의 인정으로 초상화를 배우기 시작했죠.

그는 루브르 박물관에서 대가들의 작품을 연구하고, 여러 번 파리 살롱에 작품을 출품했으나 탈락했어요. 그 후 초상화가로 활동하면서도, 어린 시절의 기억과 농민의 삶을 떠올리며 농업을 주제로 한 그림을 그리기 시작했어요.

〈키질하는 농부〉, 79.5cm×58.5cm,
내셔널 갤러리

2월 혁명 시기, 힘차게 일하는 농부를 영웅처럼 그려 큰 주목을 받았고, 이후 바르비종으로 이사해 농사도 지으며 농민의 삶을 그렸어요. 그의 작품은 소박한 농민의 삶과 노동의 신성함을 담고 있어요.

반 고흐가 존경한 화가

네덜란드 화가 고흐는 밀레의 그림을 좋아해서 따라 그리기도 했어요. 밀레의 〈만종〉에서처럼 하루에 세 번 울리는 교회 종에 맞춰 감사의 기도를 올렸다고 해요. 오늘도 힘들고 고단했던 하루를 마무리하며 풍족하지는 않지만, 감자를 얻었음에 감사하는 장면을 그린 그림이 〈만종〉이에요. 고흐는 밀레의 〈만종〉을 따라 그리며 존경의 마음을 담아 오마주했어요.

〈만종〉, 55.5cmx66cm, 오르세 미술관 　　고흐, 〈만종〉, 크기 미상, 크뢸러 뮐러 미술관

어때요? 두 작품은 닮은 듯, 다른 듯하죠?

박수근의 롤모델

우리나라에도 서민의 삶을 화폭에 담은 화가가 있었어요. 바로 박수근(1914~1965)이죠. 박수근이 화가가 되기로 결심하게 만든 것이 바로 밀레의 작품이었어요. 박수근은 어려운 형편에 미술교육을 제대로 받지 못하고 독학으로 그림을 공부했어요. 정식 미술교육을 받지 못했지만, 그의 그림 실력은 탁월했어요. 조선 미술전람회에서 입선하게 되어 화가로 인정을 받았어요. 그러나 해방 후 1950~1960년대에 화가로 인정받아 살아가기는 쉽지 않았지요. 유화를 덧발라 만들어 낸 질감 위에 그리는 우리네 삶이 담긴 박수근의 그림은 매우 독창적이면서도 서민적 감각을 잘 다루고 있는 작품으로 인정받고 있죠. 박수근도 밀레처럼 우리 주변의 사람들을 그림에 담았어요. 이런 박수근의 예술혼을 기리기 위해 2002년, 그의 고향 양구에 '박수근 미술관'이 개관하여 많은 이가 방문하고 있어요. 밀레의 그림을 보며 화가가 되기로 결심했던 박수근이 우리 곁의 아낙네와 아이들, 장터와 빨래터를 그렸던 것처럼, 고흐도 밀레의 농민 그림을 따라 그리며 자신이 사랑한 농민과 노동자의 얼굴을 화폭에 담으려 했어요. 〈이삭 줍는 여인들〉 속 가난한 여인들이 허리를 굽혀 낟알을 줍는 이 장면은 이처럼 한 시대의 현실을 넘어서 여러 나라, 여러 세대의 화가들에게 '삶을 어떻게 바라볼 것인가'라는 질문을 던지는 그림이 되었죠.

26

클로드 모네 〈인상, 해돋이〉
순간의 빛으로 남긴 첫인상

명화가 묻다

'인상을 남긴다'라는 것은 무슨 뜻일까?

〈인상, 해돋이〉, 48cm×63cm, 마르모탕 모네 미술관

명화를 탐구하다

〈인상, 해돋이〉의 그림에서 오른쪽 위에 있는 주황색 동그라미는 무엇일까요? 푸른 배경과 대조를 이루어 한눈에 들어와요. 태양처럼 보이네요. 주황색 동그라미 외의 다른 빛은 어떻게 표현되었나요? 쏙쏙 아래로 내려오면서 칠해졌네요. 바다에 떠 있는 배는 몇 척이나 될까요? 이 그림이 그려진 시간은 제목에 〈인상, 해돋이〉라고 쓰인 걸로 보아서 해가 뜨는 때일 것 같습니다. 그렇다면 '인상'은 무엇일까요? 속상한 일이 있어서 인상을 썼던 걸까요? 아니면 해가 뜨는 모습을 바라보다가 눈이 부셔서 인상을 썼던 걸까요? 모네의 〈인상, 해돋이〉의 이야기를 하나씩 살펴봅시다.

프랑스 화가 클로드 모네가 1872년에 그린 그림을 전시회에 출품했을 때, 모네와 르누아르, 드가를 포함한 일군의 화가들이 개최한 앵데팡당 전시를 본 비평가 루이 르루아가 모네의 〈인상, 해돋이〉가 스케치 같다고 이야기하면서 대충 그린 듯한 이 그림을 조롱하고 야유하는 뜻으로 "참, 인상적이네!"라고 말한 것에서 유래하여 이 전시에 '인상주의자의 전시회'라는 별칭을 붙였어요. 그러나 전시를 주최한 화가들은 이를 자랑스럽게 여기며 인상파가 탄생하게 되었어요. 모네, 마네, 르누아르, 드가, 세잔 등이 인상파 화가들이에요. 왜 이들을 인상주의라고 부를까요? 인상주의의 시작인 모네의 〈인상, 해돋이〉 작품을 살펴보아요.

산업혁명과 일본 채색목판화

〈인상, 해돋이〉는 해가 뜨는 모습을 그린 거예요. 맑은 날은 아닌 것 같아요. 안개 가득한 바닷가에서 붉은 태양이 막 떠오르고 있어요. 그림에서 하늘과 바다의 경계가 뚜렷하게 보이나요? 해가 뜨는 순간이니까 아직 어둠이 가득한 순간이죠. 모호한 경계 사이에서 떠오르는 태양에서 나온 햇빛이 바다와 어우러져서 주변을 물들이고 있어요. 흐릿하지만 공장에서는 연기가 나고, 배는 물살을 가르고 있는 모습을 볼 수 있어요. 고요하고 평화로워 보이는 그림의 배경은 빠른 붓질로 그려져 형상을 알아보기 힘들죠? '정말 대충 그린 거 아니야?' 이런 생각도 들죠? 이 그림은 모네가 직접 가서 본 프랑스 북서부의 르아브르라는 항구도시를 담은 작품이에요. 모네는 해가 뜨는 그 순간을 재빨리 잡아내기 위해 빠르게 붓질한 거예요. 해가 더 떠오르기 전에 그 순간을 담기 위해 서둘러서 짧은 붓질을 많이 한 것이 보이나요? 그래서 더 형상을 알아보기 힘들어요.

모네가 〈인상, 해돋이〉를 그리게 된 데 여러 가지 배경이 있어요. 하나씩 살펴보도록 해요.

그림의 배경 중 하나는 산업혁명의 영향이에요. 1750년에서 1820년에 영국에서 시작된 산업혁명은 기술의 혁신과 새로운 제조 방법으로 사회, 경제 등 모든 분야에서 큰 변화를 일으켰어요. 왕과 귀족의 지배 체제가 붕괴하고, 부르주아 계급이 성장하면서 자유주의 경제 체제가 형성되었어요. 산업혁명이 일어나고 난 뒤 19세기 중반에 많은 사람이 일자리를 찾아 대도시로 이동하게 되었고, 도시의 인구는 폭발적으로 늘어났어요. 그렇게 일자리를 찾은 사람들의 소득은 높아져서 그 이전 과 생활이 많이 달라졌죠. 좀 더 여유로운 생활을 할 수 있었어요. 이런 사회 전반의 변화는 미술에도 영향을 끼쳤는데, 귀족이나 지배계층의 전유물이던 예술을 도시민도 향유할 수 있게 되었고, 도시에 예술가가 넘쳐났어요. 특히 파리는 예술의 중심지가 되었지요. 증기기관의 발전으로 여행이 자유로워졌고, 여행은 작가들에게 새로운 경험을 가능하게 했어요. 인상주의자들은 빛에 관심을 두었죠. 작가들이 여기저기 여행하면서 실내가 아닌 야외에서 눈에 띈 것은 빛이었어요. 작가들이 본 경이로운 장면을 화폭에 담게 되었고, 증기 열차나 현대식 건축물 등이 그 소재가 되었어요.

두 번째 배경은 일본 채색목판화의 영향이에요. 이 당시 일본의 채색목판화인 우키요에는 유럽의 화가들에게 매우 새롭고 신선한 소재였어요. 우키요에는 17세기 중반에서 19세기에 일본에서 유행하던 풍속화와 목판화로 선명한 색채와 대담한 구도로 표현하고 대량생산이 가능해서 일본 서민에게 널리 보급되었던 대중문화 예술이에요. 서양미술에서 강조하던 학문적인 규칙과 상투적인 화법이 과감히 생략되었고, 그 색채가 무척 화려했어요. 곰브리치는 서양미술사에서 "일본 채색목판화가 유럽 회화의 기본적인 규칙을 무시해서 인상주의자들에게 충격을 주었다"라고 기술하고 있을 정도로 새로운 패턴이었어요.

세 번째 배경은 카메라의 등장입니다. 요즘 스마트폰의 여러 기능 중 가장 많이 사용하는 기능이 바로 사진을 찍는 기능이죠? 사람들은 자신의 셀카를 담기도 하고, 가 본 장소나 음식 등 삶의 다양한 순간을 사진으로 포착해요. 지금처럼 간단한 방법은 아니었지만, 사진은 19세기에 전구, 자동차, 다이너마이트와 함께 발명되었어요. 실제와 닮은 모습을 담으려고 노력하던 화가들은 어떤 생각을 가지게 되었을까요? 인물과 풍경을 자세하게 실제처럼 그리던 자신들의 위치에 대해 많은 생각을 하기 시작했어요. 이제 어떻게 살아야 할 것인가? 나는 무엇을 그려야 할 것인가? 사진보다 더 잘 그릴 수 있을까? 생존을 위해 화가들은 이전과는 다른 도전을 시작해요. 화실이 아닌 야외로 나가게 되었고, 그리고 야외에서 빛을 만나게 되었어요. 이전 회화에서는 잘 찾아볼 수 없었던 빛에 관한 관심과 연구가 시작되었어요. 이런 이유로 모네의 〈인상, 해돋이〉처럼 새로운 화풍의 그림이 등장하게 되었어요.

모네의 〈루앙 대성당〉이에요. 모네는 루앙 대성당에 비추는 빛이 낮과 밤, 계절마다 달라서 새로운 색감을 나타내는 모습에 깊은 인상을 받았어요. 그래서 빛을 나타내기 위해 이런 연작 작품을 그리기도 했어요. 어느 시간과 계절을 그린 그림일까요? 왼쪽에서부터 차근히 감상해 보세요. 이렇게 시간과 계절에 따라 같은 건물이 다르게 보이는 것에 주목하여 '빛'을 표현하기 위한 여러 시도를 했어요.

루당 대성당 연작, 73.5cmx107cm, 오르세 미술관 등

인상파의 탄생

클로드 모네는 프로이센-프랑스 전쟁 중에 런던으로 건너가, 터너 등의 영향으로 밝은 색조에 관한 연구를 시작했어요. 이전에는 실내에서 어두운색으로 근엄하게 그리거나, 매우 사실적으로 묘사하는 것이 대세던 시기였죠. 그러나 모네는 지금과는 다른 새로운 회화를 보여 주겠다며, 1874년 1월에 화가, 조각가, 판화가들의 협회를 만들고, 그룹전을 열었어요. 모네의 스승인 부댕과 펠릭스 브라크몽, 세잔, 드가 등이 참여했어요.

전시장을 찾은 사람들은 그림 앞에서 낄낄거리며 웃었고, 화가들이 권총에 물감 튜브를 장전해 캔버스를 향해 발포한 후 자기 작품에 서명했다고 말했어요. 그만큼 엉터리로 대충대충 그렸다고 생각해 조롱했던 거죠. 모네는 새로운 회화를 보여 주겠다고 선언했기에 평론가들의 주요 공격 대상이 되었죠. 특히 르루아라는 평론가는 〈인상, 해돋이〉를 두고, "얼마나 자유로운가? 얼마나 쉽게 그렸는가?"라고 경멸하는 투로 글을 썼어요. 평론가 르루아가 쓴 '인상주의'라는 표현에 대해 또 다른 평론가들은 긍정적인 반응을 보여 '인상주의'라는 용어가 지금까지 사용되고 있어요.

새로운 시도를 할 때는 늘 어려움이 뒤따라요. 지금까지 없던 방식을 보여 주면 낯설어 하거나 반발하는 반응을 마주하기도 해요. 하지만 그런 시도가 없다면, 예술이 새로운 길을 여는 일도 없겠죠. 모네의 〈인상, 해돋이〉는 눈앞의 사물을 또렷하게 그려 넣기보다는, 그 순간 눈과 마음에 스친 빛과 색, 공기의 느낌을 담아 낸 그림이었어요. 이 작품은 예술이 '무엇을 그릴 것인가'에서 '어떻게 보고 느낀 것을 담을 것인가'로 방향을 바꾸는 데 이정표가 되었고, 지금도 많은 사람에게 감동을 주는 인상주의의 출발점으로 평가되고 있어요.

튜브 물감의 발명과 야외 그림

야외에서 그림을 그리기 위해서는 튜브에 담긴 물감이 필요했어요. 그래야 언제 어디서든 필요한 물감을 짜서 색을 칠할 수 있으니까요. 이런 튜브 물감도 이 때 발명되어 1841년에 최초로 특허를 받았어요. 여러 요소가 야외에서 그림을 그릴 수 있는 환경을 조성해 준 것이죠.

튜브 물감이 발명되기 전에는 다음의 과정이 필요했어요. 가루를 일일이 개어 썼어요. 미가공 안료를 구매한 후, 손으로 빻아서 가루로 만든 다음, 보조물질(왁스, 계란, 오일)을 혼합해 물감을 만들었어요. 만든 물감을 보관할 때 작은 용기나, 동물의 가죽으로 만든 주머니 또는 소나 돼지의 방광 주머니에 담아 보관하거나 휴대했어요. 야외에서 쓰기에는 불편했어요.

이런 불편함을 없애고자, 튜브에 물감을 넣는 것을 고안했고, 드디어 1841년 튜브 물감이 탄생했어요. 언제 어디서나 자유롭게 물감을 쓸 수 있게 된 거예요. 모네와 인상파 화가들에게 '인상을 남긴다'는 것은, 눈앞의 풍경을 있는 그대로 베끼는 일이 아니라, 그 순간 마음에 와 닿은 빛과 색, 공기와 분위기를 자기만의 시선으로 붙잡아 두는 일이었어요. 여러분이 어떤 장면을 바라볼 때, 사진으로 한 장 남기고 싶은 순간과 마음속에 오래 남는 첫 느낌은 언제 어떻게 다른지 일상 속에서 한 번씩 떠올려 보세요.

빈센트 반 고흐 〈별이 빛나는 밤에〉

타오르는 색과 소용돌이 치는 밤의 후기 인상주의 작품

명화가 묻다

고흐가 〈별이 빛나는 밤에〉를 그릴 때,
그의 마음속에는 어떤 밤이 펼쳐져 있었을까?

〈별이 빛나는 밤에〉, 73.7cm x 92.1cm, 뉴욕 현대 미술관

명화를 탐구하다

〈별이 빛나는 밤에〉에서 오른쪽 하늘을 배경으로 한 노란 부분은 무엇일까요? 초승달처럼 보이는데요. 그 주변에 조금 더 밝게 칠해진 둥근 부분은 무엇일까요? 달빛이 비치는 모습일까요? 왼쪽에 우뚝 솟은 검게 타오르는 불같은 것은 무엇으로 보이나요? 밤하늘이 움직이는 것처럼도 느껴집니다. 하늘도 파도처럼 넘실거리는 듯 보입니다. 그림 곳곳에 붓 자국이 선명해요.

오른쪽 아래에는 마을이 있는데, 역시 밤이라 창문 사이 불빛이 보여요. 늦은 밤에 아직 자지 않는 집이 많아요. 집들 사이에 첨탑이 높이 솟은 교회도 있네요.

다시 하늘을 볼게요. 하늘에는 노랑, 옅은 노랑, 주황색 점들이 있는데, 그 주변에도 원들이 쌓여 있네요. 하늘의 별일까요, 반짝이는 모습을 표현한 걸까요? 여러분이라면 하늘의 반짝이는 별을 어떻게 표현하고 싶은지, 밤하늘을 어떤 모습으로 기억하는지 생각해 보세요.

하늘이 마치 거대한 소용돌이처럼 빙글빙글 돌고 있는 듯한 모습으로 그려져 있어요. 붓 자국 하나하나가 살아있는 듯, 역동적으로 움직이는 느낌을 줘요. 하늘의 짙은 청색과 남색의 어두운 색깔 덕분에 별들이 더욱 밝게 빛나 보이는 효과를 주는 것 같아요. 하늘 오른쪽 위에는 초승달 모양의 달이 그려져 있어요. 달은 얇고 노란색으로 빛나고 있어요. 크고 밝은 별들이 밤하늘에 여기저기 흩어져 있어요. 별들은 노란색, 흰색, 주황색 등 다양한 색깔로 반짝이고 있어요. 별 주변의 원들은 별빛이 밤하늘에 퍼져 나가 불꽃처럼 보이는 모습을 형상화하고 있습니다.

아래쪽에는 고요하고 평화로운 마을이 펼쳐져 있어요. 집들은 작고 네모난 모양으로 창문에는 노란 불빛이 새어 나와요. 밤이 되어 조용히 잠든 마을처럼 보여요. 마을 가운데는 하늘을 향해 솟아있는 뾰족한 교회 첨탑도 있네요. 왼쪽에 검고 솟아오른 사이프러스 나무는 마치 불꽃처럼 거칠게 하늘을 찌르고 있어요. 밤하늘과 나무, 마을이 모두 서로 다른 방향으로 움직이는 것처럼 보이죠. 이렇게 소용돌이치고 타오르는 듯한 밤하늘은, 우리가 창밖에서 보는 조용한 밤과는 조금 다르게 느껴져요. 고흐가 이 하늘을 그리고 있을 때, 그의 눈과 마음에는 어떤 밤이 펼쳐져 있었을지 떠올려 보면서 이제 그의 삶 속으로 한 걸음 들어가 보아요.

빈센트 반 고흐(1853~1890)

빈센트 반 고흐는 네덜란드인 목사의 장남으로 태어났어요. 그는 어린 시절 삼촌들의 화랑에서 일하다 고향으로 돌아와 신학교에 입학하려고 했지만 떨어졌어요. 그 후 그는 낮은 계급의 사람들과 함께 살며, 그들의 초상화와 모습을 그리며 그림을 시작했어요. 고흐에게는 동생 테오가 있었는데, 테오는 고흐를 가장 지지해 주었던 사람이죠. 고흐는 종종 동생에게 자신의 스케치를 보냈고, 테오는 고흐에게 그림을 그리라고 제안했어요. 밀레의 그림을 보고, 자신처럼 가난하고 소외된 사람들에게 관심 있던 밀레에게 감동받았을 거예요. 고흐는 노동자들의 모습을 많은 작품으로 남겼어요.

초기 고흐의 작품은 아주 어두웠어요. 그의 동생 테오는 조금 더 밝은 색을 사용해 보라고 제안했죠. 그 후 고흐는 테오가 있던 파리로 가게 되었고, 테오는 고흐를 인상파 화가들과 소개시켜 주었어요. 고흐는 그들과 함께하며 바깥에서 그림을 그리기 시작했고, 그의 화풍은 점점 변화했어요.

하지만 고흐는 산업화된 도시에서 많은 진보적인 화가와의 만남에 지쳐 조용한 프랑스 남부의 아를로 거처를 옮겼어요. 아를에서 고흐는 많은 작품을 그렸고, 가장 즐거운 시간이었지만 또 절망적이기도 했던 시간을 보냈어요. 바로 고갱과의 만남 때문이에요. 두 사람은 서로 맞지 않아 점점 더 싸움이 잦아졌고, 결국 고갱은 집을 떠났고 고흐는 귀를 자르게 되었어요. 이 사건으로 고흐는 경찰에 신고당하고, 아를을 떠나 요양원에 입원하게 되었어요. 고흐는 요양원에서 정말 많은 그림을 그렸어요. 그는 "살기 위해 그림을 그린다"고 말할 정도로 매일같이 캔버스를 채웠죠. 〈별이 빛나는 밤〉에도 요양원에서 그린 작품이에요. 어쩌면 그는 창밖의 밤하늘, 머릿속에서 커져 가는 불안과 희망, 믿음과 절망이 뒤섞인 그 시간을 소용돌이치는 붓질과 타오르는 색으로 옮겨 놓았던 것이겠죠.

고흐는 요양원에서 치료가 제대로 되지 않았고, 발작은 점점 심해졌어요. 여러 번의 입원과 퇴원을 반복했지만, 상태는 나아지지 않았어요. 그러던 중 동생 테오가 고흐에게 가셰 박사를 소개해 주었고, 고흐는 그가 있는 마을에서 치료받게 돼요. 그곳에서 고흐는 2달 동안 70여 점의 그림을 그렸다고 해요. 거의 매일 작품을 완성할 정도로 많은 그림을 남겼어요. 그를 치료하던 가셰 박사도 우울증에 시달리고 있었고, 고흐는 그의 건강을 걱정하는 편지를 쓰기도 했어요.

어느 날 동생 테오의 회사에서 좋지 않은 일이 발생했다는 소식을 들은 고흐는 다시 파리로 돌아갔어요. 그러나 고흐는 결국 스스로 생을 마감하려 시도했고, 동생 테오의 품에서 눈을 감았어요. 고흐는

37살이라는 짧은 나이에 세상을 떠났어요. 고흐의 죽음은 테오에게 큰 충격을 안겨 주었고, 태오도 6개월 후 세상을 떠나요.

동생과 주고받은 편지 600여 통[10]

고흐는 테오와 편지를 주고받으며 자기 생각과 그림에 관한 이야기를 많이 남겼어요. 유일하게 팔린 작품 〈아를의 붉은 포도밭〉의 경우에는 "비가 내린 뒤 석양이 땅을 보라색으로 바꾸고 포도 잎을 와인처럼 붉게 물들일 때 그린 것"이라고 편지에서 설명하고 있어요. 테오와의 편지에 그림 이야기 말고도, 자신의 철학을 담은 글도 많이 썼어요.

이렇게 창작의 고통을 이야기하기도 하고, 정신병으로 고통스러워할 때의 느낌을 고스란히 남기기도 했어요. 고흐가 테오에게 보낸 편지는 잘 보존되어 보관됐지만, 테오가 고흐에게 보낸 편지는 많은 부분 사라졌다고 해요. 남은 편지로 지금 우리는 화가 고흐에 대해 더 깊이 그리고 더 많이 알게 된 거죠.

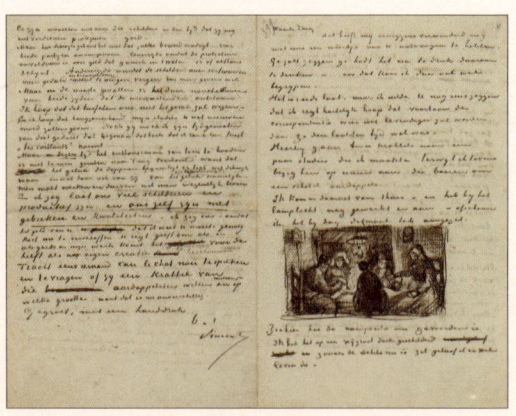

고흐의 편지

고흐의 동생 테오의 아내 요한나는 두 사람의 깊은 애정을 잘 알았기에 남편을 형의 옆에 묻어주었어요. 요한나에게는 한 살도 채 되지 않은 어린 아들이 있었고, 고흐의 수많은 작품이 남아 있었죠. 그녀는 고흐의 그림을 대중에게 알리기 위해 화랑에서 고흐 전시회와 대규모 회고전을 열었어요. 특히 고흐와 테오가 주고받은 편지를 책으로 출간했어요. 이 책을 통해 사람들은 고흐가 당시 어떤 마음으로 그림을 그렸는지 알 수 있었죠. 고흐의 그림은 점차 널리 알려지게 되었어요. 그 후 요한나도 세상을 떠났고, 테오의 아들이자 고흐의 조카인 빈센트 반 고흐 주니어는 고흐의 그림을 네덜란드 정부에 기증하고 '반 고흐 미술관'을 세웠어요.

고흐가 생전 팔았던 유일한 작품

2024년에 서울에서 고흐의 전시가 열렸어요. 이때 고흐의 작품 75점에 대한 보험 평가액이 무려 1조 원에 달했대요. 〈해바라기〉, 〈자화상〉, 〈아를의 침실〉 같은 고흐의 대표작은 포함되지 않았는데도 이 정도 보험 평가액이 나온 걸 보면 고흐의 작품 가치를 짐작해 볼 수 있어요.

그런데 고흐의 작품은 그가 살아있는 동안은 팔리지 않았어요. 당시 사람들은 맹렬한 붓질과 두껍게 덧바른 물감 등이 너무 강렬하게 느껴져 고흐의 작품을 그리 좋아하지 않았다고 해요.

화상인 테오는 〈아를의 붉은 포도밭〉을 브뤼셀에서 열린 20인전에 출품했어요. 그때 고흐와 친분이 있었던 시인 외젠 보흐의 누이, 안나 보흐가 이 작품을 400프랑 정도에 샀다고 해요. 안나 보흐도 화가였는데, 빈센트의 작품이 아름답기도 했고, 그의 경제적 어려움을 돕고, 사람들이 빈센트의 그림을 좋아하게 되었으면 하는 바람에 샀다고 해요. 테오가 형의 작품 중 유일하게 판 작품이에요.

그러나 안나는 자신이 산 가격보다 비싸게 작품을 팔았는데요. 돈을 벌기 위해 판 것이 아니라 고흐의 작품에 압도되어 자기 작품을 하기 힘들어서 팔았다고 해요. 그리고 후에 러시아 사업가를 통해 러시아로 넘어갔고, 현재는 러시아 모스크바 푸시킨 미술관에 소장되어 있어요. 안타깝게도 고흐는 살아있는 동안에는 관심받지 못하던 무명 화가였어요.

고흐의 마지막 그림의 미스터리

고흐는 1890년 7월 27일 치명적인 총상을 입고 이틀 후 사망했어요. 그는 죽기 전에 무엇을 그렸을까요? 그의 마지막 작품을 통해 그의 마음과 정신 상태를 짐작할 수 있을까요?

고흐는 그가 세상을 떠나기 전 프랑스 오베르 쉬르 우아즈에서 머물던 70여 일 동안 가장 왕성하게 작품활동을 했어요. 사망할 때까지 70여 점의 회화와 수십 점의 스케치 및 드로잉을 제작했어요. 오베르 쉬르 우와즈의 풍경은 고흐에게 큰 영감을 주었고, 특히 하루 중 여러 시간대에 여러 시선으로 다양하게 밀밭을 표현했어요. 하지만 고흐는 그림의 제작 시점을 기록하지 않았기 때문에, 그의 마지막 작품이 무엇인지는 오랫동안 미스터리이자 논쟁의 대상이 되어 왔어요. 특히 어빙 스톤의 전기소설을 원작으로 한 영화 〈열정의 랩소디〉의 영향으로 고흐의 생애가 신화화되면서 이 논쟁은 더욱 심화되었죠.

고흐의 마지막 작품으로 〈까마귀가 있는 밀밭〉 〈나무뿌리〉 등 다섯 작품이 거론되는 가운데, 오랫동안 그림에 나타난 어둡고 격정적인 하늘, 검은 까마귀 떼가 고흐의 비극적인 최후와 맞아떨어진다고 해석되었던 〈까마귀가 있는 밀밭〉이 마지막 그림으로 통념처럼 자리 잡고 있었어요. 그러나 현재 네덜란드 반 고흐 미술관은 동생 테오의 처남인 안드리스 봉허의 언급을 근거로 〈나무뿌리〉가 최후의 작품이라고 주장하고 있어요. 그는 "죽기 전날 아침, 태양과 생명으로 가득한 숲의 풍경을 그렸던 것으로 알고 있다"라고 말했어요.

〈나무뿌리〉는 추상적인 특성 때문에 작품 속 장소가 실제 존재하는지에 대해 의문이 많았어요. 이 미스터리는 2020년 팬데믹 기간 중 극적으로 풀렸어요. 2020년 반 고흐 재단의 연구원 바우터 반 데르 빈은 1900년에서 1910년 사이에 제작된 오래된 엽서 사진을 우연히 보게 되었는데 이 사진에는 고흐가 머물렀던 오베르 라부 근처의 도비니 거리가 담겨 있었어요. 그는 문득 이 사진의 일부가 그림 〈나무뿌리〉와 묘하게 닮았다는 사실을 깨달았고 그 현장을 찾아냈어요.

오랜 세월 수많은 고흐 전문가와 애호가들이 이곳을 지나갔지만 아무도 그림과 현장을 연결하지 못했어요. 이렇게 해서 예리한 안목을 가진 한 연구원이 고흐의 마지막 날에 대해 또 하나의 내러티브를 완성했죠. 반 데르 빈은 고흐의 마지막 날을 이렇게 추정 복원했어요.

〈나무뿌리〉의 현장은 고흐가 머물렀던 여관에서 불과 150미터, 걸어서 2분 거리였다. 반 데르 빈은 고흐가 그날(7월 27일) 아침에 숙소와 가까운 이 장소에서 그림을 그리기 시작했다고 추정한다. 폭이 1미터에 달하는 큰 그림이지만 고흐는 매우 빠르게 작업했기 때문에 그날 아침에는 거의 완성했을 것이다. 고흐는 일요일 점심을 먹기 위해 여관으로 돌아왔고, 다시 도비니 거리로 돌아가 그림에 약간의 수정을 가하고 늦은 오후 빛의 효과를 묘사했고, 거의 완성된 작품을 여관으로 가져갔다.

그날 저녁 고흐는 작은 리볼버를 들고 여관을 나와 마을 가장자리에 있는 밀밭으로 걸어갔고, 자기 가슴에 총을 쐈다. 이틀 후 상처로 인한 감염으로 사망했다. 동생 테오도 6개월 후 사망했고, 두 사람은 오베르 쉬르 우와즈에 나란히 묻혔다.

그래서 반 데르 빈은 〈나무뿌리〉 그림을 "그림으로 그린 작별 편지"라고 표현하고 있어요. 하지만, 이 그림에서는 죽음이나 절망의 그림자를 찾아보기 어려워요. 오히려 안드리스 봉허 말대로 환한 생명력이 채우고 있는 듯한 느낌이 들지요. 과연 이런 그림을 그리고도 자살을 결심할 수 있을까, 하는 또 하나의 미스터리를 남기면서 고흐의 마지막 이야기는 완성되고 있어요.

고흐의 이야기를 담은 영화

고흐의 영화 같은 삶은 실제로 여러 작품으로 만들어졌어요.

〈열정의 랩소디〉(1956, 15세 관람가)는 반 고흐의 삶을 태어나서부터 죽을 때까지 전체 이야기를 다루고 있는 아주 오래된 전기 영화예요. 어빙 스톤은 고흐의 첫 전기소설 《삶에 대한 욕망》을 썼는데, 이 책은 세계적인 베스트셀러가 되었고, 고흐의 명성은 절정에 달했어요. 이 책을 각색한 영화 〈열정의 랩소디〉도 아카데미상을 받으면서 고흐의 생애는 점점 신화화되었고, 특히 밀밭에서의 자살 사건은 '비운의 천재 화가'다운 비극적 결말이라는 이미지를 완성했어요.

〈반고흐〉(1991, 15세 관람가)는 고흐가 죽기 전 2~3개월간의 삶에 집중적으로 그린 영화예요. 정신병원에 입원하는 광기 어린 삶보다는 일상적인 삶에 초점을 맞추고 있어요.

〈반고흐의 위대한 유산〉(2014, 12세 관람가)은 삼촌의 작품을 물려받은 빈센트 반 고흐 주니어의 시선에서 바라본 고흐의 삶을 다루고 있어요. 이 영화에서는 반 고흐의 작품 300여 점을 만나볼 수 있어요.

〈러빙 빈센트〉(2017, 15세 관람가)는 빈센트의 작품을 유화 애니메이션으로 만든 혁신적인 영화예요. 반 고흐 원화 또는 스타일이 담긴 유화를 백여 명의 작가가 직접 그려 10여 년에 걸쳐 만든 작품이에요.

〈앳 이터너티스 게이트〉(2018, 12세 이상 관람가)는 널리 알려진 고흐에 관한 이야기와는 조금 다른 줄거리를 가지고 있는 영화예요. 논란이 될 만한 새로운 가설을 기반으로 영화를 만들었어요.

이렇게 많은 영화가 제작된 화가도 드물어요. 너무나 짧은 인생을 영화처럼 살다 간 예술가에 대한 그리움과 오마주인 것 같아요. 빈센트 반 고흐가 얼마나 사랑받고 있는지를 보여 주는 것이기도 해요.

고흐의 삶과 편지, 마지막 그림과 그를 다룬 수많은 영화까지 알고 나면, 〈별이 빛나는 밤에〉 속 밤하늘은 단순히 예쁜 풍경이 아니라, 한 사람이 끝까지 살아 보려고 애쓰던 시간의 기록처럼 느껴지기도 해요. 여러분이 이 그림을 다시 보게 된다면, 그 소용돌이치는 하늘과 조용한 마을 사이 어디쯤에서, 고흐의 마음속 밤이 어떤 모습이었을지 각자 나름의 답을 떠올려 볼 수 있을 거예요.

〈나무뿌리〉, 50cm×100cm, 암스테르담 반 고흐 미술관

28

구스타프 클림트 〈키스〉

황금빛 사랑을 그린 상징의 회화

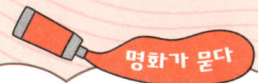

명화가 묻다

황금빛으로 뒤덮인 사랑의 장면에
클림트는 무엇을 담고 싶었을까?

〈키스〉, 180cm×180cm, 벨베데레

명화를 탐구하다

두 남녀가 서로 꼭 안고 있어요. 여자는 눈을 감고 편안하고 행복한 표정을 짓고 있어요. 남자와 여자의 옷은 매우 화려해요. 그림 속 남녀는 어떤 대화를 나누고 있을까요? 그림의 배경은 황금색인데, 설마 이 황금빛이 모두 진짜 금일까요? 금색은 여러분에게는 어떤 느낌을 주나요? 배경이 금색이 아닌 다른 색이라면 느낌이 어떻게 달라질까요? 보라색 꽃이 가득 핀 꽃밭에서 함께하는 사람. 그런데 이 아름다운 꽃밭이 끝없이 펼쳐져 있지만은 않네요. 오스트리아 벨베데레 궁전에 소장된 클림트의 〈키스〉를 만나 보아요.

황금색 배경 위에 인물들이 떠 있는 것처럼 보였죠.

클림트의 아버지는 금 세공사였기 때문에 금을 다루는 일은 그에게 익숙했어요. 그는 비잔틴 모자이크에서 영감을 받아, 그 황금빛을 사랑과 몸, 장식과 패턴으로 다시 해석해 자신만의 세계를 만들었어요. 번쩍이는 황금장식은 화려하면서도, 마치 일상에서 보는 장신구나 보석처럼 친근하게 느껴지기도 하죠.

〈키스〉에서 어떤 부분이 제일 먼저 눈에 들어오나요? 두 사람이 나누는 키스의 장면인가요, 아니면 온 화면을 뒤덮은 황금빛과 문양들인가요? 배경의 금빛은 물감만으로 표현한 색이 아니라, 실제 금을 얇게 두드려 만든 금박을 붙여 완성한 부분도 있어요. 진짜 금이에요.

남자의 옷에는 검고 흰 네모들이 반복되어 성벽이나 돌기둥처럼 단단한 느낌을 주고, 여자의 옷에는 둥근 무늬와 꽃잎 같은 모양이 가득해요. 남자의 옷이 직선과 네모였다면, 여자의 옷은 곡선과 원으로 가득 차 있죠.

금빛과 기하학 무늬가 온몸을 감싼 포옹 장면은 마치 둘의 사랑이 금처럼 변하지 않고 영원하길 바라는 주문처럼 보이기도 해요. 그렇다면 황금빛으로 뒤덮인 이 사랑의 장면 속에, 클림트는 무엇을 담고 싶었을까요? 이 질문을 마음 한쪽에 두고, 그의 삶과 비엔나의 이야기를 함께 살펴보아요.

오스트리아의 상황

1156년부터 1806년까지 합스부르크 가문은 신성로마 제국의 황제를 배출했어요. 그러나 프로이센과의 전쟁에서 패배한 오스트리아는 이후 오스트리아-헝가리 이중 왕국을 구성하게 되었어요. 두 왕국은 어렵게 통합을 시도했지만, 실제로는 여러 어려움이 많았고 제국은 점점 몰락하고 있었어요.

1914년, 사라예보에서 오스트리아 황태자 부부가 암살당하는 사건이 발생했어요. 이 사건을 계기로 오스트리아-헝가리 제국은 세르비아에 선전 포고하면서 제1차 세계 대전이 시작되었죠. 결국 오스트리아-헝가리 제국은 1차 세계 대전에서 패배하고 해체되었어요. 전쟁이 끝난 후, 나라의 내부 상황은 매우 혼란스러웠지만, 여전히 과거에 계속 머물러 있어서 시대의 흐름을 따라가지 못했어요.

빈 분리파

19세기 말, 기존의 전통과 권위를 중시하는 아카데미즘에 반발해 새로운 미술 운동이 등장했어요. 당시 유럽의 미술계는 전통적인 아카데미즘과 새로운 예술 경향 사이에 갈등이 심해졌어요. 인상주의, 후기 인상주의가 대표적인 사례죠.

특히 오스트리아 빈에서도 아카데미즘이 매우 강해서 새로운 시도가 쉽게 인정되지 않았고, 그 결과 구스타프 클림트를 중심으로 빈분리파가 결성되었어요. '분리'라는 말에서 알 수 있듯이, 기존 미술과 거리를 두고 새로운 예술을 추구한 그룹이었죠. 이들은 총체적인 예술을 꿈꾸며, 삶 속에서 숨 쉬는 예술을 추구했어요. 그들은 새로운 예술을 전시할 공간을 꿈꾸며 '체제 시온'이라는 미술관을 세웠어요. 미술관 입구에는 "시대에는 그 시대의 예술을, 예술에는 예술의 자유를"이라는 표어를 걸었어요. 이는 그 시대에 맞는 예술을 하되, 표현은 자유로워야 한다는 빈 분리파의 생각을 잘 보여 주는 말이었죠.

빈 분리파의 14번째 전시에서는 미술과 음악을 결합한 특별한 시도를 했어요. 베토벤 조각을 미술관 중심에 설치하고, 베토벤의 곡이 연주되면 좋겠다는 생각의 결과로 나온 작품이 바로 베토벤 프리즈예요. 프리즈는 그리스나 로마의 신전 지붕 밑 벽면 상단에 조각이나 그림을 띠처럼 길게 장식한 것을 의미하는데, 클림트는 벽 3면을 따라 35미터에 달하는 긴 그림을 그려 베토벤의 음악에서 영감을 받은 내용을 형상화했어요.

빈 분리파는 이렇게 다양한 예술이 서로 결합하고 조화를 이루는 총체적인 예술을 추구하며, 새로운 시대에 걸맞은 예술을 만들어 갔어요. 무너져 가는 제국의 한가운데에서, 이들은 더 이상 옛 제국의 초상만 그리는 대신, 사랑과 몸, 장식과 상징을 통해 불안한 시대의 공기와 개인의 욕망을 함께 담아 내고 싶어 했어요. 클림트의 황금빛 사랑 장면도 바로 그런 시도 가운데 탄생한 것이죠.

구스타프 클림트(1862~1918)

구스타프 클림트는 자화상을 그리지도 않았고, 자기 그림에 관해 설명하지 않는 것으로 유명해요. 그래서 신비의 화가라고도 불리죠. 그림의 내용이나 작품에 대해 밝혀진 부분이 적어서 더 많은 사람이 궁금해하고, 더 알고 싶어하는 것 같아요.

클림트의 아버지는 금 세공사였으며, 금으로 정밀하게 물건을 만드는 일과 조각도 했어요. 그의 부모는 매우 성실했지만, 가정형편은 어려웠다고 해요.

클림트는 어린 시절부터 예술에 소질이 있었고, 빈 응용 미술학교에 입학해 회화, 프레스코화, 모자이크 등 여러 기법을 배우며 우수한 성적으로 졸업했어요. 워낙 가난한 집에서 자랐기 때문에, 성공해서 돈을 많이 벌어야겠다고 생각했어요. 화가인 동생과 친구 프란츠 마치와 함께 '아티스트 컴퍼니'를 차렸어요.

당시 비엔나는 재건축 붐이 일고 있었어요. 건물을 새로 짓고 나서 요즘 말하는 인테리어 작업이 많이 이루어졌어요. 특히 새 공간에 천장화나 벽화를 그리는 일이 많았어요. 그러나 신출내기 작가들에게 처음부터 의뢰가 오지는 않았죠. 당시 유명한 화가 한스 마카르트에게 일이 많이 몰렸어요.

한스 마카르트가 갑자기 세상을 떠나게 되자, 그제야 '아티스트 컴퍼니'에도 의뢰가 들어왔어요. 그중 하나가 브루크 극장 재건축 사업이었어요. 브루크 극장을 새로 건축하면서, 이전 극장을 기억할 수 있는 뭔가를 남기고 싶다는 취지로 벽화를 주문했어요. 무엇을 그릴지 고민하던 클림트는 그 극장을 찾았던 관람객을 그리기로 결심했어요. 브루크 극장의 마지막 공연을 찾은 당시 귀족의 모습을 마치 사진처럼 그렸죠. 물론 사진이 등장한 후였고, 사진을 활용할 수도 있었어요. 그럼에도 클림트는 사진이 아닌 사진처럼 사실적인 벽화를 완성했어요. 당시 사진은 고급문화가 아니었기 때문에, 여전히 그림이 더 인기가 있었어요.

귀족들 사이에서는 클림트가 그린 벽화에서 자기 모습을 찾는 것이 유행할 정도로 인기가 있었어요. 역사적 극장에서 예술을 즐긴 귀족들의 모습을 그린 이 벽화로, 클림트는 황금 공로 십자 훈장까지 받게 되었어요. 이 그림 덕분에 클림트의 '아티스트 컴퍼니'는 승승장구하게 되었고, 밀려드는 주문과 의뢰로 엄청난 성공을 거두었어요.

나이 차를 극복한 우정

에곤 실레(1890~1918)는 기차 역장이었던 아버지 밑에서 여유로운 어린 시절을 보냈어요. 어릴 때부터 그림 실력이 뛰어났고, 특히 드로잉 실력은 매우 출중했어요. 그 후 실레는 정식으로 그림을 배우기 위해 빈 아카데미에 입학했어요. 실레는 그림을 배울 수 있다는 사실에 매우 기뻐했지만, 딱딱한 교육 방식이 자신과 잘 맞지 않아 학교생활에 적응하지 못하고 방황했어요. 그러던 중 빈 분리파에 관심을 가지게 되었고, 1907년에 클림트를 만나게 돼요. 이는 역사적인 만남이었어요.

실레는 클림트에게 자기 그림을 보여 주며 스승이 되어 달라고 요청하고, 자기 그림과 클림트의 그림 몇 점을 교환하자고 제안했어요. 그러나 클림트는 "너무 잘 그렸으니 굳이 내 그림이 필요하지 않다"라며 거절했어요. 실레는 이미 그만의 시선이 있고 잘 그렸기 때문이에요. 클림트는 29살 차이 나는 젊은 청년을 여러 방면에서 후원했어요. 자기 친구들에게 소개하고, 자기 작업실도 자유롭게 사용하도록 해 주었어요. 두 사람은 세상을 떠날 때까지 서로의 예술을 지지하며 우정을 이어 갔어요. 클림트의 마지막을 곁에서 지킨 사람도 바로 실레였어요.

동생과 아버지의 연이은 죽음

동생과 함께 세운 아티스트 컴퍼니가 승승장구하고 있을 때, 동생이 갑작스럽게 사망해요. 그리고 얼마 뒤에 아버지마저 돌아가시죠. 갑작스러운 가족의 연이은 죽음을 맞이한 클림트는 상실감에 빠져 작품활동을 중단해요. 그 후, 클림트의 화풍은 크게 변하죠. 아마도 아버지와 동생을 동시에 떠나보내고 나서, 그가 주목한 화두는 죽음과 성찰이었을 거예요. 그의 그림 속 여성과 사랑의 장면은 점점 더 화려한 황금빛과 관능적인 자세로 채워지지만, 동시에 어딘가 차갑고 공허한 기운도 풍기기 시작했어요. 〈키스〉의 황금빛도 예쁘고 화려한 장식만이라고 하기에는 사라져 가는 것들을 붙잡고 싶어하는 마음과 언젠가 이 모든 것이 사라질지도 모른다는 불안이 함께 비치는 배경처럼 볼 수 있죠. 당시에 유행하던 유럽의 예술사조인 아르누보의 영향도 받았을 것으로 추정돼요. 아르누보는 '새로운 미술'을 뜻하며, 전통적인 구분을 무너뜨리고 새로운 미술을 추구하는 사조였어요.

클림트 화풍의 변화는 빈대학에서 의뢰한 '벽화'에서 찾아볼 수 있어요. 빈대학은 대학교 천장화의 제작을 클림트에게 요청했어요. 천장화의 주제는 철학, 법학, 의학이었죠. 그를 유명하게 만든 부르크 천장 벽화를 생각해 보면, 사진처럼 정교하고 누구나 한눈에 이해할 수 있는 그런 벽화였을 텐데, 그가 대학에 그린 벽화는 매우 실험적이고 자유롭고 파괴적이며 관능적인 새로운 모습을 표현하고 있었어요. 그러나 빈대학은 이 벽화에 격렬하게 반대했고, 결국 철거하게 되었어요.

무시무시한 스페인 독감

1918년부터 시작된 스페인 독감은 전 세계를 강타했어요. 제1차 세계대전 중에 발생한 이 독감은 전쟁에 참여한 국가들이 그 심각성이나 독감 관련 정보를 축소하거나 숨겼기 때문에 더 많은 사람이 감염되었어요. 당시 스페인은 제1차 세계대전에 참여하지 않은 중립국이었고, 유일하게 독감에 대한 정보를 자유롭게 보도할 수 있었어요. 그래서 처음으로 스페인에서 이 사실이 보도되었고, 이로 인해 '스페인 독감'이라는 이름이 붙여졌어요.

스페인 독감으로 사망한 사람의 수는 5000만 명에서 1억 명에 달한다고 추정돼요. 제1차 세계대전으로 사망한 사람보다 훨씬 많은 수였죠. 스페인 독감은 전염병이 얼마나 위험한지, 개인위생과 건강의 중요성을 일깨워주었고, 공중 보건 시스템(대중을 질병으로부터 예방하고 모두의 건강을 유지하고 증진하는 것)의 중요성과 함께 의학 기술 발전을 촉진하는 계기가 되었어요. 스페인 독감으로 인해 클림트는 아내와 아이를 잃었고, 클림트 자신도 세상을 떠나게 되어요. 제국이 무너지고, 전쟁과 전염병이 사람들의 삶을 휩쓸어 가던 시기에, 클림트가 황금빛으로 사랑을 감싸 안는 장면을 그렸다는 사실은, 그가 예술 속에서 무엇을 붙잡고 싶어 했는지를 조용히 짐작하게 해 줘요.

클림트의 삶과 빈분리파, 그리고 전쟁과 전염병으로 흔들리던 제국의 이야기를 알고 나면 〈키스〉 속 황금빛 포옹이 처음 보았을 때와는 조금 다른 느낌으로 다가올 거예요. 그 차이가 무엇인지, 황금빛으로 뒤덮인 이 사랑의 장면 속에 클림트가 무엇을 담고 싶었을지, 그 다음 이야기를 상상해 보면 어떨까요?

29

피카소 〈게르니카〉
전쟁의 비극을 외친 거장의 붓

명화가 묻다

〈게르니카〉는 왜 흑백으로 그려졌을까?

〈게르니카〉, 349.3cm×776.6cm, 마드리드 소피아 왕비 국립 미술관

명화를 탐구하다

〈게르니카〉 중앙에는 고통스럽게 비명을 지르는 말이 있어요. 창에 찔린 말의 고통은 그 자세와 찢어진 혀, 울부짖는 모습에서 느껴져요. 그림 왼쪽 아래에는 죽은 아기를 안고 하늘을 향해 울부짖는 어머니가 있어요. 그 위쪽에는 황소도 보이네요. 그림 오른쪽 위에는 횃불을 들고 서 있는 여인이 있어요. 이 거대한 그림의 크기는 가로 7.8미터, 세로 3.5미터나 돼요. 키가 180센티미터인 어른 네 명이 가로로 누워도 다 안 들어갈 정도예요. 그런데 이렇게 큰 그림인데도, 우리 눈에 들어오는 색은 오직 검은색, 흰색, 그 사이의 회색뿐이에요. 피카소는 왜 이처럼 강렬한 장면을 흑백으로만 그렸을까요?

피카소의 〈게르니카〉는 스페인 내전(스페인 제2공화국에서 인민전선 정부가 성립된 데 대하여 파시즘 진영이 일으킨 내란으로, 1936년부터 1939년까지 진행) 중 일어난 게르니카 폭격(1937년 4월 26일 스페인 내전 당시 공화파의 세력권에 있던 바스크 지방의 소도시 게르니카가 나치 독일의 콘도르 군단 부대의 폭격을 받은 사건)의 참혹함을 표현한 그림이에요. 그림 속에는 고통받는 말, 죽은 아기를 안고 있는 어머니, 쓰러진 사람들이 그려져 있어요. 이들은 전쟁으로 하루아침에 가족을 잃거나 고통 속에 살아가는 사람들의 모습을 나타내죠. 그림 오른쪽 위에는 횃불을 들고 있는 여인이 등장하는데, 이 여인은 희망을 상징할 수도 있어요. 전쟁을 어둠으로 본다면, 어둠 속에서 빛을 찾아 헤매는 불안한 사람들의 모습을 표현한 것일 수도 있어요.

피카소는 이 그림을 흑백으로 그렸는데, 흑백은 전쟁의 참혹함, 슬픔, 두려움 등 강렬한 감정을 극대화하죠. 만약 이 그림에 색이 있었다면, 지금과는 전해지는 느낌이 달랐을 거예요.

〈게르니카〉는 마치 여러 조각을 이어 붙인 것처럼 공간이 뒤틀려 있고 복잡하게 표현돼요. 이런 표현은 큐비즘(입체주의)의 특징을 잘 보여줘요. 큐비즘은 대상을 기하학적인 형태로 나누고 재구성해 여러 방향에서 본 상태를 한 화면에 담아 내는 미술 기법이에요. 그림 속 말의 머리는 옆모습과 정면 모습이 섞여 있고, 황소의 눈은 튀어나온 듯 입체적으로 표현되었어요. 피카소는 익숙한 시점에서 벗어나 자기만의 시각으로 세상을 표현했죠.

〈게르니카〉는 왜 그려졌을까?

　〈게르니카〉는 시대의 아픔을 고발하는 메시지를 담고 있어요. 스페인은 왕 알폰소 13세의 힘이 약해지고 정치가 부패하면서 나라 전체가 혼란에 빠졌어요. 가난한 사람이 많고, 부자와 빈자 사이의 격차가 컸으며, 종교 문제까지 정치 문제와 얽히며 더 복잡해졌죠. 결국 알폰소 13세는 왕위에서 물러나고 공화국이 선포되었어요. 하지만 공화국이 되어도 사람들의 의견은 너무 달랐어요. 민주주의를 지지하는 사람들과 독재를 지지하는 사람들로 나뉘었고, 결국 내전이 일어났어요. 이 전쟁은 같은 나라 안에서 국민끼리 싸운 것이기에 '스페인 내전'이라고 해요. 내전이 커지자 다른 나라들도 끼어들었어요. 독일의 히틀러와 이탈리아의 무솔리니는 독재 정권을 지지하는 쪽을 도왔고, 독일군은 '게르니카'라는 마을에 대규모 폭격을 가했어요. 이 마을은 군사 시설이 아니라 평범한 사람들이 사는 마을이었기 때문에, 수많은 민간인이 죽거나 다쳤어요. 피카소는 이 참혹한 현실을 세상에 알리기 위해 〈게르니카〉를 그렸고, 이를 통해 전쟁의 잔인함과 평화의 중요성을 강조했어요. 피카소는 스페인 내전뿐만 아니라 한국전쟁의 참상을 고발하기 위해 〈한국에서의 학살〉이라는 작품도 그렸어요.

파블로 피카소(1881~1973)

파블로 피카소는 미술 교사였던 아버지의 영향으로 어린 나이부터 그림에 관심이 많았고 재능도 뛰어났어요. 그는 바르셀로나에서 본격적으로 미술 공부를 시작한 후, 프랑스에서 다른 예술가들과 교류하며 많은 영향을 받았죠. 르누아르, 모네 등 인상파 화가들의 작품과 고갱, 고흐의 작업에서 영향을 받았어요. 피카소의 그림 스타일은 시기별로 바뀌어요.

청색 시대 (1901~1904년)

이 시기에 피카소는 넉넉하지 않은 형편으로 파리의 다락방에서 추위에 떨며 뒷골목의 쓸쓸하고 우울한 분위기를 그림에 담았는데, 이 시기를 '청색시대'라고 불러요. 청색시대의 피카소는 어두운 푸른색을 주로 사용했어요. 특히 절친한 친구의 죽음은 피카소에게 큰 충격을 주었고, 그 슬픔은 그림 속 깊고 짙은 푸른빛으로 표현되었죠. 이 시기의 작품에는 외로움, 슬픔, 가난, 고독 같은 감정이 강하게 담겨 있어요.

장밋빛 시대 (1904~1906년)

광대, 서커스단 사람, 무대 공연 장면 등을 따뜻한 색감으로 표현했어요. 밝고 유쾌한 색조의 변화가 나타나죠.

아프리카 영향 시기(1906~1909년)

피카소가 아프리카의 원시 미술에서 영감을 얻고, 큐비즘의 개척자로 활약했던 시기예요. 이 시기 피카소는 형태를 단순화하고 왜곡하는 방식에 집중하며, 전통적인 서양미술의 표현 방식을 깨기 시작했어요. 1907년에 그린 작품 〈아비뇽의 처녀들〉은 큐비즘의 시작을 알리는 대표작이에요. 이 그림은 여인 다섯 명을 여러 각도에서 본 모습을 하나의 화면에 모은 작품으로, 서양미술의 전통적인 원근법과 명암법을 완전히 무너뜨린 파격적인 시도였어요. 이후 피카소에게 입체주의는 단순한 스타일이 아니라, 한 번에 한 방향에서만 보던 세계를 여러 조각으로 나누어 다시 보는 새로운 방식이 되었어요. 〈게르니카〉에서도 사람들, 동물들, 건물들의 모습을 여러 방향에서 부서져 보이는 파편처럼 표현하며 전쟁의 혼란을 시각화했죠.

입체주의의 선구자이자 현대미술의 거장 피카소는 회화뿐만 아니라 조각, 판화, 도예, 무대예술 등 다양한 매체를 활용해 작품활동을 했어요. 도예는 피카소 말년에 시작한 새로운 도전이었고, 수공예 작업에 매료되어 많은 작품을 남겼어요. 우리나라의 국립현대미술관에서는 피카소의 많은 작품 중 2021년 기증된 이건희 컬렉션의 일부로 도예 작품을 전시한 적이 있어요.

피카소가 현대미술에 미친 영향

피카소는 입체주의를 통해 그림은 단순히 대상을 똑같이 그리는 것이 아니라 작가의 주관적인 해석과 표현이 중요하다는 점을 보여줬어요. 입체주의 이후에는 추상 미술을 비롯한 다양한 미술 사조가 발전하는 데 영향을 미쳤죠. 전통적인 시각에서 벗어나 새로운 시각을 제시함으로써 예술의 지평을 넓혔죠.

앞서 살펴본 클림트의 〈키스〉와 피카소의 〈아비뇽의 처녀들〉은 1907년에 그려진 작품들이에요. 클림트의 그림도 당시 파격적이라는 평가를 받았지만, 피카소의 그림과 비교하면 또 다른 점에서 흥미로워요. 오늘날에는 피카소의 작품처럼 다양한 시점에서 대상을 분해하고 재조합해 새로운 형태를 만들거나, 공간을 왜곡하고 혼란스럽게 표현하는 방식이 낯설지 않지만, 당시 사람들에게는 매우 충격적인 시도였어요.

피카소 작품, 저작권은 언제까지?

피카소는 1973년에 사망했는데, 저작권법에서는 저작권 보호 기간을 작가의 생존 기간과 사후 70년까지 보호한다고 규정하고 있어요. 그래서 피카소의 작품은 2043년까지 보호를 받는답니다. 저작권은 누군가 만든 작품(그림, 음악, 책 등)을 보호하는 법이에요. 예를 들어, 여러분이 멋진 그림을 그렸다고 생각해 보세요. 그런데 다른 사람이 여러분의 그림을 허락 없이 복사하거나 팔면 어떨까요? 이런 일을 막아 주는 것이 바로 저작권이에요.

우리나라에서 '피카소'가 금지된 시기?

우리나라에서도 한때 피카소를 찬양했다는 이유로 반공법 위반 혐의를 받은 일이 있어요. 1970년대, 한 화학 회사 대표가 크레파스와 포스터 물감에 '피카소'라는 상표를 붙여 팔았는데, 당시 피카소는 공산당에 가입했고 레닌 평화상을 받았다는 이유로 '공산주의를 선전하는 인물'로 여겨지고 있었어요. 그 이름을 상표로 쓰는 것만으로도 그를 찬양·선전하는 행위로 간주되어 반공법 위반 논란이 일었고, 결국 그는 상표를 '피닉스'로 바꾸어야 했어요. 이 사건은 예술가의 이름조차 이념의 잣대로 제한되었던 시대가 있었다는 사실을 보여 줘요. 예술과 정치, 표현의 자유가 얼마나 긴장 관계에 있을 수 있는지를 잘 드러내 주는 사례예요.

다시 〈게르니카〉를 떠올려 보면, 흑백으로 전쟁의 참상을 기록 사진처럼 직접적으로 드러낸 모습을 확인할 수 있어요. 만약 피카소가 〈게르니카〉에 붉은 피와 푸른 하늘을 표현했다면, 우리는 무엇을 다르게 느꼈을지 가늠해 보는 것도 의미 있을 거예요.

30

만초니 〈예술가의 똥〉

생각을 흔드는 현대미술의 질문

명화가 묻다

미술은 어디까지 가능할까?

〈예술가의 똥〉, 6.5cm×4.8cm

명화를 탐구하다

1961년 피에로 만초니라는 작가의 작품은 참치 캔 크기의 통이에요. 참치 캔 꾸미기를 한 것일까요? 무엇일까요? 힌트가 캔에 쓰인 것 같아요. 살펴봅시다.

Artist's Shit	예술가의 똥
Contents 30 gr net	정량 30그램
Freshly preserved	신선 보관됨
Produced and tinned	생산 밀봉 일자
in May 1961	1961년 5월

상상이 가나요? 진짜 똥을 참치캔에 담았을까요? 이것을 전시했을까요? 혹시 팔았을까요? 팔았다면 얼마에 팔았을까요? 팔렸을까요? 여러분이라면 사겠어요? 작가는 왜 이런 작품을 만들게 되었을까요?

이렇게 현대미술에는 작품을 보는 사람에게 아름다움(美)의 감정이나 감탄을 불러일으키기도 하고 또, '헐' '이게 뭐야?'와 같은 당황스러움을 선사하기도 하고, '나도 그리겠다'라는 평가를 하기도 해요. 그럼, 현대미술은 어떻게 감상하는 것이 좋을까요?

〈예술가의 똥〉은 피에로 만초니가 자기 똥을 통조림에 넣고 밀봉해서 만든 작품이에요. 여러 이야기가 있지만 통조림 공장을 운영하던 아버지가 예술가였던 아들에게 "네 작품은 형편없어!"라고 말해서 제작하게 되었다는 이야기가 있어요.[11] 만초니는 90개의 대변 통조림을 만들어 일련번호를 매기고 서명까지 하고 출품했어요. 가격은 당시 금 가격에 맞춰 책정했다고 해요. 통조림에 든 무게가 30g이었기에 당시 금 30g 가격이었던 약 37달러(1961년 당시)로 정했다고 합니다.

여러분은 금과 같은 가격에 예술가의 똥을 사겠어요? 진짜 저 가격에 거래가 되었을까요? 실제 만조니가 살아 있는 동안에는 시장에 내놓은 적이 없었다고 해요. 예술가 사망 이후 미술 시장에서 이 작품은 활발하게 거래되었어요. 2007년 소더비 경배에서는 124000유로(약 1억 6400만 원)에, 2016년 밀라노 아트 옥션에서는 275000유로(약 3억 6400만 원)에 거래되었다고 합니다.

왜 사람들은 예술가의 똥을 사기 위해 이렇게 많은 돈을 투자하고 있을까요? 재미있어서? 아니 도대체 왜? 왜 이 사람들은 저 가격에 작품을 사는 걸까요? 사실 통조림 안의 내용물이 진짜 대변인지에 대해서는 여러 이야기가 있어요. 만약 누군가가 내용물을 확인하기 위해 통조림을 딴다면, 약 4억의 작품이 사라지는 거잖아요. 실제 내용물은 여전히 밝혀지지 않고 있어요. 그러나 사람들은 궁금증과 호기심 그리고 예술가의 조롱 섞인 목소리 그리고 이런 것에도 큰돈이 지급되고 있는 예술계에 대한 비판 등 이 다양한 이야기가 이 작품에 들어 있기에 열광하고 있는 거예요.

이 작가는 이 작품 말고도 풍선에 자기 숨을 불어 넣고 20센트로 가격을 책정해서 제작한 적이 있는데, 지금은 숨이 다 빠지고 풍선의 흔적만 남아 있는 모습이에요. 이렇게 작가는 표현과 묘사보다는 작품을 만드는 작가의 행위 자체에 의미를 두고 있어요. 그리고 나만이 할 수 있는 일에 몰두했던 당시 예술을 조롱하기도 하죠.

현대미술

만초니의 〈예술가의 똥〉처럼 현대미술에는 우리를 당황하게 만들고 "이게 정말 미술이라고?"라는 말을 절로 나오게 만드는 작품이 많아요. 20세기 이후 예술가들은 점점 "예쁘게 잘 그린 그림"보다 자신이 살고 있는 시대와 현실, 자기 생각을 어떻게 새롭게 표현할 수 있을지에 더 관심을 갖게 되었어요. 20세기 초부터는 다양한 예술 활동이 나타나기 시작해요. 그림에 속도를 표현하려는 노력, 전쟁에 항의해 무의미해 보이는 예술 활동을 하기도 하고 현실에서는 일어날 수 없는 것을 창작하기도 해요. 그림을 더 이상 그리는 활동으로 보지 않고, 생각을 표현하기 위해 물감을 흘리거나 뿌리고, 들이붓는 활동으로 보기도 해요. 예술에 관심이 높아지면서, 예술가의 여러 행위가 그들만 할 수 있는 고귀하고 특별한 느낌으로 받아들여지자, 많은 예술가가 누구나 즐길 수 있는 예술을 꿈꾸기도 했어요. 그래서 연예인이나 상표 등 우리에게 친숙한 대상을 이용해 작품활동을 하기도 했어요. 간결한 모양과 구조를 띠는 미니멀리즘도 등장하고 예술이 꼭 미술관에서 전시되어야만 하는 것인가에 대한 고민으로 자연물을 이용해 창작하면서 환경에 관한 이야기를 하기도 해요. 표현 기법보다는 아이디어를 중요시하는 미술도 등장하죠. 첨단기술이나 새로운 재료로 실험적 작품을 만드는 시도들도 있어요.

이렇게 다양한 작품이 등장한 것은 다양한 생각을 표현하고 나만 할 수 있는 방법을 모색하며 세상을 바라보는 특별한 시각을 드러내기 위해서였어요. 현대미술은 지금까지 우리가 살펴보았던 회화에 머무는 것이 아니라 작가가 하고 싶은 내용이나 생각을 잘 전달하는 표현력에 관심을 두게 되었어요. '누가 더 반짝이는 아이디어로 사람들에게 이야기하는가?'에 초점을 두게 된 것이죠. 그런데 그 이야기가 때로는 '이것도 미술이야?'하는 반응을 일으키기도 하고 공감의 '와'를 끌어내기도 해요. 이런 다양한 아이디어가 함께 하는 게 바로 현대미술이죠. 그래서 우리는 작품을 보면서 어렵게 느끼기도 하고, 재미있게 느끼기도 하고, 신기해하기도 하고 때로는 실망하기도 해요. 현대미술을 몇 가지 질문으로 좀 더 자세히 살펴보아요.

현대미술에 대한 일곱 가지 질문

하나. 아름다움에 대한 새로운 생각!

'아름답다'라는 말을 들으면 어떤 느낌이 드나요? 아마 예쁘고, 멋진 것을 떠올릴 거예요. 옛날 그림들을 보면, 사람들이 다 예쁘고 멋있게 그려져 있고, 풍경도 아주 완벽하게 그려져 있어요. 옛날 사람들은 그런 걸 '아름답다'라고 생각했거든요. 하지만 현대미술에서는 '아름다움'에 대한 생각이 조금 달라졌어요. 꼭 예쁘고 완벽해야만 아름다운 게 아니라는 거예요. 삐뚤빼뚤하고, 엉망진창인 것 같아도, 뭔가 특별한 느낌을 주거나, 우리 마음속에 어떤 생각을 불러일으킨다면 그것도 아름다울 수 있다고 생각해요.

'추함', '불완전함', '낯섦' 같은 단어를 들으면 어떤 느낌이 드나요? 긍정적인가요? 부정적인가요? 안 좋은 느낌이 들죠? 그런데 현대미술에서는 이런 것들도 충분히 아름다울 수 있다고 말해요. 왜냐하면, 이런 것들이 우리의 눈을 번쩍 뜨게 만들고, 우리가 세상을 다르게 보도록 도와주기 때문이에요.

화가이자 조각가인 앨리슨 래퍼(1965~)는 팔다리가 없이 태어난 장애인이에요. 그래서 붓을 입으로 물고 그림을 그리고, 발가락으로 조각을 만들어요. 앨리슨 래퍼의 그림이나 조각을 보면, 처음에는 조금 놀랄 수도 있어요. 우리가 흔히 생각하는 아름다운 모습과는 조금 다르거든요. 하지만 앨리슨 래퍼는 자기 몸을 있는 그대로 표현하고, 자기 생각과 감정을 솔직하게 그림에 담아 내요. 때로는 강렬하고, 때로는 부드럽고, 때로는 아주 슬프기도 해요.

그녀의 작품을 보고 있으면, 마음속에 여러 가지 감정이 생겨나요. '와, 어떻게 저렇게 그림을 그릴 수 있지?' 하고 감탄하기도 하고, '정말 대단하다!' 하고 존경심을 느끼기도 하죠. 어떤 사람들은 앨리슨 래퍼의 작품을 보면서 자기 모습과 닮았다고 생각하며 위로를 받기도 하고, 또 어떤 사람들은 그녀의 강인함에 용기를 얻기도 해요. 앨리슨 래퍼의 작품은 우리가 '아름다움'에 대해 다시 생각하게 만들어요. 그녀는 팔다리가 없고, 그녀의 그림과 조각은 완벽하지 않지만, 우리에게 큰 감동과 영감을 주죠. '아름다움'은 꼭 완벽해야만 하는 것이 아니라는 것을 보여줘요. 마음이 움직인다면, 그게 바로 아름다움이죠.

둘. 재현에서 표현으로!

옛날 사람들은 그림을 그릴 때, 실제 모습을 똑같이 그리는 것을 중요하게 생각했어요. 마치 사진기가 사진을 찍듯이, 눈에 보이는 것을 최대한 똑같이 옮겨 그리는 것을 '재현'이라고 불렀어요. 예를 들어, 예쁜 꽃 그림을 그린다면, 꽃잎 하나하나, 꽃 색깔 하나하나를 모두 실제처럼 똑같이 그리는 거예요. 멋진 풍경 그림도, 실제 풍경과 똑같이 그리려고 노력했죠.

하지만 시간이 지나면서 화가들의 생각이 조금씩 바뀌기 시작했어요. 세상을 똑같이 그리는 것보다 내 마음속에 있는 생각이나 감정을 그림으로 표현하는 것이 더 재미있겠다고 생각했죠. 그래서 현대미술에서는 그림을 그릴 때, 작가의 생각, 감정, 경험을 자유롭게 표현하는 것을 중요하게 생각하게 되었어요. 이걸 '표현'이라고 해요.

뭉크의 〈절규〉를 떠올려 볼까요? 그림 속 인물은 마치 유령처럼 하얗게 질린 얼굴로 입을 크게 벌리고 있고, 두 손으로 얼굴을 감싸고 있죠. 뒤에 있는 하늘은 붉게 물들어 있고, 모든 것이 왠지 모르게 불안해 보여요. 만약 뭉크가 그림을 그릴 때, '재현'에 집중했다면, 이 그림은 그냥 평범한 사람이 다리 위에 서 있는 모습으로 그려졌을 거예요.

사진처럼 말이죠. 하지만 뭉크는
자기 마음속에 있는 불안하고 무서
운 감정을 그림으로 표현하고 싶었
던 거예요. 그래서 그림 속 인물도,
하늘도 모두 왜곡되고 일그러져 있
는 거죠.

〈절규〉, 91cm×73.5cm,
노르웨이 국립미술관

　뭉크는 어릴 때부터 몸이 약하
고, 가족과 사이도 좋지 않았다고
해요. 그래서 늘 불안하고 슬픈 감
정을 느끼고 살았다고 해요. 그런
그의 힘들었던 마음을 그대로 담아 낸 그림이 〈절규〉에요. 뭉크는 그
림을 통해 자신의 감정을 표현하고, 아픔을 이겨 내려던 거죠. 이것이
바로 '표현'의 힘이에요.

　이제부터 그림을 볼 때, 작가가 무엇을 표현하고 싶었는지 생각해
보세요. 작가가 왜 이런 그림을 그렸을까, 어떤 감정을 표현하고 싶었
을까를 생각해 보면, 작품을 더 깊이 있게 이해할 수 있을 거예요. 작
가의 마음을 읽어 보는 거예요.

셋, 의미의 다양성

　수학 문제를 풀 때 정답이 없으면 좋겠지만 현대미술에는 정답이 없
어요. 현대미술에 대한 내 생각과 느낌 그리고 해석이 보는 사람마다
모두 다를 수 있어서 누구는 맞고 누군 틀린다고 할 수 없어요.

살바도르 달리의 작품들을 떠올려 보세요. 혹시 녹아내리는 시계 그림을 본 적 있나요? 달리(1904~1989)의 그림은 꿈속에서 본 것 같기도 하고, 현실에서는 있을 수 없는 신기한 모습이 많이 나타나요. 달리의 그림은 다른 그림들처럼 '이것은 무엇을 그린 그림이다!'라고 딱 정해진 답을 가지고 있지 않아요. 달리는 그림을 그릴 때, 자기 꿈이나 상상 속 세계를 자유롭게 표현하고 싶었기 때문이에요. 그래서 그의 그림은 보는 사람마다 다르게 느껴지고, 여러 가지 의미로 해석될 수 있어요.

어떤 친구는 달리의 녹아내리는 시계 그림을 보고 "시간이 흐르는 건 슬픈 일이야"라고 생각할 수도 있고, 어떤 친구는 "시간은 자유롭게 흐르는 거야!"라고 생각할 수도 있어요. 둘 다 틀린 답이 아니에요. 달리의 그림은 우리에게 자유롭게 상상하고 생각할 기회를 주는 거예요. 작가는 그림을 통해 어떤 메시지를 전하려고 했을 수도 있지만, 그 메시지를 어떻게 받아들일지는 우리 마음대로 할 수 있어요. 그림을 보면서 어떤 감정을 느끼고, 어떤 생각이 떠오르든지 그게 바로 나만의 답이 되는 거죠. 혹시 친구들과 똑같은 그림을 보고 다른 생각을 했다고 해서 걱정할 필요는 없어요. 오히려 다른 친구들의 생각을 들어보면 더 재미있고, 작품에 관해 더 많은 것을 알 수 있을 거예요.

넷, 낯설게 하기
주변에 있는 물건들 모습이 항상 똑같아 보이더라도 실은 익숙해져서 그냥 지나치고 있을 뿐일지도 몰라요. 현대미술은 이런 익숙한 것들을 아주 낯설게 만들어서 세상을 다시 한번 새롭게 볼 수 있도록 해 줘요.

예를 들어, 화가 르네 마그리트(1898~1967)의 작품을 보면, 깜짝 놀랄 만한 그림이 많아요. 마그리트는 파이프를 그려놓고 '이것은 파이프가 아니다'라고 적어놓기도 하고, 하늘에 거대한 바위를 띄어 놓기도 해요. 이런 그림들을 보면, '어, 이거 왜 이러지?' 하고 당황스럽기도 하고, 웃기기도 하죠? 마그리트는 사람들이 흔히 당연하다고 생각했던 것들을 낯설게 만들어서, 세상을 다른 눈으로 보게끔 하고 싶었던 거예요. 그래서 우리가 무심코 지나쳤던 것들도 다시 한번 생각해 보게 되는 거죠.

다섯, 참여와 소통

옛날에 미술은 미술관에 걸려 있는 그림들을 조용히 감상하는 것이 전부였지만, 요즘 미술은 조금 달라졌어요. 이제는 미술 작품을 보면서 우리가 직접 참여하고, 다른 사람들과 함께 이야기하고, 함께 만들어 가는 활동도 아주 많아졌어요.

올라퍼 엘리아슨(1967~)은 〈무지개 집합〉이라는 아주 신기한 작품을 만들었어요. 이 작품은 실내 공간에 아름다운 무지개를 만들어 낸 것이죠. 관람객들은 전시장 안을 거닐며 빛과 물방울이 만들어 낸 신비로운 무지개의 색을 감상할 수 있었고, 마치 무지개 속으로 들어간 듯한 경험을 할 수 있었죠. 빛과 물, 그리고 사람들의 움직임이 어우러져 만들어진 이 작품은 관람객들이 단순히 보는 것을 넘어 작품 일부가 되도록 만들었어요. 마치 미술 작품 속으로 여행을 떠난 것처럼 말이죠.

이렇게 현대미술은 미술관에만 있는 것이 아니라, 우리 주변 어디에서나 만날 수 있고, 누구나 즐겁게 참여할 수 있는 것이라는 것을 보여 주는 거예요.

여섯, 과정 중시

현대미술에서는 완성된 작품뿐만 아니라, 그 작품이 어떻게 만들어졌는지, 작가는 어떤 생각을 하면서 작품을 만들었는지도 중요하게 생각해요. 마치 요리사가 맛있는 음식을 만들 때, 어떤 재료를 쓰고, 어떤 방법을 사용하는지 궁금한 것처럼요.

잭슨 폴록(1912~1956)은 물감을 캔버스에 뿌리고 흘리는 아주 독특한 방법으로 그림을 그렸어요. 폴록의 그림을 보면, 마치 물감이 춤을 추는 것 같기도 하고, 그림을 그리는 작가의 에너지가 느껴지는 것 같죠? 폴록의 작품은 그림을 그리는 과정을 상상해 보게 만들고, 미술의 새로운 모습을 보여 주고 있어요.

일곱, 비평적 시각

현대미술은 작가가 말하는 것을 무조건 다 믿으라고 하지 않아요. 오히려 작가가 우리에게 던지는 질문에 대해 스스로 생각하고, 비판적으로 바라보라고 이야기해요. 마치 탐정처럼 사건의 진실을 파헤치듯이, 미술 작품에 숨겨진 메시지를 찾아보라고 하는 거죠.

카우스(1974~)의 작품에는 귀여운 캐릭터가 많이 나와요. 하지만 카우스는 단순히 귀여운 캐릭터를 보여 주는 것이 아니라, 우리가 무심하게 소비하는 물건들이나 대중문화의 모습에 대해 다시 한번 생각해 보라고 이야기하고 있어요. 이렇게 질문하면서 보면 예술은 정말 다양한 이야기를 전하고 있음을 확인할 수 있어요.

작품에 대한 다양한 반응

작품은 이렇게 다양한 방법으로 볼 수 있어요. 그런데, 이 과정에서 사람들은 이게 그림이야? 나도 하겠다. 저 그림이 이렇게 비싸다고? 왜? 등등의 반응을 보이기도 해요. 자기 느낌을 자유롭게 나타내는 것이니까 괜찮을 수도 있지만, 그 그림을 좋아하는 사람과 대화하는 과정을 상상해 보면, 나는 너무 멋지다고 생각하고 있는데, 다른 사람이 이게 그림이야? 라고 반응한다면 어떨까요? 당황스럽겠죠. 이 두 사람은 더는 대화를 이어 갈 수가 없겠죠. 그래서 내 생각도 표현하면서 상대와의 대화도 이어 갈 방법을 고민해 보면 어떨까요? 예를 들어, 어린이가 그린 것처럼 보이는 그림을 보고, '나도 저 정도 그림은 그리겠다.' 대신에 '작가는 아이 같은 표현을 좋아하는구나 혹은 중요시하고 있구나!'와 같은 표현을 해 보면 어떨까요? 그럼 나와 다른 생각을 하는 사람들과도 이야기 나눌 수 있어요.

작품을 보는 시각을 넓힐 수 있어요. 나는 미처 생각하지 못했던 부분을 나와 다른 생각을 하는 사람과 나누면서 작품의 새로운 면을 볼 수 있게 되면, 생각이 점점 넓어져 무한히 확장될 거예요. 미술은 세상을 새롭고 다르게 보게 하기 위한 노력인데, 이런 반응을 연습하는 것도 하나의 방법이 될 수 있어요. 이처럼 현대미술은 '예쁘게 잘 그린 그림'이라는 틀을 훌쩍 벗어나 아름다움의 기준을 바꾸고, 작가의 감정과 생각을 드러내고, 여러 가지 해석을 열어두고, 익숙한 것을 낯설게 만들고, 관람자가 직접 참여하고 소통하게 만드는 방향으로 계속 확장되어 왔어요. 그래서 어떤 작품은 우리를 깊이 감동시키고, 어떤 작품은 고개를 갸웃거리게 만들고, 또 어떤 작품은 화가 나게 하기도 하죠. 피에로 만초니의 〈예술가의 똥〉도 바로 그런 현대미술의 한 장면이에요.

여러분이 앞으로 현대미술 작품을 만날 때마다, "이건 왜 이렇게 만들었을까?", "나에게는 어떤 생각이 떠오르지?" 하고 스스로 조용히 물어 본다면, '미술은 어디까지 가능할까?'라는 이 장의 질문이 여러분의 답으로 계속 이어지게 될 거예요.

참고문헌

한국화

1) https://www.moco.or.jp/ko/intro/history_c/china.php
2) 〈고려청자의 세계〉, 국가 유산 진흥원, 2017.
3) 국립중앙박물관, 국가 문화유산청.
4) https://publications.asia.si.edu/goryeo/ko/default.php
5) 〈보물: 고려 불화, 괘불도〉, 문화재청, 2020.
6) 〈국가유산청 소식지〉, 국가 유산 사랑-수월관음도, 2009.
7) 〈조선의 도자기, 분청사기와 백자〉, 신범식, 우리역사넷
8) 신미-1751년, 윤월-윤달=5월, 하완-월말 하순 (20~30일), 그림을 그린 날을 알 수 있어요.
9) 〈우정의 이면: 정선과 이병연의 관계 재검토〉, 김가희, 미술사와 시각문화 제32호 98-125, 2023.
10) 우리역사넷 https://contents.history.go.kr/
11) 〈우리 땅과 그림의 만남: 진경산수화〉, 윤진영(한국학중앙연구원), 제2강.
12) IBK기업은행, https://blog.ibk.co.kr/1190 검색.
13) 광통교 서화가, 서울역사박물관, 2016.
14) 〈김홍도, 정조 시대를 담다〉, kbs 역사 저널 그날, 2015년 4월 12일 방송.
15) 《단원 김홍도》, 장진성, 사회평론아카데미, 2020.
16) 영의정, 좌우정, 우의정의 삼공 벼슬.
17) https://encykorea.aks.ac.kr/Article/E0011079, 한국민족문화대백과사전 참고.
18) 《김홍도의 풍속화로 배우는 옛 사람들의 삶》, 최석조, 아트북스, 2022.
19) 〈조선의 프로페셔널 2부 여인과 색깔, 조선을 흔들다〉, EBS 다큐프라임, 2008년 10월 21일 방송.
20) 〈색으로 혼을 불어넣은 화가〉, 신한평, KBS world korea, 2013년 10월 10일 발행.
    https://world.kbs.co.kr/service/contents_view.htm?lang=k&menu_cate=history&id=&board_
    seq=61488&page=0&board_code=korean_story

서양화

1) 국립중앙박물관 이집트실 벽면 글.
2) 《연표로 보는 서양미술사》, 김영숙, 현암사, 2024.
3) 《상형문자의 비밀》, 케롤 도나휴, 이종길 역, 길산, 2002.
4) 키로는 그리스도를 뜻하는 모노그램인 크리스토그램 가운데 하나. 그리스도(그리스어: ΧΡΙΣΤΟΣ 크리스
    토스)의 처음 두 문자인 X(키/카이)와 P(로)를 합쳐 만들었다.
5) 〈비잔틴 미술 산 비탈레 교회와 하기아 소피아 성당〉, 박우룡, 서강 학보, 2012.
6) 《세계 명화로 역사 읽기》, 박현철, 꿈꾸는 달팽이, 2013. 《내 아이와 함께 읽는 명화 이야기》, 프랑수
    아즈 바르브 갈, 이상해 역, 예담, 2005.

7) "The Divine Michelangelo - overview of Michelangelo's major artworks". BBC. Retrieved 8 December 2008

8) 비싼 이자를 취하는 부도덕한 대출업.

9) https://www.wantedinrome.com/news

10) 《반 고흐, 영혼의 편지》, 빈센트 빌럼 반 고흐, 신성림 편, 예담, 2005.

11) Miller, John (2007년 5월 1일). "Excremental Value". 《Tate Etc》 (10). 2024년 12월 10일 확인. https://www.tate.org.uk/tate-etc/issue-10-summer-2007/excremental-value

개인 소장 이미지 출처

p.61. 경주 불국사 전경, 개인 소장(박근화, 65109, 공유마당)

p.68. 불국사, 개인 소장(Christophe95-자작, CC BY-SA 4.0)

p.68. 불국사 석가탑, 개인 소장(Christophe95-자작, CC BY-SA 4.0)

p.68. 불국사 다보탑, 개인 소장(Christophe95-자작, CC BY-SA 4.0)

p.165. 〈흰 소〉, 30cm×41.7cm, 홍익대학교 박물관, 개인 소장(공유마당)

p.172. 이중섭의 은지화, 개인 소장(이중섭. 69. 은지화7. 공유마당(ICN.914=0000009022731))

p.173. 이중섭의 편지, 개인 소장(이중섭_편지_년도미상_5994.공유마당)

p.199. 산 비탈레 성당, 개인 소장(By Commonists - 자작, CC BY-SA 4.0, https://commons.wikimedia.org/w/index.php?curid=113592919)

p.248. 〈시녀들〉 작품 내 인물들 위치, 개인 소장(By Tyrenius at the English Wikipedia, CC BY-SA 3.0, https://commons.wikimedia.org/w/index.php?curid=4338769)

p.304. 〈게르니카〉, 349.3cm×776.6cm, 마드리드 소피아 왕비 국립 미술관, 개인 소장(Jules Verne Times Two / julesvernex2.com / CC-BY-SA-4.0)

p.313. 〈예술가의 똥〉, 6.5cm×4.8cm, 개인 소장(옌스 세데스콜드. 위키피디아, CC BY 3.0. 파노라미오)